AGRICULTURAL POLICY IN THE UNITED STATES
Evolution and Economics

经济学前沿译丛 / 主编 王宇

〔美〕詹姆斯·L.诺瓦克　詹姆斯·W.皮斯　拉里·D.桑德斯 著

王宇　胡武阳　卢亚娟 译

美国农业政策
历史变迁与经济分析

AGRICULTURAL POLICY IN THE UNITED STATES
Evolution and Economics

推荐者序　为农业政策讨论提供更加广阔的历史视角

《美国农业政策：历史变迁与经济分析》一书从经济学的基本原理出发，通过对美国农业政策历史变迁的深入分析，说明了美国农业政策的制定、实施和影响，揭示了美国农业政策的变革过程及其背后的动因。

一、美国农业政策的基本框架

（一）农业补贴

农业补贴是美国农业政策的核心内容，价格支持是美国农业政策的重要工具。美国农业政策的目标是保障农民收入，稳定农产品价格，保护农业资源和生态环境，扩大农产品出口。农业补贴可以分为直接补贴与间接补贴两类。直接补贴包括：一是直接收入补贴，直接收入补贴数量由政府按照基期的补贴产量和补贴面积确定，不与当年的种植面积和市场价格挂钩。二是逆周期收入支持计划，如果农产品市场价格低于目标价格，政府就会启动逆周期收入支持计划来补贴农民收入。三是水土保持计划，土地在环境敏感地区的农户，可以根据自愿的原则，与政府签订长期租地合同，暂停该土地的农作物种植，租金由政府与农户共同商定。间接补贴包括：一是低息农业贷款，低息农业贷款主要是帮助创业农民和低收入农户从事农业生产经营活动。二是农业保险补贴计划，农业保险补贴计划是美国政府对投保农户和商业性保险公司的双向补贴。

（二）食品和营养计划

食品和营养计划是美国农业政策的重心所在，是农业财政预算支出中规模最大的项目，约占每年美国农业财政预算总支出的80%。主要目的是为所有低收入家庭提供食品和营养保障。主要内容包括补充营养援助计划、学校营养午餐计划和紧急食品援助等。2014年美国《农业法案》规定，2014—2018年农业财政预算总支出约为4,890亿美元，其中的80%要用于食品和营养计划。2018年美国农业法案提出，2019—2023年美国政府将继续为低收入家庭提供补充营养援助计划，帮助所有低收入家庭获得充足的食品和营养保障。

（三）农业资源保护和生态环境保护

关于农业资源保护。1936年《土壤保护和国内分配法案》提出，要加强对农业资源尤其是土地资源和水资源的保护，重视对土壤污染的治理，保持土壤有机物和耕地的生产力。此后，美国政府相继出台了一系列法律法规，加强对农业资源和生态环境的保护，包括1962年《耕地保护计划》、1965年《耕地调整计划》、1972年《联邦污染控制法案》和《联邦杀虫剂控制法案》、1977年《土壤和水资源保护法案》等。2018年《农业提升法案》规定，2019—2023年用于农业资源保护的财政预算支出约为 5.55 亿美元。

关于生态环境保护。美国环境保护法律体系由《国家环境政策法案》、实体性环保立法和解释性条例构成。1970 年《国家环境政策法案》是美国生态环境保护的基本法。实体性环境保护立法包括资源与自然保护立法、污染预防与治理立法、食品药品质量安全保护立法等。

（四）农产品对外贸易政策

美国是世界最大的农产品出口国，农产品出口比重占农业销售总额的 25% 以上，因此，农产品对外贸易政策是美国最重要的农业政策之一。1934 年美国政府发布了《互惠贸易协定法案》，1954 年美国政府出台了《农产品贸易发展和援助法案》，其主要内容都是通过出口补贴政策，降低农产品出口价格，扩大农产品出口规模，提高美国农产品在国际市场的占有率。

这两部法案经过多次修订，至今仍是美国政府促进农产品出口政策的重要内容，并且经过多年发展和完善，形成了较为完整的农产品出口促进政策体系：一是出口信用担保计划，包括商业出口信贷担保计划、供给方信用担保计划、农用设备担保计划等。二是市场开发计划，包括市场增长计划、国外市场开发合作计划、新兴市场计划。三是针对技术性贸易壁垒的出口补贴计划，包括生物技术与农业贸易计划，以及特殊农作物技术支持计划。四是出口补贴计划，包括出口倍增计划和乳制品出口奖励计划。

（五）农业保险计划

美国的农业保险种类繁多，大体可以分为三个方面。一是基础性保险，基础性保险是应对多种自然风险的农作物保险，保险责任包含干旱、洪水、火山爆发、山体滑坡、雹灾、火灾和作物病虫害等。联邦农作物保险公司根据灾害发生的频繁程度将美国农用耕地划分为高风险土地和非高风险土地，与此相对应，基础性保险也划分为巨灾保险和高风险替代保障保险。巨灾保险是提供基本保障的保险，保费由政府全额补贴，农户只需按规定交纳管理费，低收入农户还可以申请管理费豁免；高风险替代保障保险是针对高风险土地推出的，农户只要为其耕种的高风险土地购买替代保险，就可以获得非高风险土地的相应保障。二是附加性保险，附加性保险也是农作物保险，由商业性保险公司提供。附加性保险是对基础性保险的补充保险，可以分为价格保险、产量保险和收入保险等。三是商业性保险，美国政府鼓励商业性保险公司为农业部门承保风险，政策性保险主要集中在那些商业性保险公司无力承担的项目上。

美国农业保险由农业部风险管理局负责，保险业务由商业性保险公司承担。联邦政府为保险公司提供保费补贴和业务费用补贴。在保费补贴方面，对造成农户大幅减产的巨灾保险保费由联邦政府全额补贴。在业务费用补贴方面，联邦农作物保险公司向商业性保险公司提供一定比例的管理与运营费用补贴。

二、美国农业政策的主要特点

（一）较为完整的法律体系

1933 年《农业调整法案》是美国历史上第一部农业法案。以此为基础，美国政府先后制定了 100 多部专项法律为之配套，形成了较为完善的农业法律体系。自 1933 年《农业调整法案》发布以来，每五年左右修订一次，到 2019 年《农业提升法案》为止，美国政府共计发布了18部农业法案，内容涉及农业生产、食品和营养保障、农业资源和生态环境保护、农产品对外贸易以及农业保险等多个方面，成为美国农业政策制定和实施的法律基础。

（二）较为宽泛的农业政策边界

食品与营养计划是美国农业预算支出规模最大的项目，约占美国农业财政预算总支出的80%。主要目的是为所有低收入家庭提供食品和营养保障。主要内容包括补充营养援助计划、学校营养午餐计划和紧急食品援助等。美国农业政策的边界较为宽泛，其对象不仅包括农业人口而且包括非农业人口。虽然美国农业人口只占总人口的2%左右，但通过农业政策可以直接获得食品和营养补贴的人口却超过美国总人口的10%。

（三）力度较大的农业补贴政策

农业补贴是美国农业政策的重要内容，每年美国政府的农业补贴约占农民平均收入的40%。美国农业补贴的方式多种多样，覆盖范围广泛，补贴力度较大。农业补贴几乎覆盖了粮食、油料、豆类和乳制品等所有农产品。农业补贴不仅对产量和价格进行补贴，而且还对价格波动所造成的农户收益下降进行补贴支持。

（四）较为完善的农业资源和环境保护

一是内容详细且适时修订的农业法案。比如，为了治理空气、河流和水污染，自20世纪50年代起，美国出台了一系列政策法规，建立了一套较为严格的污染预防和管理制度，包括1955年《空气污染控制法案》、1963年《清洁空气法案》、1972年《洁净河川法案》、1974年《食用水安全法案》、1990年《污染预防法案》。二是保障社会公众的生态环境知情权。1986年《应急计划与社区知情权法案》要求所有企业向州政府和当地应急计划委员会报告其相关化学物质使用、储存和排放情况。1996年《安全饮用水法修正案》要求所有饮用水供应商及时向消费者邮寄有关水质和水中各种污染物含量水平及其对健康影响情况的报告。三是坚持农业生产的绿色导向。实行"绿色补贴"制度,将农业补贴转变成农业污染治理补贴,将农产品价格保护、农民收入提升与农业环境改善结合起来。在2002年《农业安全与农村投资法案》中,以补贴和技援等方式提出了多项与环境保护相关的发展项目。在2008年《食品、保护和能源法案》中,要求强化农业环境保护,减少各种化学药品使用。在2014年《食品、农场及就业法案》中,将农业资源和环境保护纳入农业保险计划。

(五)较为成熟的农业保险制度

美国政府不仅对农户进行保费补贴,而且对承办农业保险的商业性保险公司进行补贴,还通过联邦农作物保险公司向商业性保险公司提供再保险。同时,保险品种较为丰富,既有以产量为基础的保险产品,也有以收入为基础的保险产品。并且相关法律法规比较完备,1994年《农作物保险改革法案》建立了附加保险项目、巨灾保险集体保险项目和非保险作物保障计划。2000年《农业风险保护法案》提高了保费补贴比例,降低了农户的投保成本。

三、用历史支撑理论,用理论解析历史:关于本书

(一)独特的学术冈格

《美国农业政策:历史变迁与经济分析》一书的作者是詹姆斯·诺瓦克(James L. Novak)、詹姆斯·皮斯(James W.Pease)和拉里·桑

德斯（Larry D. Sanders），他们分别是美国亚拉巴马州奥本大学教授、美国弗吉尼亚理工学院和州立大学教授、美国俄克拉何马州立大学教授，他们都是非常资深的农业政策专家。

由于作者拥有资深农业专家与大学教授的双重身份，赋予本书以独特的学术风格。一是凭借着深厚的经济学和历史学知识，作者建立了一个以经济学基本理论为纬线、以美国农业发展史为经线的全新理论框架。用历史支持理论，用理论解析历史。通过对农业政策历史变迁的研究，使得经济学理论更加生动；通过对农业政策的经济学分析，使得农业政策的历史变革过程更加清晰。二是借助于丰富翔实的历史资料和深入细致的理论思考，作者在令本书成为学术经典的同时，又使其不失趣味性，在大多数章节之后，都安排了多种形式的思考题，以帮助读者理解书中所讲述的历史、所建立的理论。三是通过理论研究和实证分析，本书深刻地揭示了美国农业政策的内在本质和美国农业法案的历史背景。四是作者特别关注了美国农业发展和农业政策调整的一些重要时间点，比如，19世纪末到20世纪初"大发展时期"，20世纪30年代"大萧条"时期，20世纪50年代"震荡期"，20世纪60年代到80年代"调整过渡时期"，从20世纪90年代到21世纪初"稳定期"，以及目前美国现代农业和农业政策的快速变化期。

（二）结构与内容

本书共分为三部分。从第一章到第三章为第一部分，主要讨论了本书的经济学理论基础、美国农业政策的历史变迁过程，以及美国国内关于支持与反对农业政策的各种理论观点。从第四章到第八章为第二部分，具体研究了1933年以来美国农业法案的立法原则与修订过程，详细说明了美国农业政策的制定、实施与影响。从第九章到第十二章为第三部分，主要分析了当前美国农业政策的基本框架和主要内容，包括农业资源和生态环境保护、农产品对外贸易、农业风险管理等问题，还讨论了美国农业政策的未来。

本书共分为十二章。其中，第一章主要讨论了美国农业政策及其历史变迁，包括农业政策的定义和内容、政府与市场的关系，以及美国国内支持与反对农业政策的各种观点及其争论。第二章主要研究了美国农业政策的经济学理论基础，包括供给、需求与均衡价格，农业生产、食品和营养计划，农业补贴和价格管制，农业风险管理。第三章主要说明了为什么要制定农业政策，美国农业政策是由谁制定的，以及美国农业政策是如何制定的。第四章节着重分析了1933年《农业调整法案》及其立法原则和主要内容。第五章介绍了20世纪早期美国的农业立法情况和农业发展情况。第六章研究了20世纪50年代的农业法案及其背景，分析了当时关于农产品的分配、配额、协议，以及期货市场与投机行为。第七章介绍了从传统农业向现代农业的过渡，及其所涉及的农业财政预算、农产品出口和农业资源保护问题。第八章研究了从20世纪80年代中期到90年代中期的农业种植计划和政府支付项目，及其历史演进过程。第九章阐述了21世纪的农业立法问题。第十章讨论了与美国农产品出口相关的双边贸易协定和区域贸易协定。第十一章说明了2014年《农业法案》的历史背景和主要内容，包括农业财政预算、农业资源保护和农业保险计划。第十二章从对现代农业的风险管理出发，讨论了美国农业政策的未来。

（三）感谢与期望

感谢王宇博士。王宇博士在中国人民银行研究局工作，她在繁忙的工作之余，将这本既有理论基础，又有政策分析，也有丰富历史背景的学术著作带给中国读者。本书写得丰厚，译得流畅，读来生动。在当下中国走向全面现代化的新时代和中美经贸摩擦的背景下，为中国读者理解美国农业政策、把握世界农业发展趋势提供了参考与借鉴，也为目前正在进行的关于农业政策和农产品对外贸易问题的讨论提供了更加广阔的历史和国际视角。为此，谨向读者热情推荐本书。

朱民

2019 年 10 月 20 日

译者序　美国农业政策：法律基础、政策框架和支持系统

　　美国农业人口还不到全国人口总数的 2%，却能够在严格实行休耕、退耕和限产的制度安排下，成为世界最大粮食出口国，成为现代农业最发达的国家之一。除了得天独厚的自然条件和较为发达的科学技术之外，美国农业的发展是与农业政策的支持分不开的。从理论上讲，农业属于弱势产业，受自然条件变化的影响较多，生产周期较长，价格波动和农户收入波动较大，并且农业部门还具有一定的"公共物品"属性，这些特征和属性决定了农业生产对农业政策的较强依赖性。因此，要理解美国现代农业发展，需要首先理解美国农业政策。

　　《美国农业政策：历史变迁与经济分析》（*Agricultural Policy in the US:Evolution and Economics*）一书，从经济学的基本原理出发，通过对美国农业政策的历史变迁分析，说明了美国农业政策的制定、实施和影响，揭示了美国农业政策变革过程及其背后的动因。本书作者以经济学基本原理为纬线、以美国农业发展史为经线，建立了一个较为完善的农业经济理论框架，详细分析了美国农业政策的法律基

础、政策框架和支持系统。

一、美国农业政策的法律基础

（一）1933年《农业调整法案》：农业基本法

美国农业政策的实施载体是五年左右修订一次的农业法案。1933年美国总统罗斯福签署了《农业调整法案》，为美国历史上第一部农业法案。此后，美国农业政策的制定和实施基本上都是围绕着对农业法案的修订展开的。

1933年《农业调整法案》确立了农业部门的基础地位，成为美国农业的基本法。以此为起点，美国政府先后制定了100多部专项法律为之配套，形成了较为完善的农业法律法规体系。从1933年《农业调整法案》开始，到2019年《农业提升法案》为止，美国政府共计发布了18部农业法案，内容涉及农业生产、食品和营养保障、农业资源和生态环境保护、农产品对外贸易和农业保险等多个方面，成为美国农业政策制定和实施的法律基础。

1933年《农业调整法案》明确了美国农业政策的基本原则，并且从农产品价格支持和农作物产量限制出发，制订了农业生产计划。主要内容是每年政府部门按照上年度主要农作物产量以及停耕和休耕计划，计算出本年度农产品库存量和下年度市场需求量，并在此基础上，制订下年度的农业生产计划，包括播种面积计划和产出计划。农户按照自愿原则与政府签订合同，确定播种面积和产出，确定一定比例的土地进行停耕和休耕，并且对停耕和休耕的土地给予补贴。

1933年以来，尽管美国农业法案已经发生了很大变化，但美国农业政策的基本目标和主要工具却在不断的修订过程中得以保存。美国农业政策目标：一是以合理价格向国内消费者提供充足的食品和营养保障；二是使人们在农业部门得到的收入与在其他部门得到的收入基本相同；三是农业部门以家庭农场为单位；四是保护农业资源和生态环境。美国农业政策工具包括调整供给和扩大需求两个方面。在调整供给方面，主要是休耕、退耕和限产，对按照政府的种植计划，自愿进行休耕、退耕和限产的农户实行价格支持和直接补贴。在扩大需求方面，主要包括保障低收入家庭的食品和营养，扩大农产品用途，增加农产品出口。

（二）2014 年《食品、农场和就业法案》：农业保险计划

2014 年，美国总统奥巴马签署了《食品、农场和就业法案》。2014 年农业法案继续以保障农民收入、稳定农产品价格和提升农业部门竞争力为主要目标，致力于构建以农民收入、环境保护、食品和营养保障为基本内容的农业安全网。美国 2014 农业法案执行期为五年，即从 2014 年到 2018 年。农业预算总额约为 4,890 亿美元，其中，农业补贴、环境保护、食品和营养计划、农业保险计划四项预算支出的占比分别为 5%、6%、80% 和 8%。

2014 年美国农业法案的主要内容：一是实行不与农业生产挂钩的农业保险计划，不再按照播种面积和农作物产量来确定补贴数额，农户获得的农业补贴主要取决于其选择的保险项目及缴纳的保费。包括取消固定直接支付、逆周期补贴、平均作物收入选择计划，新设立价格损失保障计划和农业风险保障计划。二是强化农业风险管理，增加农业保险投入，加强农业灾害援助，建立永久性的牲畜灾害援助计划。三是加大农业资源保护。2014—2018 年美国政府用于环境保护预算支出 280 亿美元，占农业预算总支出的 6%，主要用于休耕储备、生态保护、土地资源保护和区域资源保护合作等。

（三）2018年《农业提升法案》：最新的农业法案

2018年12月，美国总统特朗普签署了2018年《农业提升法案》，执行期为五年，即从2019年到2023年。2019—2023年美国农业预算总额约为3,870亿美元，明显低于2014—2018年的农业预算总额（约为4,890亿美元）。

2018年农业法案的立法原则和主要内容：一是关于收入补贴和价格补贴改革。包括调整补贴资格门槛和上限，在补贴项目上赋予农户更多自主权利，调整基础单产和基础面积，增加农业销售援助贷款。二是关于食品和营养保障。包括继续提供食品和营养援助；提高食品和营养计划的实施效率，减少浪费、欺诈和滥用；提升灾害补充援助的保障水平。三是继续推进新从业农民发展计划。包括为新从业农民提供更多的教育和培训机会；加强科学普及和技术援助，确保新从业农民能够适应现代农业快速发展的需要；为新从业农民、初创公司、退伍军人提供更多的获得土地和农业发展资金的机会，鼓励他们进入农业部门工作；将农户的创业贷款和研发贷款由五年延长至十年。四是关于农产品对外贸易。包括加强农业部门的国际合作，完善农产品出口计划，提升农产品的国际竞争力。五是关于食品安全。包括提高检验标准，保障食品安全，预防食源性疾病。六是关于农业研发与教育。包括扩大对农业教育、职业培训和人力资本的投资，加强对农业生产和农业发展的前沿性研究，推动农业科学技术的创新、发展、普及和应用。七是关于农业资源与生态环境保护。包括增加休耕和退耕面积，加强林地和湿地保护，继续改良土壤、水和空气质量。八是关于农村发展。包括提高农村信息服务水平；完善农业医疗保险计划，满足低收入农户的医保需求；加强农村水利系统建设；强化农村给排水技术援助。九是进一步完善农业保险计划，提高农业部门应对市场冲击和自然灾害的能力。

二、美国农业政策的政策框架

（一）农业补贴

农业补贴是美国农业政策的核心内容。美国是世界最早对农业部门进行政府补贴的国家之一。1933 年《农业调整法》开创了农业补贴政策的先河。美国农业补贴政策种类繁多，主要包括直接补贴、营销补贴、投入品补贴、逆周期补贴、出口补贴和农业保险保费补贴等。美国农业补贴政策覆盖面较广，既有专门针对农业生产的补贴政策，又有关于农产品对外贸易、食品和营养保障、农业资源和环境保护、农村发展的补贴政策。

美国政府通过对农业法案的修订，不断完善农业补贴政策。1933 年《农业调整法案》建立了以价格支持和限产措施为重点的农业补贴政策。1955 年取消了实物收购政策，规定农民可以用现金来偿还政府提供的销售贷款，实行弹性耕种面积计划。20 世纪 60 年代，在减少价格支持的同时，实施了"直接收入补贴项目""土地储备补贴项目"和"休耕补贴计划"。1973 年《农业和消费者保护法案》引入目标价格，实行差额补贴制度。1977 年对农户自己储备谷物给予补贴。2002 年《农业安全与农村投资法案》决定，加大对农业补贴，建立以收入支持为主导的补贴体系。2012 年扩大了农业保险的覆盖范围。2014 年《食品、农场及就业法案》进一步提出，增加农业保险投入，扩大农业灾害补贴范围。

（二）食品与营养计划

食品和营养保障计划是美国农业政策的核心，是农业预算支出中规模最大的项目，约占美国农业预算总支出的 80%。主要目的是为低收入家庭提供食品和营养保障。主要内容包括补充营养援助计划、学校营养午餐计划和紧急食品援助等。

美国农业政策的边界较为宽泛，其对象不仅包括农业人口而且包括非农业人口。虽然农业人口仅占美国总人口的 2% 左右，但可以直接获得食品和营养补贴的人口却占美国总人口的 10% 以上。据统计，平均每月约有 4,210 万美国人（约占美国居民的 12.9%）可以领到 680 亿美元的补充营养援助。平均每月约有 3,000 万学生（约占学龄人口的 44%）可以从 122 亿美元的学校营养午餐计划中受益。

2014 年农业法案规定，2014—2018 年美国政府每年农业财政预算支出约为 1,000 亿美元，其中 80% 用于食品和营养计划。2018 年美国农业法案提出，2019—2023 年美国政府将继续为低收入家庭提供补充营养援助计划，帮助所有低收入家庭获得充足的食品和营养保障。

（三）农业资源和生态环境保护

关于农业资源保护。1936 年《土壤保护和国内分配法案》提出，加强对农业资源尤其是土地资源和水资源的保护，重视对土壤污染的治理，保持土壤有机物和耕地的生产力。此后，美国政府相继出台了一系列法律法规，加强对农业资源和生态环境的保护，包括 1962 年《耕地保护计划》、1965 年《耕地调整计划》、1972 年《联邦污染控制法案》和《联邦杀虫剂控制法案》、1977 年《土壤和水资源保护法案》等。在 2018 年《农业提升法案》的基础上，2019—2023 年美国农业财政预算支出增幅最大的一项来自资源保护项目，预计增幅将达到 5.55 亿美元。

关于生态环境保护。美国环境保护法律体系主要由《国家环境政策法案》、实体性环保立法和解释性条例构成。1970 年《国家环境政策法案》是美国生态环境保护的基本法。实体性环保立法包括资源与自然保护立法、污染预防和治理立法、食品药品质量安全保护立法等。

（四）农产品对外贸易政策

美国是世界最大的农产品出口国，农产品出口比重占农业销售总额的 25% 以上，因此，农产品对外贸易政策是美国最重要的农业政策之一。1934 年美国政府发布了《互惠贸易协定法案》，1954 年美国政府出台了《农产品贸易发展援助法案》，其主要内容都是通过出口补贴政策，降低农产品出口价格，扩大农产品出口规模，提高美国农产品在国际市场的占有率。

这两部法案经过多次修改，至今仍是美国政府促进农产品出口政策的重要内容，并且经过多年发展和完善，形成了较为完整的农产品出口促进政策体系：一是出口信用担保计划，包括商业出口信贷担保计划、供给方信用担保计划、农用设备担保计划等。二是市场开发计划，包括市场增长计划、国外市场开发合作计划和新兴市场计划。三是针对技术性贸易壁垒的出口补贴计划，包括生物技术与农业贸易计划，以及特殊农作物技术支持计划。四是出口补贴计划，包括出口倍增计划和乳制品出口奖励计划。

2018 年美国农业法案提出，继续提供关于农产品对外贸易的市场准入、国际市场开发、特殊农作物技援，以及新兴市场开发的资金支持。2019—2023 年，美国农业对外贸易计划每年将安排资金 2.55

亿美元,其中,市场准入项目不低于 2 亿美元,国际市场开发资金不低于 3,450 万美元,新兴市场开发资金约为 1,000 万美元,特殊农作物技术援助资金约为 900 万美元。

(五)农业保险计划

美国农业保险由农业部风险管理局负责,主要险种保单和费率由联邦政府统一制定,联邦政府为参保农户提供保费补贴,保险业务由商业性保险公司承担。美国联邦政府还为农业保险提供保费补贴和业务费用补贴。在保费补贴方面,对那些造成农户大幅减产的巨灾保险保费由联邦政府全额补贴。在业务费用补贴方面,联邦农作物保险公司向承办联邦农作物保险项目的商业性保险公司提供一定比例的费用补贴。

美国农业保险种类繁多,大体可以分为三个部分。一是基础性保险。基础性保险是应对多种自然风险的农作物保险,保险责任包含干旱、洪水、火山爆发、山体滑坡、雹灾、火灾和农作物病虫害等。联邦农作物保险公司根据灾害发生的频繁程度将美国农用耕地划分为高风险土地和非高风险土地,与此相对应,基础性保险也划分为巨灾保险和高风险替代保障保险。巨灾保险是提供基本保障的保险,保费由政府全额补贴,农户只需按规定交纳管理费,低收入农户还可以申请管理费豁免;高风险替代保障保险是针对高风险土地推出的,农户只要为其耕种的高风险土地购买替代保险,就可以获得非高风险土地的相应保障。二是附加性保险。附加性保险也是农作物保险,由商业性保险公司提供。附加性保险是对基础性保险的补充保险,可以分为价格保险、产量保险和收入保险等。三是商业性保险。美国政府鼓励商业性保险公司为农业部门承保风险,政策性保险主要集中于那些商业性保险公司无力承担的项目上。

三、美国农业政策的支持系统

（一）金融与财税

美国农业信贷体系由政府农业信贷机构和合作农业信贷机构共同组成。政府农业信贷机构包括农民家计局、商品信贷公司和农村电气化管理局。农民家计局是政府向农场主提供贷款担保和直接贷款的机构。商品信贷公司的主要职责是稳定农产品价格，增加农户收入。农村电气化管理局主要为农村电业合作社和农场提供贷款，为农场电气化合作社提供技术指导。

合作农业信贷机构主要由联邦土地银行、联邦中期信贷银行和合作银行构成。其中，联邦土地银行主要发放购置农业不动产的长期贷款，贷款对象是农户和从事农业活动的生产经营者。联邦中期信贷银行主要向农业生产者信贷协会提供贷款，农业生产者信贷协会再向农户发放短期贷款，以解决农业季节性需求。合作银行向农业合作社发放中期贷款，也可以直接向农民贷款。由于具有立法保护，美国农业信贷体系一直被认为是金融市场中最具安全性的信贷机构。

美国农业部门较多地享受了税收政策优惠：一是延期纳税政策，即可以将一部分尚未出售或虽已出售但未收到现金的农产品递延至下一年度纳税。二是减税政策，即对于用于购买机器设备、生产用房及饲养一年以上的牲畜等支出可以作为资本支出从当年收入中扣除。三是免税政策，即对于出售农业固定资产所得可以免除 60% 收入的税负。四是固定资产加速折旧的税收优惠政策。五是农业保险免税政策：对美国联邦农作物保险公司的特许经营权、资本等财产，以及直保合同和再保合同的保费、支出、利润等，均免征一切赋税。对于商业性保险公司，如果其经营联邦农作物保险计划中的农业保险业务，也免征除营业税之外的其他税负。

（二）教育与研发

1857 年，莫里尔先生向美国国会提交了关于联邦政府以公共土地资助各州设立"赠地大学"（主要是农学院）的提案。一是将总数为 634 万英亩的土地按照每个州或地区在国会的参议员和代表数分配到各个州和地区，每个参议员或代表将为其州分得 2 万英亩土地（地区分得 6 万英亩）。二是土地出售前的管理费用出各州政府负责，出售后的获得资金按照指定目的用于建立永久性基金，以资助建立农学院。三是出售土地获得资金的 10% 可以用于购买建立农学院所需的土地或试验农场。四是受赠土地的州或地区须在五年内建立至少一所农学院，否则受赠土地将被联邦政府收回。1862 年，美国总统林肯签署了《莫里尔法案》。

《莫里尔法案》极大推进了美国农业教育和科研进程，在联邦政府无偿提供土地赠予的条件下，各州纷纷建立了"赠地大学"。1890 年，美国国会通过了第二个《莫里尔法案》，支持在南方各州创办"赠地大学"。到 20 世纪 90 年代，美国"赠地大学"发展到 69 所，注册学生超过 40 万人。后来"赠地大学"大都成为以农业教育和农业科研为主导的州立大学，主要学科包括畜牧学、奶牛饲养、农业化学、农业水利、农学、土壤学、园艺学和昆虫学等。

1887 年，美国政府颁布《哈奇法案》，规范了各州农业试验站的建设，即由联邦政府按照各州农场和农民的数量，资助各州建立农业试验站。农业试验站主要进行基础性农业研究，包括植物病理学、土壤学、农业化学和动植物疾病防控等。1914 年，美国政府出台《史密

斯 - 利弗法案》,授权成立农业合作推广体系,将"赠地大学"和农业试验站的科技成果推广到各个农场。由《莫里尔法案》《哈奇法案》和《史密斯 - 利弗法案》所建立的农业教学、科研和推广"三位一体"制度,为美国现代农业发展提供了有力支撑。

王宇

2019 年 10 月 3 日深夜于北京康乐里

目　录

致　谢

作者们衷心感谢本书的审稿人。特别感谢美国众议院农业委员会（the US House of Representatives Committee on Agriculture）前首席经济学家、现立法咨询委员会（Legis Consulting，LLC）主席克雷格·贾格尔博士（Dr. Craig Jagger），还要感谢美国参议院农业委员会（the US Senate Agricultural Committee）前工作人员、目前是农业期刊基金会（the Farm Journal Foundation）高级政策和支持顾问的斯蒂芬妮·默西埃博士（Dr. Stephanie Mercier），他们的意见和建议对改进本书很有帮助。

前　言

　　本书旨在阐述过去和现在的美国农业政策，以及用于分析农业政策的经济学原理、政策制定过程，以及支持执行由国会所通过的农业立法的政府结构。

　　克努森（Knutson）及其同事（2004）将公共政策定义为"政府所追求的一系列行动或特定计划的指导原则"。哈尔克罗（Halcrow）及其同事（1994）将其定义为"一个深思熟虑的行动……由公共机构、私人公司、家庭或个人选择和遵循"。正如他们所指出的那样，政策存在于任何地方。在本书中，我们将美国农业政策的讨论限制在影响农业和农村社区的立法方面。

　　1805年，詹姆斯·斯图尔特（James Steuart）对政策研究提出了一个简明而务实的方法：

　　　　管理社会和让每个人都按照计划行事的最好方法是政治
　　家形成一个行政管理系统，这个系统尽可能与每个人的利益
　　相一致，并且从不自以为是地认为人们会自然采取行动，在

任何事上都纯粹考虑公众，并遵循其他任何不是私人利益的
原则。

美国农业、食品、保护和农村政策的演变基本上都遵循了斯图尔特所
提出的方法。

汉森（Hansen）将立法者的政治行为描绘成一种利益获得和风
险规避（没有再次当选的风险）。私人利益和政治影响力影响了政府
再次当选的机会和立法者的立场，它们是了解美国"农业"政策历史
上是如何发展演变，以及今天是如何运行的关键。美国农业政策发展
的过程就是这些立场如何被转换成为法律的过程。

为了帮助我们了解今天的美国农业政策，第一章简要地概述了农
业政策的哲学理念，包括支持和反对制定国家农业政策的相关争论，
第二章描述了应用于农业政策的经济学概念。随后的几章有附录，用
来阐述适用于该章农业政策的经济学理论。

其他章节包括政策制定过程的一个概览，以及从古代到 2014 年
《农业法案》的农产品计划的简要历史。由于"新"思想往往是从旧
思想发展而来的，因此，政府政策的历史演变也是通过这些章节进行
追踪的。

考虑到国际贸易对农业的重要性，以及贸易全球化问题，书中对
有关国际贸易的问题进行了简要讨论。关于农产品国际贸易，以前有
一些书籍进行过较为全面和深入的讲述。

本书所用到的术语、关于农业的定义、关于农业计划的概述均可
以在国会研究处（the Congressional Research Service）的贾斯珀·沃
马克（Jasper Womach）报告中找到出处。这一来源在后面的参考文
献中列出，可以用于对本书中所使用的政策参考文献进行补充说明。

第一章　农业政策及其历史变迁

农业政策涉及立法过程和相关法律，这些法律会影响到农产品生产、自然资源保护、食品和营养计划、生物能源、农业生产者以及农村地区。这些法律可以是地方的、州际的，也可以是联邦的。由于大部分法律都必须符合联邦最低标准，为此在这一章中我们将聚焦于联邦法律。

近几年，公众和媒体的注意力倾向于关注农业政策对玉米、棉花、大豆等农产品的影响，其他农业政策领域要么被忽视，要么对大多数公众来说是未知的。公众和媒体对农产品政策的关注也往往是负面的。一些人考虑到农业的特殊性质而为政府计划的必要性进行辩护。本章介绍了关于支持或反对制定农业以及食品和营养特殊政策的争论，通过介绍不同观点来引入关于"农业法案"的介绍。

农业政策为什么会出现？

"农业政策"为什么会出现？农业政策之所以会出现在民主国家，是因为一部分人认为它是必要的，并说服他们选出的代表来制定农业政策的法律。对立法者有影响的群体，包括特定问题的利益集团或相互支持的广泛的利益集团联盟。随着时间推移，农场的利益代表提出了各种问题，他们认为这些问题需要立法者的关注，这些问题包括：农村电气化和运输需要联邦政府补贴、农村邮政、收入或价格支持、补贴保险、野生动物保护、出口援助、市场法规、信贷需求等。作为农业政策的一部分，其他利益集团已经游说并成功地获得了食品安全检查立法、为低收入者提供食物和营养计划、学校午餐计划和其他消费计划。环境利益集团已经获得了联邦保护计划，包括对野生动物、土壤和水的保护。

从经济学的角度看，理想的政府政策应当平衡效率和公平。一些人解释这意味着杰斐逊理想（Jeffersonian ideal）中的一个小国家和个体农场，另一些人将其解释为维持一个自由市场体系，通过制定法律来防止不公平竞争和垄断。自20世纪30年代以来，风险管理以及如何将农业收入稳定在一个可持续的水平上等问题备受关注。较低且不稳定的农业收入源于总供给和总需求的变化，当产量较低时，收购价格可能较高，当农作物丰收时，收购价格可能较低。农作物和畜牧的产量也会有所波动，使农业生产者由于无法控制产量波动而容易受到供求条件变化的影响。农作物和牲畜生产期需要一年甚至一年以上，在此期间供求状况可能会发生较大改变。结合这两种情况，风险因素造成了农业收入的不稳定性，进而引发了人们要求政府保护农业的诉求。

举例来说，图1.1显示了1975—2013年美国玉米价格和产量的变化。除了过去几年，我们可以从表中看出价格和产量的反周期变动，这种价格和产量的反周期变动也可以从畜牧业中看出。对这一变化的立法方面的应对意味着特别灾害和贷款项目的通过，农作物和畜牧保险以及其他立法的通过。

图 1.1　1975—2013 年美国玉米价格和产量

　　20 世纪 30 年代的气候条件和生产实践对土壤、水和空气质量产生了影响，推动了关于农业和环境的联邦立法。野生动物栖息地的丧失和对物种灭绝的担忧使得环境保护组织对立法机构施加压力，呼吁制定保护野生动物的法案，并且组织农民采取全面的保护措施。后来立法开始涉及对水和空气质量的保护。因为环境影响了农业，今天人们对环境问题的关注不仅包括上述所有，还包括最近的全球气候变化。

　　如今有关进口和国内食品安全方面的问题经常被质询。动物疫情（比如禽流感）和食源性污染物一直备受美国民众关注。最近的关注点是如何通过建立相关法律法规，防止食品供给损害公众健康的行为。[1]

　　诸如此类或其他问题一直都促使人们要求制定联邦农业政策。[2]至于农业政策是否已经达到（或将要达到）其目标，一般要经过时间、法院或其他利益方面的考验。虽然在很大程度上这是一个政治过程，但是，经济原则在其发展中也发挥了重要作用。

关于支持与反对美国农业政策的争论

最近媒体关于农业政策的报道在很大程度上是负面的。大部分负面消息要么与大宗农产品有关，要么与食品和营养政策有关。那些关注农业政策的人将继续在国会上陈述其论点，而支持和反对农业政策的原因众多。

支持美国继续实施农业政策的原因包括：

- 农业特有的经济问题；
- 全球化；
- 技术改变引起供给变化和农业收入的不稳定；
- 保证安全和充足的国内食品供给的必要性；
- 环境保护惠及整个社会；
- 风险管理的必要性；
- 政治；
- 市场不平等需要监管；
- 通过提供价格和收入支持来减困；
- 农业收入增加；
- 提高出口竞争力；
- 农业生产过剩，以及保障民众食品供给；
- 农村发展；
- 小农场主的利益。[3]

与支持情况类似，反对美国实施农业政策的原因也有多种多样，包括：

• 农业补贴使得国际市场出现了生产过剩，损害了第三世界农民的利益；

• 大农场主获得了大部分的农业项目支持，但他们并不需要这些，他们已经非常富有；

• 美国有庞大的预算赤字，不应继续提供农业补贴计划；

• 农业法案支持不健康食品的生产；

• 农产品支持计划造成农业生产低效率；

• 土地主比农民从农业补贴中受益更多；

• 没有农业政策的话，即使农业部门遭遇灾害，也会在三至五年内复苏；

• 取消农业政策会使纳税人的收益大于农民的损失；

• 农产品支持政策的取消将降低农业成本；

• 土地价格将会下降，使年轻的农场主能够购买土地；

• 促进国际贸易；

• 农业政策偏袒一些人，而忽略了另一些人的利益。[4]

政府干预农业的观点

对于政府是否应当干预农业，存在着不同的观点。一些人支持政府干预；另一些人认为，政府任何形式的干预都是对市场运行的干扰。这些观点得到各种利益集团和经济哲学支持的程度决定了农业立法存在和继续存在的程度。

关于农业政策的五种观点包括：

自由市场（Free Marketer）——政府干预市场会扭曲市场运行；如果政府不干预，市场将会自行调整并实现最优。[5]

人道主义（Humanitarian）——每个人都有获得食物的权利，政府应该确保没有人挨饿。[6]

重农主义（Physiocratic）——真正的财富都在土地和农业上，政府为了保护社会和文化就应该保护农业。[7]

稳定器（Stabilizer）——收入、价格和收益率的不稳定是农业生产的基本问题，需要政府干预。[8]

调节器（Regulator）——政府必须对人性的贪婪与理性进行协调和控制。

长期以来这五种观点为争取政治支持而激烈争论。农业政策也会随着社会、技术、政治和经济条件的变化而演变。我们在后面的章节中可以看到，市场配额和种植面积由政府分配的制度逐渐被更加市场化的保险计划所取代。

农业补贴和经济效率

有经济学家认为，支持或反对政府干预需要看经济效率是得到提高还是降低。根据定义，效率是总供给与总需求的均衡点，在均衡点上市场出清。在自由市场的假设下，当市场均衡时，社会福利最大化。从理论角度看，在真正的自由市场中，把供求均衡作为效率的衡量标准在经济学上一般不会引起争论。在效率衡量标准不清楚或者市场不完善的情况下，如果出现市场失灵或通过政府干预可以提高社会福利的情况，农业政策就会被认为是合理的。关于效率和公平，感知的利益或成本越是主观的和无形的，越有可能存在意见上的差异和不同的衡量结果。比如，目前对诸如全球变暖和自由贸易等问题的讨论和分歧就是一个证明。

用于支持政策干预的另一个观点是减轻农业部门特有的供求冲击。供给冲击与由天气和其他自然灾害所导致的正常供给链的突然中断相关，这种中断会引发价格的突然上涨或下跌。石油和粮食禁运是过去影响粮食价格的重要案例。[9]需求冲击包括市场需求中断，比如消费者抵制和食源性疾病暴发。这些不由市场供求决定，而且会影响社会福利，为政府干预市场提供了机会。

社会理想和政策

经济学以外的标准也可以用来支持或反对农业政策。马克·萨果夫（Mark Sagoff 1988）将政府用于经济监管的政策与用于社会监管的政策区分开来。任何社会都包含经济监管和社会监管的要素，政策建立基于个人信念和价值观、经济（即钱袋问题）和政治。在我们的社会中，这些要素是关于什么是可接受的以及什么与政策无关的想法，在其他一些方面还包括维护社会秩序和社会福利、保护个人权利，对一些人来说还有保护环境和家庭农场。

政策判断

可以用不同的经济原则来评估政府的政策，这些原则包括帕累托最优原则（Pareto Optimality）、补偿原则（Compensation Principle）和公平公正原则（Equal Justice principles）。从经济效益和成本来看，这些原则通常关心的是总社会福利，而不是个人福利。

帕累托最优原则这样陈述：如果在不使别人变得更糟的条件下没有人能够变得更好，那么这个政策就是最优的，就可能被实施。这应该是一个总量概念，不应该被解释为对特定个人的影响。

在多重最优政策与冲突的政策选择的情况下，需要采用其他评估标准，[10] 简单的收益与成本分析可能是不够的。

我们都知道，在政策实施过程中，一些人可能会遭受损失，而另一些人可能会获得利益。正是基于这一事实，政府制定了补偿原则。这一原则认为，如果政策获利者可以补偿任何受损者，那么，这一政策应该被实施。这一原则并没有要求获利者必须补偿受损者，但他们必须有这样做的能力。换句话说，这一政策对社会的好处应当大于社会成本。

第三个原则是公平公正原则。至少在法律面前，所有社会成员都应当得到公平公正对待。支持这一原则的最近一个例子是非裔美国农民对美国农业部（USDA）提出的诉讼。[11]

这些原则由于涉及经济效率，因此已经用于回答政策问题，例如：

- 计划的公共成本是否提供足够的收益来证明其合理性？
- 在该项政策下，谁获得收益？谁遭受损失？
- 政策获利者的收益是否能够弥补政策受损者的损失？
- 该项政策的政治代价是什么？

政策影响的衡量

政策影响可能难以衡量，因为政策通常是以不同的方式影响不同人的福利。根据经济和非经济目标，分析结果可能在很大程度上取决于潜在假设如何构成。那些拥有一定政治立场的人有时可以选择支持他们的分析结果而忽略其他结果，客观分析可能会因受到的政治支持不同而得到不同的结果。

尽管存在困难，但是各种衡量标准和效率标准一起常被用于确定政策是否已经实现预期目标。三个常用的政策分析的一般方法包括：科学法、选择与结果法以及布道法（evangelistic methods）。

科学法包括：

- 问题识别；

- 文献回顾；

- 发展假设；

- 使用相关分析技术检验假说；

- 基于证据得出结论。

选择与结果法包括：

- 识别问题；

- 回顾文献和其他有关问题的已有信息；

- 列出替代方案和后果，利弊与优劣，每个问题潜在解决方案的成本和收益；

- 读者、选民或其他决策者要做出决定，从列出的解决方案中选择最好的政策。

列出不同的选择和对其可能产生的效果的评论可能会很有用，即使仅仅从保持中立立场或将出现错误的可能性最小化的目的出发也是好的。

另一种分析政策的方法也被频繁使用，这就是布道法，换句话说"如果你不同意我的话，那你就走开吧"。该方法由一个步骤组成，基本上提出了一个问题的一个方面，并附有一个具体的议程。

由于使用方法的不同，政策分析人员可以得出不同的结论，这可能会使公众感到困惑。除了使用不同的分析技术，得到不同结果的原因还可能是分析人员基于不同的事实，以及他们所接受到的不同的教育。由一个人背景所决定的信念和价值观可能与政策分析混在一起。选民的意志和施加的压力，可能会决定最终的结论。

农业法案

今天社会公众所面对的农业政策是"农业法案"。农业法案只是授权立法允许将纳税人的钱用于农业计划。正如下面几章将要讨论的，农业法案是唯一一个通过立法的形式影响到农场、农户、农村、环境和国家食品安全的法案。农业法案反映了美国农业政策的历史演变，这些将在后续的章节中详细讨论。

最初，农业法案是关于国家至关重要的战略物资的生产、食品供给、稳定农业收入以及病弱士兵供养的。随着时间的推移，它包括了许多其他问题。农业法案中的具体政策和选择我们将在后续的章节中继续讨论。

总结

关于农业政策的普遍看法主要包含在农业法案中，而且主要是关于大宗农产品的。实际上，农业政策涵盖了大宗农产品、环保、食品和营养以及与农业相关的经济和社会问题。农业法案的起草和通过有过很多争议，不同的党派要么支持要么反对法案的通过。各党派支持或反对农业政策的具体原因已在本章的前面列出，最近还有一个额外因素是项目成本。

尽管有来自经济学家和非经济学家的批评，农业法案仍然坚持每四到六年修订一次，授权在大宗农产品计划、农场、农村和粮食计划上的预算支出。环保、生物能源、农业和林业研究、国际贸易、农业收入补贴和灾害援助、林业、有机农业以及税务问题都是最近将要讨论和修订的农业法案的一部分。

讨论

1. 支持或反对农业政策的争论有哪些？

2. 农业的特有问题是什么？

3. 关于农业政策制定的基本经济理论是什么？

4. 列出随着时间的推移迫使农业政策改变的力量。

5. 用于评估一个政策是否最优、是否应该实施的三个不同原则是什么？

6. 什么是提供关于政策实施的指导方针的社会理想？

7. 政府政策对于经济效率的影响是什么？

8. 用于分析农业政策的方法有哪些？

9. 今天的农业政策包括了哪些更广泛的内容？

参考文献

"About Hunger." *Bread for the World* website. http://www.bread.org/hunger/us/[accessed November 2014].

Bleifuss, Joel. 2006. "The E. coli Free Market." *In These Times*, November 23. http://www. inthesetimes.com/article/2893/[accessed November 5, 2014].

Branigin, William, Mike Allen and John Mintz. 2004. "Tommy Thompson Resigns From HHS, Bush Asks Defense Secretary Rumsfeld to Stay." *Washington Post.* December 3. www.washingtonpost.com/wp-dyn/articles/A31377-2004Dec3.html [accessed November 5, 2014].

Chase, Charles D. 1998. *Beyond the American Dream.* Wasilla, AK: Autodidactic Press.

Cowen, Tyler. 2008. "Too Few Regulations? No, Just Ineffective Ones," *New York Times*, September 13. http://www.nytimes.com/2008/09/14/business/14view.html [accessed November 5, 2014].

Fite, Gilbert C. 1962. "The Historical Development of Agricultural Fundamentalism in the Nineteenth Century." *Journal of Farm Economics*, Proceedings, 44:1203–11.

Halcrow, Harold, Robert G.F. Spitze and Joyce E. Allen-Smith. 1994. *Food and Agricultural Policy, Economics and Politics.* New York: McGraw Hill, Inc.

Hansen, Jenna. 2005. "The Importance of Government Programs in Agriculture," November 7 （out of print）.

Karst, Tom. 2009. "Obama Administration Scrutinizes Anticompetitive Activities." *The Packer*, November 11. www. thepacker. com/fruit-vegetable-news/obama_administration_ scrutinizes_anticompetitive_activities_122124779.html [accessed November 5, 2014].

Knutson, Ronald D., J.B. Penn and Barry Flinchbaugh. 2004. *Agricultural and Food Policy,* 5th edition. Upper Saddle River, NJ: Prentice Hall, Inc.

Morgan, Dan, Sarah Cohen and Gilbert M. Gaul. 2006. "Powerful Interests Ally to Restructure Agriculture Subsidies." *Washington Post*, December 22. http://www. washingtonpost. com/wp-dyn/content/article/2006/12/21/AR2006122101634.html [accessed November 5, 2014].

National Foundation to End Senior Hunger. "Spotlight on Senior Health, Adverse Health Outcomes of Food Insecure Older Americans, Executive Summary." *Feeding America*, online monograph. http://www.feedingamerica.org/hunger-in-america/our-research/spotlight-on-senior-health/or-spotlight-on-senior-health-executive-summary.pdf [accessed November 5, 2014].

Office of the Assistant Secretary for Civil Rights, USDA. Black, women's and Hispanic lawsuits against the USDA available at www.ascr.usda.gov [accessed November 5,2014].

Ray, Darryl. 2006. "Are the five oft-cited reasons for farm programs actually symptoms of a more basic reason?" *Policy Pennings*, 325. Agricultural Policy Analysis Center. University of Tennessee. www.apac.org [accessed November 5, 2014].

Sagoff, Mark. 1988. *The Economy of the Earth, Philosophy, Law and the Environment.* New York: Cambridge University Press.

Tannenwald, Robert. 1988. "Devolution: The New Federalism, An Overview." Federal Reserve Bank of Boston—*New England Economic Review* （May/June）: 1-12. www.bos.frb.org/ economic/neer/neer1998/neer398b.pdf [accessed November 5, 2014].

Tweeten, Luther. 2003. "Eliminate Farm Programs." Working Paper. Department of Agricultural, Environment and Development Economics, Ohio State University.

Wise, Timothy A. 2005. "Identifying the Real Winners from US Agricultural Policies." Global Development and Environment Institute, Tufts University, Working Paper No.05–07.

第二章　应用于农业政策和粮食政策的经济概念

基本经济概念

政策选择代表了可能采取的不同的立法路径，不同的路径都会产生不同的经济结果。数学和统计模型与经济理论相结合可以用来确定不同农业政策对于生产者（供给）和消费者（需求）的不同影响。经济理论可以帮助评估消费者和生产者对政策选择的可能反应。

静态经济分析（static economic analysis）描绘了实时的情况，但没有考虑到市场的动态。比较统计数据可以用来比较"之前"和"之后"的变化，但不会检验变化的动态。由于这些变化是随着时间的推移而发生的，需要更复杂的动态分析来解释它们。在本章中，我们不仅限于基于经济理论的静态分析，还要注意到这些都是理论建构，现实世界的动态变化往往会改变理论结果。

完全竞争市场（perfectly competitive markets）的经济理论告诉我们，需求和供给曲线的交点决定了市场价格。在理论上，由于市场上有很多供给者和消费者，个体行为者的总效应决定了市场价格。在一个真正自由的市场上，消费者和生产者都是价格接受者，而不是价格制定者。

这是理论上的说法。事实上，历史上有许多市场无法满足完全竞争模型的条件。此外，许多非市场因素也会影响在现实世界中发生的事情，这使得政府有时需要干预市场。在农业中，自然灾害、对食品和营养的刚性需求以及社会福利都是政府干预农业的必要条件。不过，问题在于经济学分析如何评估政府干预农业的影响。

经济学是否有助于评估农业政策？

一般来说，边际成本分析对农业政策分析的目的仅仅是用于评估潜在影响的近似值。曼斯菲尔德（Mansfield）在 1970 年出版的《微观经济学》一书中将产业供给视为实际供给的粗略近似。在农业中，考虑到土地的可变性和农场之间的生产实践，理论上对大多数农产品来说，估算并横向加总所有生产者的边际成本曲线是不可能的。但是，以历史为指导并评估当前的条件，可以得到市场上大多数农产品总供给的近似值。

尽管存在缺点，但经济学分析可以提供对农业政策可能产生的结果的估计。也就是说，虽然有一定程度的误差，但可以预测各种政策的预期变化方向。例如，我们可以说一项增加玉米生产成本、降低净收益的政策（比如一场针对化肥投入的税）可能会降低玉米的产量。如果税增加，农民可以生产相对更有利可图的农作物以替代利润变小的玉米。基于供给和需求方面可能发生的变化，人们可以对价格走势、替代效应以及农场收入和国民收入可能受到的影响进行估计。

需求和政策

美国受政策影响的农业生产者面临着源于对高度加工和包装产

品的需求的需求，例如，花生生产者面临的需求源于消费者对花生酱、糖果、包装烤花生等的需求。除了价格以外，影响特定农产品需求的因素还包括消费者的收入、口味和偏好、替代品的实用性和成本以及人口规模。

玉米的第一消费者（买家）包括农业合作社、牲畜饲养者、乙醇生产者、高果糖玉米糖浆生产者等。这些买家反过来反映了最终消费者对肉类、燃料、软饮料的甜味剂和早餐谷物等农产品的需求。对生产者需求数量的影响通过从加工者到最终消费者的市场渠道发挥作用。相对于稳定的供给或剩余，供给短缺会导致更高的价格。面临高价的消费者可能会抗议高昂的价格，在过去也的确发生过这样的事情，从而呼吁采取政治措施。

图 2.1 显示了玉米的典型的线性向下倾斜的总需求曲线。理论和逻辑表明，随着价格下降，更多的玉米将会被购买。消费者根据其需求曲线进行的购买取决于价格，价格上下波动的需求曲线决定购买多少。例如，如果价格为 P1，需求量将为 Q1。对价格和数量有影响的农业政策有可能在需求曲线上重新定位价格／数量点。

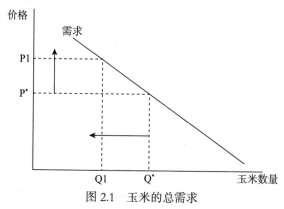

图 2.1　玉米的总需求

改变农产品需求曲线的因素对于其价格和数量是外生的。这些因素包括人口规模的变化、消费者收入的增加或减少、口味和偏好的变化以及替代品的实用性和成本。例如，广为人知的食源性疾病可能会影响消费者购买特定农产品的意愿，改变他们的口味和偏好，使需求曲线向左移（即需求减少），如图 2.2 所示。价格没有改变，但消费者偏好发生改变。价格以外的因素（外生的）将移动需求曲线。为了应对食源性疾病，农业生产者可能要求政府通过援助来补偿由需求减少而造成的收入减少，或者消费者可能要求政府实施食品安全法规。

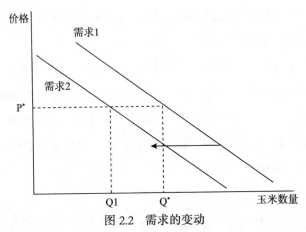

图 2.2　需求的变动

消费者收入的突然下降，改变了对肉类的购买（例如从牛排到汉堡），可能会使牛排的需求曲线左移，汉堡的需求曲线右移。如果对牛肉具有强烈的偏好，由于收入和替代效应，对牛排的需求可能会减少，对汉堡的需求可能会增加。而且由于替代效应，对肉类的需求可能改变，也可能不变。那些可能移动肉类和其他农产品需求曲线的政策包括健康和标签要求或替代品的补贴，而帮助收入减少最小化并有助于维持需求的政策包括食品券计划、税收减免和失业保险。

　　需求价格弹性（Price Elasticity of Demand）概念衡量的是消费者（买方）购买对价格变化的反应程度。需求弹性以需求量变化的百分比除以价格变化的百分比来衡量。从政策角度来看，在政治和经济上重要的是知道购买行为对于可能改变农产品价格的政策是多么敏感。例如，如果对芦笋种植者征税将会怎么样？消费者对芦笋的需求将如何以及在何种程度上应对由此产生的价格上涨？需求弹性可以在一定程度上反映一种政策可能对消费者需求产生的影响。

　　一个相关衡量方法——需求收入弹性（the Income Elasticity of Demand）表示农产品需求量变化百分比对收入变化百分比的敏感程度。价格和收入弹性的衡量都可以用来分析政策对需求的潜在影响。

　　虽然对于特定食品是不适用的，但一般来说，食品需求量的总变化对食品价格的任何变化都相对较小。对食品和水等生活必需品的需求通常是刚性的。人们总是愿意支付任何必需的价格以获得足够的食品和水来维持生活。特定食品的需求价格弹性可能因为它们的可获得性以及它们之间的替代性而更具有"弹性"。一种商品的替代品越多，消费者可以更容易地改变选择，使得商品对价格变化更灵敏，更具有弹性；没有替代品的商品则相对缺乏弹性。经济学家认为，当需求变动百分比与商品价格变动百分比之比大于1时，则认为需求富有弹性。当需求变动的百分比等于商品价格变动的百分比时，则认为需求具有"单一弹性"。当需求变动百分比与商品价格变动百分比之比小于1时，则认为需求缺乏弹性。

商品需求弹性越小，影响价格的因素就越有可能带来社会反应，正如埃及最近发生的事。

农场和行业供给

经济理论告诉我们，一家农场企业的供给曲线是其平均可变成本之上的短期边际成本曲线。行业供给是"短期边际成本曲线的横向求和"（Mansfield 1970）。经济理论还告诉我们，当一家企业（在本例中是农场）是价格接受者（即无法选择它所获得的价格）时，它（短期内）将在价格等于边际成本的点（高于其平均可变成本）上进行生产。

对于给定的技术水平和投入，在不同的（预期）价格水平上将会产生不同的供给。如图 2.3 所示，一项政策使得补贴价格为 P1，可能会导致玉米产量为 Q1 而不是 Q^*。

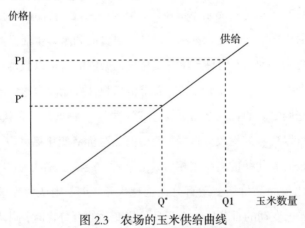

图 2.3　农场的玉米供给曲线

改变供给曲线的因素基本上是那些改变单个农场生产成本组成部分的因素（见图 2.4）。举例来说，一项新技术的发明使得单位生产成本更低，从而使边际成本曲线移动。另一个例子是新天然气储量的发现降低了氮肥投入的成本。在政策方面，影响技术使用的补贴、对投入品实施补贴或征税、补贴竞争性产品等将改变供给曲线。一项使生产成本更低的政策，如补贴化肥购买，将使供给曲线由供给 1 移动到供给 2。这种改变反映了生产成本的降低。

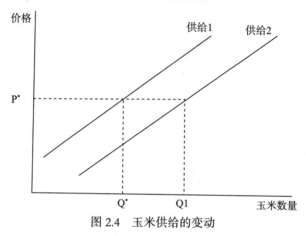

图 2.4　玉米供给的变动

对于单个农场来说，在农作物生产之前，必须对成本和生产量进行一些评估。这反过来必须转化为估计边际成本，在给定的价格预期下，可以变成对市场供给的"粗略近似"。理论上，个体边际成本曲线的总和是行业总供给曲线。

在图 2.5（总供给和总需求）中，市场价格是 P^*，市场出清的产量水平为 Q^*（在该点总供给等于总需求）。实际上，供给往往有许多不确定性。由于自然灾害等原因，生产会发生变化，市场也很少会完全出清，供给过剩经常发生。农业政策通常通过价格支持鼓励这种过度生产，将价格设置为高于市场出清价格。这具有为消费者降低价格的作用，因而被称为廉价食品政策。

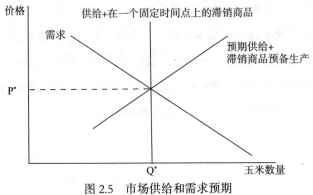

图 2.5　市场供给和需求预期

　　如果我们看收获后的一点，供给基本上就变成固定的：它是当时市场上可用的供给量。在收获之前，技术、价格预期和对价格的反应导致传统的供给曲线是倾斜的。在分析中，它可以用来在考虑国际和国内政治经济情况和其他因素的条件下，研究在选择的某一时间的政策影响。研究选择的时间段并解释不确定条件可以用来描绘替代政策对消费者和生产者的潜在影响。

理论与政策

　　经济学理论认为，在完全竞争条件下，每个人都知道市场上的其他人所知道的和所做的。这在现实生活中是不可能真实存在的。信息，像其他商品一样，是可以出售的，而且不便宜。正如人们所说，知识就是力量。由不平等的知识、不平等的销售能力和在某些情况下不平等的政策所导致的不完全竞争可能会存在。需要对完全竞争的供给和需求模型进行修改，才能研究不完全竞争下政策的具体影响。政策分析的问题是，如何根据不完全市场来衡量供给和需求的政策影响？答案是过去的经验和不完全市场的经济理论可以用作指导。在没有过去经验的情况下，可以大致估计根据不完全市场所做出的政策决策的可能结果，但具有一定程度的不确定性。

复杂的建模方法可用于动态的、完全的和不完全的政策分析，这些会在更先进的计量经济学和系统分析中研究。在本书中，我们将把供求政策效应的建模限制在一个基本的水平上。我们所举的例子说明，即使在一个基本的水平上，经济理论也可以提供对各种政策效应的深入剖析。

影响供求的政策

影响供求的农业政策包括各种补贴、支持和管制。这些政策包括但不限于：

1. 价格支持

    a. 目标价格（target prices）——补贴支付（deficiency payments）——参考价格（reference prices）

    b. 贷款项目

    c. 政府购买

    d. 直接补贴

    e. 绿色给付

    f. 进口限制

    g. 关税

2. 投入品补贴

    a. 投入品价格管制

    b. 燃料和其他投入退税

    c. 投资税收减免

d. 其他税收优惠，如折旧

e. 免费土地，如依据《宅地法案》（the Homestead Act）所授予的

f. 道路、农村电气、网络和其他基础设施

g. 投入品费用分摊计划

3. 收入补贴

a. 农业收入支持

b. 补贴消费者收入

c. 保险产品

d. 直接收入支付

e. 税收减免和退税

f. 赚取收入信贷——反向收入所得税

g. 退税或免税等

4. 生产补贴

a. 国际出口增强和有利的贸易协定

b. 政府剩余农产品采购计划

c. 税收政策

d. 农业新从业者贷款

5. 生产或销售管制

a. 销售配额

b. 销售规则

c. 面积限制

d. 价格管制

e. 税收政策

6. 其他

    a. 低利率贷款

    b. 完善农村基础设施

    c. 用于环境保护或改善方面的支付

    d. 其他

我们将在本书中探讨各种政策的历史及其经济影响。这些概念的定义和进一步解释如下。

农业补贴

农业补贴（agricultural subsidies）是由政府提供的，用以增加收入，改善投入或产出价格，或促进生产和销售活动。

如果农民认为玉米的均衡价格（市场出清）对于他们来说太低，他们不能获得公平的回报，价格补贴就会产生。通过政治压力，政府可能会设置补贴价格 P*。如图 2.6 所示，当玉米补贴价格在 P* 水平上时，出清市场 Q1 产量的均衡价格通常为 P1。当价格为 P* 时，买方需求量为 Q*。

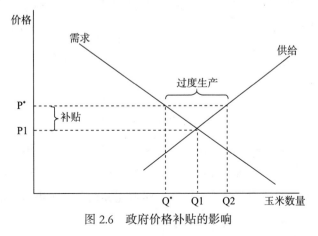

图 2.6 政府价格补贴的影响

当价格为 P* 时，生产者将以 Q2 的生产水平供给玉米。如果对可生产的玉米数量没有一定的限制，市场上会出现 Q2-Q* 的剩余。买方将不愿意以给定的需求曲线所显示的支持价格购买超过 Q* 的商品。剩余商品将必须被处理或将继续通过剩余的翘尾因素影响市场价格，进而导致下一个生产季节更低的价格。

政府可以采取的行为可能是购买剩余商品，并在世界市场上出售（可能是亏本出售），将其作为粮食援助出口到海外，或者只是将其丢弃，而这每一种行为都会影响市场。

补贴生产成本

实施补贴也能够降低生产者的生产成本。这会导致个体生产者的边际成本曲线从 MC1 移动到 MC2，如图 2.7 所示。在整个行业中，这将使一种农产品的国内（市场）供给曲线从供给 1 移动到供给 2。

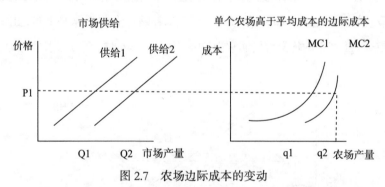

图 2.7　农场边际成本的变动

图 2.8 显示了由政府提供的化肥价格补贴可能导致的总（市场）供给曲线的变化。这种补贴将使供给曲线向右移动，反映了生产成本的降低。考虑到市场价格，生产者愿意在补贴后提供更多的农产品，因为单位玉米产量的成本降低了。

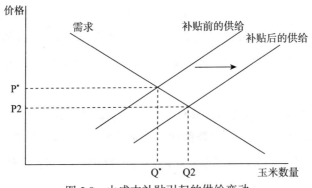

图 2.8 由成本补贴引起的供给变动

在这个例子中，需求是固定的，在供给曲线移动之前，P*价格所导致的生产数量为 Q*。在投入品补贴和供给曲线移动之后，产量将变为 Q2，预期的均衡价格变为 P2。

实际上，供给和需求不是静态的。供给和需求是密切相关的并且相互依赖。对于消费者来说，商品供给的减少可能使其相对于其替代品更昂贵。然而，通过替代，替代品需求可能会增加，而原始商品的需求减少，从而导致原始商品的价格下降。

图 2.8 显示，通过投入品补贴，生产者将以更低的价格生产更多的商品。像其他政策一样，投入品补贴的影响不仅仅是供给曲线的简单变化。根据商品的需求弹性，消费者收入可能或多或少受价格变动的影响，这反过来又会影响其他购买。此外，生产者增加投入品补贴的使用可能会减少对其他投入品的需求，这些投入品生产中的就业和收入可能因此受到影响。这就像是一种通过系统产生的回声。

有时，政策影响可能是意料之外的或无意的。例如，补贴化肥价格可能导致化肥的过度使用，从而导致意想不到的环境成本。

纳税的消费者必须为补贴埋单，导致收入下降，这可能使得需求曲线向左移动。替代品受此影响的程度将取决于商品的敏感度（价格弹性）。研究均衡的可能变化必须考虑市场的相互作用和动态调整。

早期的美国农业政策是对农产品加工企业征税从而为农产品补贴埋单，这一政策预计会降低加工企业的收入，使他们的需求曲线向左移动。给定一个正常商品，加工企业的均衡购买量可能会低于图 2.8 中的销售预期水平 Q2。

价格管制

价格管制（price controls）是对投入品或商品的最高或者最低价格施加的法律限制。

政府实行价格管制的目的主要是对最高价格施加限制。实施价格管制的原因是有时消费者收入增加缓慢而物价水平上涨过快。一般来说，过去价格控制通常是用来控制战争时期的商品最高价格。但是，为了控制通货膨胀，1971 年尼克松总统实施了一千天的工资和物价管制，最后，尼克松的做法失败了。

政府实行的最高价格管制通常会产生腐败进而造成失灵。价格管制低于均衡价格，可能造成需求超过供给，使要价高于官方价格的私人或黑市出现。

在图 2.9 中，如果政府对玉米规定一个最高价格 P1，生产者将向市场供给 Q1。在 P1 的价格下，玉米的需求为 Q2，这个政策可能导致玉米短缺。在 Q1 的生产水平上，政府可以预期玉米的非官方价格将是 P2。

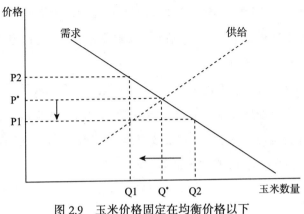

图 2.9　玉米价格固定在均衡价格以下

供给控制

供给控制（supply controls）可以定义为对可以生产或可以销售
多少商品的法律限制。

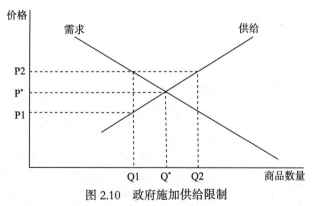

图 2.10　政府施加供给限制

政策限制也可以适用于限制所生产的数量或限制可以销售的商
品的供给。

政府对投入品、种植面积或可出售数量施加的自愿的和强制性的限制，可用于控制向市场供给商品的数量。例如，对大麻和罂粟等农作物以及对有机氯杀虫剂、甲基溴和呋喃丹等投入品的销售或生产进行禁止或施加限制。

在图2.10中，政府规定了Q1的生产限制。在该水平上，生产者的单位生产成本是P1，但是，消费者愿意支付的价格是P2，结果是缺少供给而无法使市场出清。对于政府禁止的商品，如罂粟，需求仍然存在，供给受到限制，其结果是黑市兴起，价格上涨。

休耕

休耕（set-aside）是限制农民可种植面积的供给控制政策。

根据以前的农业法案，农民可以通过休耕和轮耕以换取价格补贴或其他补贴。限制特定农产品的供给，并以获得那些农产品的价格补贴作为鼓励，有助于减少生产剩余和提高农产品价格。如图2.11所示，在100英亩的土地上，政府要求有25%的休耕，即要求农民有25英亩不能种植农作物。

休耕100英亩农田的25%

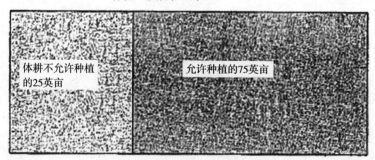

图2.11　100英亩土地上的休耕面积

图2.12显示了在价格为P*时，供求市场均衡数量为Q*，市场出

清。一项农业政策使得补贴价格为 P1, 将鼓励生产者将产量提高到
Q1。法律规定的休耕面积要求生产者只能生产 Q2 产量的农产品, 但
他们将获得的支持价格为 P1, 当给予生产者的价格为 P1 时, 这可能
出清市场剩余。

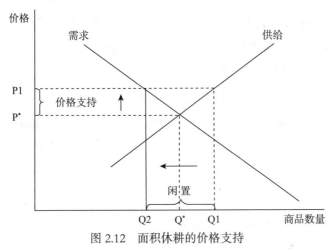

图 2.12　面积休耕的价格支持

　　单独来看, 农业政策要求的面积减少将会导致供给减少, 使得价
格提高到 P1。但是, 在价格 P1 下, 生产者可以通过出售 Q1 而增加
利润, 除非有法律要求或诱使产量减少, 否则会有通过生产超过法定
限制的产量而舞弊的动机。另外, 国内法律通常对国际农业产出没有
影响。将国内市场价格提高到 P1, 可能激励其他国家的农民生产并出
口国内被禁止生产的农产品。在这种情况下, 还需要实施国内进口限
制和关税壁垒, 保证价格最终回到 P*, 且产量为 Q*。

　　农田休耕措施还有可能导致其他问题。历史上, 最贫瘠和产量最
低的土地经常被休耕, 从休耕土地上节约下来的投入品被用于增加种
植土地上的产量, 结果增加了农场的产量。

分配和配额

与其要求休耕，为什么不直接通过法律要求农民限制生产和销售数量呢？这些都是过去使用过的措施，被称为分配和配额。面积分配和销售配额是用于减少供给的方法，理论上会导致更高的价格水平。

面积分配 / 生产限制（Acreage Allotments/Production Restriction）限制了可生产的农产品数量。

销售配额限制了可销售的农产品数量。

另一种政府支持的生产控制形式包括销售规则（Marketing Orders）。它通过规定质量、种类和其他生产管制来限制供给，并且（或者）对投入市场的农产品进行了区分。

联邦销售规则是一种政府批准的项目，是指生产者自愿合作采取行动限制投入市场的农产品数量——要么限制生产面积，要么限制可投入市场的农产品的质量和数量。

完全禁止或限制生产和销售规则之间是有区别的。销售规则通过政府批准对购买农民特定农产品的限制，通常是在一个特定的地理区域。维达利亚洋葱生产是销售规则的一个例子，液体牛奶的销售规则是另一个例子。联邦销售规则的详细信息可以在美国农业部网站中农业市场服务列出的参考资料中找到。

强制实施供给限制的问题

销售配额、面积限制和其他政策制定的供给限制存在一个潜在的问题，那就是国际贸易协定一般禁止扭曲农产品价格的政府政策。供给限制通常会扭曲市场价格，而且农产品短缺的地方往往会出现黑市。

强制性禁止或限制农产品生产会引起农业生产者的普遍不满。用价格支持或项目支付来换取产出稳定的方式可以激励生产者遵守限制规定,同时也会使他们的不满最小化。

环境保护

从经济角度来看,环境效益可以被认为是另一个产生竞争的企业或与生产商品互补的产品。环境保护与农产品的竞争程度取决于商品、生产实践和其他因素。作为互补品,南方的大豆田支持了许多鹿和鸽子的生长,中西部的稻田支持了雉和其他鸟类种群的生长。豆类提供了有益于土壤的氮和绿肥,节水型实践可以用来防止土壤退化。

对于没有明确界定的所有商品,每日市场交易、环境效益和成本可能难以量化。图 2.13 显示了 100 英亩土地上的商品产量与环境(或许是质量)之间相互权衡的假设,这可以被认为是环境和商品生产竞

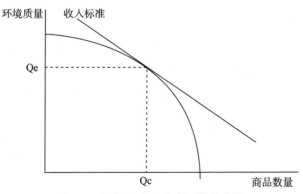

图 2.13　环境和商品生产可能性曲线

争的情况。对商品和环境之间的最优权衡的经济回答是，两者的转化应该发生在沿着产品转化曲线上升直到获得最高可能收入或效用之处。确定一种产品转化为另一种产品的比率是一个特别困难的问题。在竞争中，仅仅选择环境效益意味着没有足够的商品生产，支持所有商品生产可能意味着没有考虑环境质量。例如，通过使用大量氮肥使玉米产量最大化可能意味着氮肥会流入溪流，并可能扩大墨西哥湾的"死亡带"。

被用于确定环境价值的方法是通过环境效益的非市场估值（即条件估值）。从政策角度看，社会对环境与食物的需求必须结合法规、管制价格、税收等的政策成本来权衡。施加限制和禁令以及为保护措施和休耕等进行补贴等等政策已经实施。

种植面积保护区

种植面积保护区（Acreage Conservation Reserve）是一种旨在通过从农业生产中留出休耕土地，以换取价格补贴或项目支付来保护环境的政策。

种植面积保护区的要求通常是作为更宽泛的立法计划，比如休耕轮耕、价格支持等的一部分被提出。尽管种植面积保护区的主要目的是提高环境效益，但它也具有减少农产品供给的双重目的。种植面积保护区计划通常被授权在一项农业法案的期限内有效，它不应该与"环保储备计划"（Conservation Reserve Program）或者保护地役权（Conservation Easements）相混淆，保护地役权是长期的保护性计划。

保护地役权

保护地役权是中间人和土地所有者之间的长期协议，以换取支付和其他，并出于保护的目的留出土地。

保护地役权可以是公共的，也可以是私人的。政府购买的地役权减少农业耕地，并将其用于特定目的，例如野生动物或稀有植物栖息地保护。与农业生产者签订合同后，地役权可用于将土地搁置多年或永久搁置，同时将向参与地役权计划的生产者提供补贴。像种植面积保护区一样，政府地役权计划通过向公众提供环境利益，以换取给生产者的支付。私人组织如自然保护组织也会出于有利于环境的考虑而从农民那里购买地役权。

配给

配给（Rationing）是对消费者可以购买的商品数量或生产者在特定时间点可以购买的生产要素数量的法律限制。

在战争期间，当战争所需的关键物资供给不足时，配给最常见。在第二次世界大战期间，轮胎、汽油和其他重要战争物资，以及香烟和尼龙丝袜被配给了公众。配给造成的短缺可能形成受管制产品的黑市。

在图 2.14 中，假设政府对消费者实行限制，限制他们购买的商品数量为 Q2。如果没有价格限制，在 Q2 的水平下消费者愿意支付的价格为 P1，在 P1 的价格水平下，农民会得到激励生产数量为 Q1 的商品。

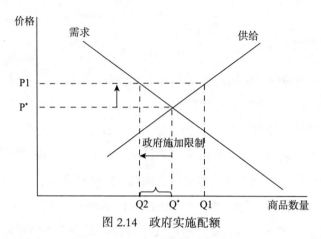

图 2.14　政府实施配额

通过观察图 2.14 可以预测几种可能的结果。一是生产者将向市场合法提供 Q1 的商品数量，生产剩余将通过非法手段出售。二是法律将被遵守，在 P1 的价格水平下，被出售的商品数量为 Q2。如果同时实行价格管制和配给，生产者的利润将受到侵蚀，并可能再次给予生产者和消费者舞弊的动机。

在第二次世界大战期间，美国政府呼吁社会公众要为赢得战争做出自己的贡献。配给卡允许消费者只能购买一定数量的配给商品，然而，尽管有法律的规范和对爱国主义的呼吁，舞弊还是发生了。

收入转移

收入转移可以采取从一组纳税人到另一组纳税人的直接支付形式，或者是间接支付形式，比如"劳动所得的税收优惠"、补贴或其他方式。农业补贴项目可以被认为是一种从纳税人到收款人的收入转移。

一般来说，如图 2.15 所示，向消费者转移收入，可以预期需求曲线向外和向右移动。如前所述，移动的程度将取决于商品和对该商品的需求弹性。向农民的收入转移通常不能预期他们供给曲线的改变，但农民也是消费者，可以预计收入转移会改变需求曲线。

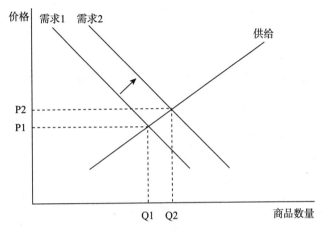

图 2.15　实施收入补贴引起的需求变动

食品和营养计划

在 2008 年农业法案中，政府在农业项目方面的最大单项支出是食品和营养计划。帮助低收入者购买食物的补充性营养援助计划（The Supplemental Nutrition Assistance Program，SNAP，以前称为食品券）得到了大部分支出。图 2.16 中的 I1 和 I2 表示消费者的无差异曲线，在它上面的每一点，消费者从肉类和蔬菜的不同数量组合中获得相同的效用。两条曲线的差异是在于收入和能够提供更高效用水平的能力。I1 实际上可能代表一个不够标准的或不充足的营养水平。补充性营养援助计划可以增加收入，使消费者达到更高的效用水平。图 2.16 中的虚线（B1 和 B2）是消费者的预算线，它们的端点表明所有收入仅购买蔬菜或肉类时可以购买的数量。补充收入可以增加预算，从而使消费者的效用达到无差异曲线I2的水平。补充性营养援助计划增加了消费者收入，使他们达到I2所示的更高营养水平。

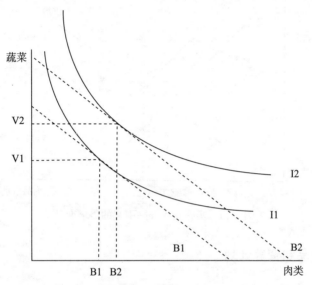

图 2.16　收入补贴可以达到更高的无差异曲线水平

综合考虑：牛肉补贴的案例

补贴牛肉生产成本的效果是什么？比方说，政府给予农民或牧场主每头牛50美元的价格补贴，以激励牛肉生产。图 2.17 表示政府提供支持之前的情况，可以用图 2.18 对补贴政策实施后的可能影响进行一些评估。

牛肉补贴的可能结果包括：

1. 如图 2.18 所示，单个农场的边际成本曲线向右移动（从 Q1 到 Q2）

a. 牛肉生产成本已经降低

b. 现在可以以较低的单位成本生产相同的产出

c. 市场供给曲线将右移（从 q1 到 q2）

消费者现在发现牛肉更便宜（见图 2.18），牛肉和蔬菜的权衡使消费者用牛肉替代蔬菜。在无差异曲线 I1 上，如果消费者的所有收入都用于购买蔬菜，他们可以购买的数量为 V1，如果所有收入都用于购买牛肉，他们可以购买的数量为 B1。

2. 在价格变化之后，预算线的斜率将因收入效应而改变（从 Y1 变为 Y2），当蔬菜的购买量下降到 V2，更多的牛肉将被购买（B2），根据总需求弹性，或多或少的额外的牛肉将被出售。

3. 蔬菜生产者可能遭受需求下降的影响，他们的销售额下降多少取决于蔬菜的需求弹性。

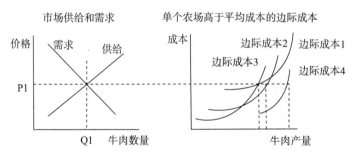

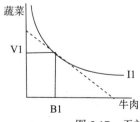

图 2.17　无补贴时的牛肉供给和需求

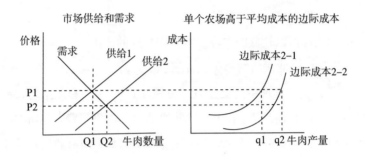

市场供给和需求   单个农场高于平均成本的边际成本

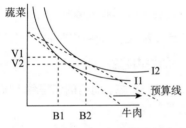

给定收入下的无差异曲线

图 2.18　牛肉补贴对生产者和消费者的意义

　　牛肉补贴政策的潜在结果是，在预算限制下，必须与其他计划进行权衡来资助此计划，或者税收可能必须增加。增加税收后，消费者收入将减少，可能使预算线向左移动。提高牛肉价格将使消费者不会获得比原来预期更高的无差异曲线，蔬菜生产者可能要求赔偿他们的损失。

评估政策影响

在评估政策影响时，问题包括：

1. 农业政策使谁获利？使谁受损？获利多少？损失多大？

2. 农业政策的结果在经济和社会方面都是最优的吗？按照什么标准衡量？

3. 获利方能否补偿受损方？

为了确定一个或多个农业政策使供给可能发生的变化，要提出的问题应当包括：

1. 投入品价格是否受到影响？

a. 如果投入品价格提高，单位成本将上升，产量将减少。

2. 是否对用于生产农作物的技术有影响？

a. 技术改进可以降低生产成本并且提高生产效率。

3. 是否影响可替代性？

• 替代品可获得性是否存在限制（成本增加、关税、税、进口限制等）？

• 或者替代品是否在某些方面受到偏爱（例如，降低了生产成本）？

4. 致力于农产品生产的农场数量或农场面积是否受到影响？

5. 农产品加工者是否受到有利的或不利的影响？

在需求方面，类似的问题也会被提出，这些问题应当包括：

1. 一项政策会导致商品价格上涨还是下降？

• 如果消费者价格上涨，他们会减少购买吗？他们能够减少购买吗？

• 如果消费者价格下降，他们会增加购买吗？他们能够增加购买吗？

2. 对消费者收入是否有影响？

3. 是否影响消费者偏好？

4. 是否存在社会影响？

5. 对替代品或互补品的价格和购买量是否有影响？

社会福利措施、政策收益和损失

在有数据的情况下，可以通过总供给和总需求的变化来估计政策导致的经济损失或收益的方向，这样做的经济措施包括评估"无谓损失"
（deadweight loss）和消费者或生产者剩余。

通常使用供给和需求的估计来衡量剩余和无谓损失。图2.19显
示了在强制性的价格支持水平P2下消费者剩余的增加，增加的部分
是P*Q2的上方和P2Q2下方围成的区域。经济理论上的无谓损失是
P3Q2交点、P2Q2交点、P*Q*交点围成的三角形区域。消费者剩余
减少到图中所示区域。

根据经济理论，在完全竞争的市场中，社会福利与市场达到均衡
是密切相关的（Samuelson 1970）。评估最优政策和社会福利的标准
包括帕累托最优及其他。这些标准往往有缺点，即改善整个社会的措
施并不意味着使特定个体更好，甚至有可能更糟糕。

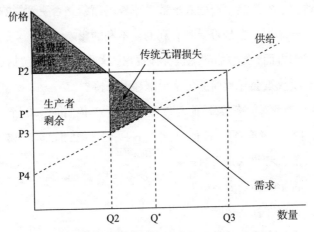

图2.19　生产者和消费者收益和损失的图解

关于社会福利，农民因补贴而获得的收益对社会产生了总体影
响。如果不对生产进行限制，生产者收益会增加。如前所述，有些任
务必须用剩余来完成，有些人则必须支付补贴。在农业政策中，这些

通过从消费者到生产者的收入转移（税收）、进口限制、关税等各种方式来实现。在图 2.19 所示的例子中，以 P2 的价格补贴，消费者失去了剩余，但生产者扩大了他们的收益区域。供给曲线和需求曲线的相对斜率最终决定了每个政府的损失和收益，以及这种补贴的政治后果。

为了强化福利分析，美元测度被加入到相关理论分析中，该理论提出：如果获利者从政策中获得的收益比受损者损失的多，那么改变就是一种改善。这就是"补偿原则"，即如果获利者能够补偿受损者，这项政策就应该被实施（Kaldor 1939）。另外，这种衡量方法也存在缺点，因为它并不一定导致社会上的所有个体都得到改善。

伯格森（Bergson）认为，福利最优性只能通过估计和分析"社会福利函数"（social welfare functions）来确定，并且这必然涉及价值判断。早期关于社会福利的经济理论提出了通过亲身经历的快乐和痛苦来衡量和鉴别的能力。然而，阿罗（1950）等人提出了这样的观点，即只需要在改善福利的选择中确定偏好的次序，就可以避免一定要去确定一个人的具体想法。所有这些理论在衡量政策对个人福利的影响上都有一定的不足。

独特的农业生产风险

与工业生产（比如生产电冰箱之类的产品）相比，在农业中，整个生产过程会在很长时间内面临各种不确定因素。比如，母牛生产小牛需要九个月，小牛还必须被喂养到可以到市场上出售的重量。尽管猪和鸡的生产已经工业化了，但是，大多数食用动物的生产和喂养，要达到能够到市场上出售的重量，都会面临许多风险因素。谷物、棉花、大豆和其他农作物已经适应了环境，生长周期也已经缩短，但仍然需要几个月的时间。

气候和天气无法控制，并且决定了大多数农作物、蔬菜和果园作物的最终产量。寒冷、过热和干旱、飓风、昆虫、疾病和其他风险因素不仅影响农作物的生长条件，而且影响最终的食物供给。在这些风险因素之外还有改变了的市场条件。我们生活在全球化的生产系统中，某些农作物在特定的气候中可以生长得更好，但是，许多农作物和越来越多的牲畜的供给需要由世界市场决定。运输和储存系统已经发展到使距离不再是限制供给的因素，但成本依然是。所有这些因素加起来会对农业生产者构成重大的生产和收入风险，为此需要政府援助。这些变化因素提出了独特的挑战，并且需要大量的统计分析来评估政府政策对农业部门的影响。

总结

本章为农业政策及其影响提供了一个经济学理论框架，研究了农业部门的供给和需求理论，以及该理论如何应用于农业政策。在给定充分、良好的数据的情况下，我们可以运用数学和统计技术来估计所示的曲线，并且可以用它们获得特定的数值结果。更先进的分析技术也可以用来捕捉受各种政府政策影响的市场动态。

讨论

1. 供给和需求估计对于以下哪项非常有用？

a. 一个时间点；

b. 确定市场出清价格；

c. 分析政府政策的可能影响；

d. 上述所有。

2. 了解以下术语的定义：

• 需求的价格弹性；

• 价格补贴；

• 价格管制；

• 供给控制；

• 联邦销售规则；

• 休耕；

• 生产配额；

• 种植面积保护区；

• 销售配额；

• 地役权；

• 配给；

• 无谓损失；

• 消费者剩余；

• 生产者剩余。

3. 从政策的角度来看，为什么商品的需求弹性很重要？

4. 什么政策可能会改变供给曲线？

5. 什么政策可能会改变需求曲线？

6. 价格控制低于均衡价格会有什么影响？

7. 为什么政府会通过政策来控制供给？

8. 过去曾经尝试的供给控制政策有哪些？

9. 是非题：从经济的角度看，环境效益可以是竞争品或互补品。

10. 休耕和种植面积保护区之间有什么区别？

11. 实施种植面积保护区的目的是什么？

12. 为什么政府要配给农产品？

13. 农民收入转移对消费者需求有什么潜在影响？

14. 食品券对农民（不是指作为食品券接受者的农民，而是全体农民）有什么好处？

15. 农业生产过程和工业生产过程的区别是什么？为什么农业生产者需要政府补助计划？

参考文献

Arrow, Kenneth J. 1950. "A Difficulty in the Concept of Social Welfare." *Journal Political Economics*, reprinted in *Microeconomics, Selected Readings*, 1971, Edited by Edwin Mansfield. New York: W.W. Norton & Company, Inc.

Bergson, Abram. 1938. "A Reformulation of Certain Aspects of Welfare Economics," *Quarterly Journal of Economics* (Oxford University Press), 52, no. 2:310–34.

Kaldor, N. 1939. "Welfare Propositions of Economics and Interpersonal Comparison Utility." *The Economic Journal* (Wiley-Blackwell for the Royal Economic Society), 49, no. 195: 549–52.

Mansfield, Edwin. 1970. *Microeconomics Theory and Applications*. New York: W.W Norton and Company Inc.

Pareto, Vilfredo Manuel. 1909. *D'Economie Politique*, cited in numerous sources including Mansfield (1970) and Samuelson (1970).

Samuelson, Paul A. 1970. *Economics*. New York: McGraw Hill Inc.

USDA, "Agricultural Supply and Demand Estimates." www.usda.gov/oce/commodity wasde [accessed November 5, 2014].

第三章　由谁制定农业政策以及
　　　　如何制定农业政策?

本章试图回答以下问题：由谁制定农业政策，以及如何制定农业政策? 本章将提供一个理论框架，并对实际过程进行描述。

农业部门的少数人政治

在美国，虽然农民是占不到人口 1% 的少数人，但是，他们在实现有利于农业的立法方面非常成功。这一成功的理论框架包括以下五个原则：

1. 与其他利益集团建立联盟；

2. 通过支持彼此的努力来维护利益集团利益；

3. 充分利用政治制度；

4. 主张基于事实的立场；

5. 采用无党派战略（如果可能的话）。[1]

然而，近年来，各个党派不再愿意合作，甚至是在有着共同利益的问题上，它们似乎已经脱离了曾经用于达成早期农业法案的成功路径。

农业政策的制定过程

很多研究者已经讨论了关于农业政策是如何制定以及由谁制定等理论问题，这里只提及少数几位。"国王和拥护者"（Kings and Kingmakers）模型是一种把在农业政策制定过程中的作用概念化的方式（Flinchbaugh 1988）。在这个模型中，强大的个人被视作农业政策的主要影响者。相比之下，"铁三角"（Iron Triangle）模型把强大的团体视作农业政策的推动者，[2] "权力集群"（Power Clusters）模型则具体分析了参与政策制定的不同群体（Ogden 1971）。

媒体关注的焦点集中在当下对支持农产品计划的农业游说似乎无效，[3] 与不同利益集团（例如代表人类营养和保护的利益集团）形成胜利联盟的能力似乎已经崩溃，农业成为党派政治和预算赤字的受害者等问题上。那么农民在历史上是怎样形成对农产品计划如此多的支持呢？答案的一部分在于上述五个原则，另一部分在于公众对农业和农民的历史观念。

汉森（1991）研究了美国农业利益集团在历史上是如何获得国会支持的。[4] 他认为，美国农业利益集团的成功包括群体和个人以及国会成员通过在共同感兴趣的农业问题上的合作而获得的"竞争优势"。利益集团之间彼此竞争，以引起议员的注意。将反复出现的问题作为一个整体，参与并支持该问题可以最大限度地降低国会议员的时间成本和精力成本，从而激励他们参与和支持农业利益团体的努力。不同农业利益团体之间的问题合并在一起处理，可以使国会投入一个或多个问题的时间和精力的整体效率最大化。

　　尽管利益集团具有竞争性，但其与环保、粮食和营养、农村发展和其他利益集团的合作是有所收益的。

　　作为农业问题的可靠的、合理的信息提供者，美国农业利益集团可以被授予国会访问权限，因为他们减少了由太多或太少的信息造成的不确定性。如果利益集团可以被算作具有信息筛选的功能的话，他们就会给国会议员提供经济有效（廉价来源）的信息。随着时间的推移，农业利益集团要么继续作为可靠的、可信的信息提供者而存在，要么作为积极的政治参与者而消失。错误判断可能代价昂贵，汉森表示，国会议员除非能够准确地判断其信息来源，否则他们将不能再次当选。

　　游说者成为一种聚拢机制，他们为其个人或团体客户提供信息，同时从寻求再次当选的团体那里汇聚资金。这个过程导致了议会中饱受诟病的"付钱后才可以参加"的问题，即为了再次当选或别的需要，对于那些提供了资金资助的团体（及个人）优先考虑。在20世纪初，处在破碎中的农业团体与营养及环保团体间的关系，以及大宗农产品组织之间的关系，都削弱了农业部门参加这种"付钱之后才可以参与"的政治过程的能力。

　　利益集团的游说者通常被指控为明目张胆地制定或协助制定出有利于其客户利益的法案（Eilperin 2010）。任何人都可以写一个法案，但只有国会议员才可以提出立法建议。问题可能是复杂的，但对游说者的依赖提供了一种有效的方式来解决复杂的问题。对一个游说者来说，目标是找到一个支持你客户立场的议员（或者是可以被说服的议员）。如果在竞选中某个议员的思想得到较多支持，那么竞选资金就可以用来做说服工作。

　　政策制定过程中的另一个关键要素是政党的作用。党派可以提供竞选支持，并为维护党内和国会的一些准则提供基于经验的支持。众议院和参议院之间的结构和司法管辖差异影响了参众两院中的党派活动。

总统和最高法院使立法过程进一步复杂化。一般来说，直到法律通过后，最高法院才成为政策制定过程中的一个角色。最高法院受到的最严峻挑战是 1933 年《农业调整法案》（Agricultural Adjustment Act，AAA），因为该法案的部分内容被裁决是违宪的。更多关于 1933 年《农业调整法案》的内容将在后面的章节中讨论。

总统（政府）在农业立法过程中，可能支持也可能反对国会。反对可能会导致总统否决立法，以及面对随后国会推翻否决的压力，在 2008 年农业法案的立法过程中就曾经出现这样的案例。

谁制定政策？

如上所述，个人和利益集团都是政策制定过程参与者的一部分。弗林切伯（Flinchbaugh 1988）提供了对个人以及他们在政策制定中如何发挥作用的最好解释，科克雷尔（Cockrel 1997）和奥格登（Ogden 1971）描述了利益集团的政治博弈过程。

"国王和拥护者"

"国王和拥护者"模型的前提是由一个强大的个人来制定农业政策（Flinchbaugh 1988）。在农业政策制定者中，一个人或一群"拥护者"在金字塔的顶端附近。这些拥护者是有影响力的领导人，以及那些在幕后操作、通过内部委派的"国王"来实现自己想法的有实力的个人。"国王"是拥护者前面的人，代表和追求他们的利益。"国王"可以被拥护者认为是拥有权力的任何人，可以是男性，也可以是女性，可以是国会议员，也可以是总统，等等。

"国王"和拥护者下面的是"活跃的人"，他们是参与活动并且积极参与政治进程的个人——在某种意义上相当于工蜂。在他们下面的是"感兴趣的公民"（Interested Citizens），他们会讨论问题、投票，但很少做其他事，你可能会认为这些是"喝咖啡时才会聚集在一起的人群"（coffee hour crowd）。金字塔最底端的群体由"冷漠的公民"（Apathetic Citizens）构成，他们不投票，不关心相关问题。

这个结构描述了地方和联邦层面的政策制定。如果一个人对家乡政府感兴趣，会发现社区中有控制事情的有影响力的人，有支持和推动领导人的人，但也有人坐着接受所发生的一切。对于读者，一个有用的练习是在你的教会、公民组织、城镇政府、兄弟会或女生联谊会，以及其他感兴趣的组织中，尝试将上面这些名称与某个人匹配。

"铁三角"模型

与"国王和拥护者"模型不同，"铁三角"模型强调了强大利益团体与农业政策制定者的相互作用。在这个模型中，三角形的三个角表示国会、游说者和以总统为代表的政府。科克雷尔（1997）将三角形内的子群定义为"管理者"或行政裁决权团体，包括农业部长、美国农业部机构的其他行政官员（由政府指定）以及总统。与农业有关的"国会"团体在传统上由农业和拨款委员会的主席主导。[5]"农业游说者"包括农业组织和联盟集团的领导者，食品和营养的团体可以说在"农业游说者"中拥有相当大的权力。"铁三角"模型可以扩大到包括由最高法院和附属联邦法院组成的政府的法律部门。

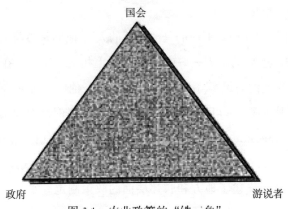

图 3.1　农业政策的"铁三角"

权力集群

奥格登认为，美国的农业政策是由"权力集群"来制定的。他指出，"美国政治制度中的公共政策是在权力集群中制定的，这些权力集群彼此独立，但共存于共同宪法和政党结构中"（Ogden 1971,5）。这些团体和个人的集群对立法过程的每个步骤从起草到政策修改——中的问题进行激烈的辩论。奥格登列出了这些集群的五个特征：

1. 集群由那些有密切关系的个人和机构组成；

2. 决策是在集群内产生的，没有外界的重要输入、影响或想法；

3. 每个集群都有一个平衡点，这种平衡可以通过引入新"元素"来打破；

4. 每个集群都有"内部竞争利益"和需要解决的冲突；

5. 必须在集群内和集群之间做出妥协。

在每一个权力集群内，都有一个由可信赖和可靠的个人和机构组成的向领导提供信息并交换有关问题想法的"内圈"（Woods 2007）。内圈包括游说者和其他信徒。权力集群需要参与者积极沟通和妥协，以解决冲突的问题；奥格登指出，这些冲突最终将通过内圈中的领导来解决。

政策如何制定？

从政策讨论到实施的过程

农业政策制定过程可能被描述为农业法案如何形成并制定成法律的过程。哈恩（Hahn 1988）将从开始讨论到实施过程中的步骤定义为法律。这些步骤可以与"谁制定政策"模型相结合。简而言之，哈恩认为这一过程包括：

- 一个政策问题出现并且被认识到。
- 关于这个问题的看法两极分化，支持者和反对者相继出现。
- 事实、谣言、价值观和信念被各种利益团体加入到政策辩论中。
- 各种利益团体的观点不同，对问题的定义也不同。
- 替代政策出现。
- 分析出现，并被争论，并且被政治过程内化。
- 政策通过政治过程产生，并被制定为法律。
- 在政策实施之后，各个利益团体从自身角度来评价政策的有效性和可行性。
- 如果结果没有达到预期的目标，这一过程可能重新开始。

国会和委员会在政策制定中的作用

国会议员的权力在于任命委员会，特别是任命委员会主席。众议院和参议院的农业委员会（the Agricultural Committee）作为一个整体并不特别强大，但它提出农业立法，并通过政治进程引导其向前推进。[6]

如上所述，立法必须由国会议员提出。起草一个法案并引导其通过是很复杂的，因为法案往往是委员会委员起草的，而这些委员都受议员的指导。个别的"独立"法案可能会被议员引入，或者可能融合到其他法案中，或者甚至没有被讨论就消失了。就农业立法来说，相关的个别法案会被提交到发起它们的议院（众议院或参议院）的农业委员会。

理想的情况是，一旦委员会法案被创建、标记，并在委员会投票通过，它将进入议会或参议院的领导层。一旦法案离开委员会，是否对法案采取进一步行动将取决于领导层，在这一过程中也可能发生变化。

通过的国会议案可以批准新的计划或修改旧计划，设置代理机构资金，或者对计划设置支出和时间限制。众议院和参议院之间的管辖权问题以及众议院和参议院委员会内部对于谁可以控制立法可能存在争议，主要涉及预算控制。在 2011 年华盛顿哥伦比亚特区的农场基金会论坛（the Farm Foundation Forum）上，贾格尔表示，"如果法案被采纳的话，那么控制……包括法案中的内容，以及对该领域的资助"。他还指出，将一个计划纳入农业法案并不能自动保证农业委员会对该计划拥有管辖权，也不能保证法案条款的变更必须通过有管辖权的任何委员会。众议院管辖权可以由一个或多个委员会共享，但在参议院没有正式共享的管辖权。归根结底，在农业法案的制定过程中，农业委员会外的其他委员会也很重要。2008 年农业法案的制定过程中，重要的委员会包括外交、国土安全、税务、能源、自然资源等等。

农业法案必须由众议院和参议院通过，任何法案之间的语言冲突必须在参众两院之间解决。一旦就一个单一法案达成协议，并由众议院和参议院领导层批准，该法案将提交给参众两院进行直接表决。如果由此产生的共同法案获得两院批准，则由总统签署或否决该法案。如果否决，该法案将返回国会，国会可能通过投票（三分之二多数）而在没有总统批准的情况下通过该法案，这种情况曾在小布什两次否决了 2008 年的农业法案时出现过。

授权计划的融资过程

一旦法案通过，它可能会实施，也有可能不实施。在以前的农业法案中，计划已经通过立法"授权"，但没有得到足够的资金分配以便实施。一个例子是，2002 年农业法案的保护安全计划（the Conservation Security Program）[后来更名为保护管理计划（the Conservation Stewardship Program）]，由于没有提供全额资金，直到 2004 年才得以部分实施。

对计划的资金支持可以是"强制性的"或"自由支配的"。不同之处在于，授权立法可以在其法定生命周期内指定计划的强制性支出，而对计划的自由支配则通过年度资金法案分配。[7]如果需要年度资金，则必须由参议院和众议院拨款委员会"拨款"，拨款和授权立法被认为是互不相干的过程。斯特里特（Streeter 2008）指出，大约 40% 的联邦预算属于拨款委员会的管辖范围（提供可自由支配支出），其余的属于授权或立法委员会（提供强制性支出）。关于农业法案授权，强制性支出占总支出的比例很高，然而，最近的讨论都是关于将农业法案的强制性支出条款转变为可自由支配支出条款。

斯特里特将拨款流程分为：

- 定期拨款；
- 持续决议；

●补充拨款。

定期拨款是指在一个财政年度提供的可自由支配的支出，必须在每年10月1日之前颁布。如果定期拨款法案没有在最后期限之前颁布，国会将采取持续决议来继续资助，直到法案颁布。补充拨款法案提供额外拨款，通常在一个财政年度期间被考虑。

（Streeter 2008，无编号页）

预算委员会的作用

参议院和众议院预算委员会决定了多少联邦资金可用于拨款。此外，委员会试图制定一个"联合预算决议"（joint budget resolution），这一决议是20种融资类型（包括农业融资）的支出和税收的规则，国会预算办公室（Congressional Budget Office）每年的预算基线预测是用于确定各类政府项目可用资金的指南。

众议院和参议院委员会的作用

众议院和参议院农业委员会是影响农业方案的最重要的授权委员会，这些委员会包括处理农村、农场和食品政策这些具体问题的小组委员会。[8]众议院和参议院拨款委员会包括农业、农村发展、食品和药品管理局以及相关机构的小组委员会。然而，特定计划的管辖权（或权限）在众议院和参议院农业小组委员会之间有所不同，每个小组委员会都对具体计划负有责任或管辖权。农业委员会负责的具体领域可以在众议院（http://agriculture.house.gov/about/jurisdiction-committee）和参议院（http://www.ag.senate.gov/about/jurisdiction）的网站上找到，也可以在各小组委员会的名称中找到。

政府的作用

"铁三角"模式表明，政府是农业政策制定中的主要参与者。作为行政机构的一部分，联邦部门和机构负责执行已经制定的法律。负责大多数农业立法实施的部门是美国农业部（USDA），美国农业部的行政单位负责根据国会授权制定规则，通过资金、监管等方面的立法。美国农业部的"任务领域"包括与以下相关的立法：

- 农场和外国农业；

- 销售和监管计划；

- 食品安全；

- 农村发展；

- 自然资源和环境；

- 食物、营养和消费者服务；

- 研究、教育和经济。

管理农业法案拨款的三个主要机构分别是食品和营养服务局（Food and Nutrition Service，FNS）、农场服务局（Farm Service Agency，FSA）、自然资源保护服务机构（Natural Resources Conservation Service，NRCS）。食品和营养服务局管理补充性营养援助计划（Supplemental Nutrition Assistance Program，SNAP）和农业法案授权的其他食品援助计划，农场服务局负责管理农业法案的大宗农产品计划和规定，自然资源保护服务机构负责与自然资源（例如土壤和水）保护相关的计划。尽管未来重组总是有可能的，我们还是在本章的附录中列出了美国农业部机构的摘要列表。具体计划的变化和责任可以在 www.usda. gov 中找到。

国会工作人员的作用

国会工作人员作为委员会的专家，主要为众议院和参议院服务。众议院和参议院所面临的问题的多样性和复杂性，需要专门工作人员与选民就具体问题进行交流，并向议员解释问题的实质和含义。资深工作人员经常在国会议员的指导和最终批准下，草拟部分立法，例如农业法案。

总结

本章通过各种理论分析了由谁制定农业政策、如何制定，以及制定农业政策的动机。在确定国会议员听取谁的意见并与谁一道起草农业立法方面，内部和外部因素都发挥了作用。支持立法的内部因素包括国会议员的个人动机和信念、重新当选的机会、筛选大量信息的需要，以及信任信息源的持续可靠性。外部因素包括选民（利益集团或投票人）的压力、政党资历，以及同僚和政府的压力。国会工作人员是立法过程中的关键角色，提供与具体问题和整个流程有关的专业知识。

在利益集团（往往是游说者）的要求下，农业立法由众议院和参议院起草并通过，然后由总统签署或否决，并最终消失或成为法律；在成为法律后，联邦机构根据拨款实施立法。对计划的资金支持可以是强制性的或可自由支配的，如果是可自由支配的，实施程度将取决于年度预算和拨款流程。

附录：美国农业部办公室

美国农业部网站列出以下机构及其职责，包括：

农业销售服务局（Agricultural Marketing Service，AMS）

农业研究服务局（Agricultural Research Service，ARS）

动植物卫生检验署（Animal and Plant Health Inspection Service，APHIS）

营养政策和促进中心（Center for Nutrition Policy and Promotion，CNPP）

部门管理局（Department Management，DM）

经济研究服务局（Economic Research Service，ERS）

农场服务局（Farm Service Agency，FSA）

食品和营养服务局（Food and Nutrition Service，FNS）

食品安全检验局（Food Safety and Inspection Service，FSIS）

对外农业服务局（Foreign Agricultural Service，FAS）

林务局（Forest Service，FS）

粮食检验、包装和畜牧业管理局（Grain Inspection,Packers and Stockyards Administration，GIPSA）

国家农业图书馆（National Agricultural Library，NAL）

国家农业统计服务局（National Agricultural Statistics Service，NASS）

国家食品与农业研究所（National Institute of Food and Agriculture，NIFA）

国家自然资源保护服务局（Natural Resources Conservation Service，NRC）

风险管理局（Risk Management Agency，RMA）

农村发展局（Rural Development，RD）

讨论

1. 列出"国王和拥护者"模型中制定政策的五个角色。

2. 是非题：在谁制定政策的理论中包括个人、团体和权力集群。

3. 一个利益集团如何获得相对于其他团体的竞争优势，以便得到国会议员的支持？

4. 在"铁三角"模型中制定政策的角色有哪些？

5. 最高法院在农业立法中发挥什么作用？

6. 权力集群的五个特点是什么？

7. 列出哈恩提出的从农业立法的提出到获得通过成为法律，并最终实施或重新开始的九个步骤。

8. 既然农民在美国人口中占如此小的比例，那么他们是如何推动通过农业立法的？

9. 国会委员会在农业立法中扮演什么角色？

10. 为什么在农业立法过程中管辖权很重要？

11. 国会工作人员在立法过程中发挥什么作用？

12. 农业计划的强制性资金和可自由支配资金之间的区别是什么？

13. 预算委员会在为农业计划提供资金方面的作用是什么？

14. 拨款委员会在为农业计划提供资金方面的作用是什么？

15. 行政机构（政府执行部门）在农业政策制定中的作用是什么？

16. 美国农业部的哪个部门负责监督农业法案的大宗农产品计划？

17. 美国农业部的哪个部门对管理农业法案保护计划负责？

18. 美国农业部的哪个部门负责管理农业法案的食品和营养名称？

参考文献

Bauer, Raymond A., Ithiel de Sola Pool and Lewis Anthony Dexter. 1972. *American Business and Public Policy*, 2nd edition. Chicago, IL: Aldin-Adtherton.

Dorning, Mike and Andrew Martin. 2006, June 4. "Farm lobby's power has deep roots." *Chicago Tribune.*

Eilperin, Juliet. 2010, January 11. "Murkowski and her lobbyist allies." *Washington Post.*

Etter, Lauren and Greg Hitt. 2008, March 27. "Farm Lobby Beats Back Assault on Subsidies." *Wall Street Journal On-Line.* http://online.wsj.com/articles/SB120657645419967077 [accessed November 5, 2014].

Flinchbaugh, Barry L. 1988. "How To Do Policy Education." In *Working with Our Publics, Module 6: Education for Public Decisions*, Edited by Verne W. House and Ardis Armstrong Young. Raleigh: North Carolina State University.

Hahn, Alan. 1988. "Resolving Public Issues and Concerns Through Policy Education." Ithaca, NY: Cornell Cooperative Extension.

Hansen, John Mark, 199I. *Gaining Access, Congress and the Farm Lobby 1919–1981.* Chicago, IL: University of Chicago Press.

Jagger, Craig. 2011. "What You Need to Know About the Budget and the Next Farm Bill: A Short Course." Presentation, 2011 Agricultural and Applied Economics Association Annual Meeting, Pittsburgh, PA.

Ogden, Daniel M. Jr. 1971. "How National Policy Is Made." *Increasing Understanding of Public Problems and Policies: 1971.* Chicago, IL: Farm Foundation.

Schattschneider, E.E. 1935. *Politics, Pressures and the Tariff.* New York: Prentice Hall.

Streeter, Sandy. 2008, December 2. "The Congressional Appropriations Process: An Introduction," Congressional Research Service Report for Congress, Order Code97–684.

Woods, W. Fred. 2007. "How Policy can be Made by Accident." Lecture in AGEC 4300, Agricultural Trade and Policy, Department of Agricultural Economics and Rural Sociology, Auburn University, Auburn, AL.

第四章　农业政策简史

政策的演变

为什么要讨论农业政策的历史？因为在法律中表达的理念一般不会"突然地"出现。历史表明，那些制定农业政策的人会有意或无意地回想起这些理念，并使其适应当前形势。

今天的农业政策是通过试验和变革而演进的。不是所有的农业政策都是为了使农民受益，也不是所有的农业政策都直接涉及农产品。在历史上，战时配给、价格管制、税收、食品和营养计划、农村发展和许多其他政策都是农业政策的一部分。[1]

历史上，关于美国农业计划的研究，有许多优秀著作。20世纪50年代农业政策历史研究的最好著作之一是默里·贝内迪克特的《美国农业政策（1790—1950）》（*Farm Policies of the United States 1790-1950*）（1953）。其他有价值的作品包括威拉德·W. 科克伦的《美国农业发展的历史分析》（*The Development of American Agriculture,A Historical Analysis*）（1993），以及历史学家韦恩·D. 拉斯马森的许多著作（见 Dalrymple 2004）。《权限获得、国会和农业游说 1919—1981》（*Gaining Access,Congress and the Farm Lobby 1919-1981*）全面回顾了 1919—1981 年的农业政策政治（Hansen 1991）。在这里，我们简要地概述农业政策的历史过程。

古代的农业政策

农业政策很早就有，是非常古老的制度安排。正如哈德维格（Had wiger）和塔尔博特（Talbot）对肯尼迪（Kennedy）农业政策的阐述：

> 事实上，1961 年和 1962 年提出的处理农场问题的想法甚至可以追溯到《旧约》，这可以在 19 世纪美国改革家的著作中以及其他国家的文学作品和法律中找到。

（Hadwiger and Talbot 1965，2）

它可能不会出现像今天的农业政策，但《汉谟拉比法典》、《旧约》中的《创世记》、亚述人的以及其他古代法律规范都包括农业立法。中国古代就提出了政府粮食储存律法。许多古代法律都涉及土地使用或所有权争议、房屋租赁或劳资关系、过失和金融交易处罚，以及税收政策。[2]

古罗马法律包括农业补贴和营养计划。根据罗马法律，粮食购买由政府补贴，政府以当前市场价格购买的粮食（和后来的面包）以低于市场价格的固定价格分配给罗马人口。另一个罗马农业计划涉及从贵族到平民（普通人）的土地再分配，这可以被认为是现代土地再分配计划的先驱。

英国农产品政策

现代美国农业政策可以追溯到英国法律和重商主义。早期英国农业政策包括《玉米法案》（Corn Act）[又称为《谷物法》（Corn Laws）] 和 "奖金" 支付。《谷物法》可以追溯到 16 世纪禁止小麦（当时在欧洲称为谷物）进口，这使得国内价格超过既定水平。当小麦、黑麦、大麦和麦芽的价格跌至既定水平以下时，《奖金法》向这些产品的国内生产者支付 "奖金"。"奖金" 可以被视为现代补贴支付的先驱。

对《谷物法》和 "奖金" 支付的一种解释是，它们之所以被制定是为了确保国内食品供给，然而，为了附和今天对农场支持计划的批评，后来的解释是，这些计划旨在保护富有地主的利益。巴恩斯（Barnes 1942）指出，废除《谷物法》的理论依据是，工人为维持生活的最低工资而工作，自由贸易将降低食品价格，因此会降低工人工资，从而降低生产成本，提高利润。

美国农业政策（1776—1900 年）

虽然美国早期的农业政策没有直接包括农产品补贴，但它们确实影响了农产品供给、国家安全和政府收入。18 世纪和 19 世纪初的美国农业政策主要涉及联邦收入。在历史早期，美国联邦政府几乎没有权力增加自己的财政收入或提供任何形式的税收补贴。各个州征收自己的赋税，并且（不情愿地）支持一个相对薄弱的中央政府。联邦政府的财政收入来源包括征收州之间交易税和对外贸易的进出口关税，这些交易的对外贸易主要由农产品组成。

认识到需要额外的收入和比以往更强大的中央政府，美国宪法第

8 款授予联邦政府以广泛的权力来增加收入。[3] 对农业的影响包括新的联邦土地税以及对蒸馏酒、烟草、鼻烟和糖征税。当时，酒精生产的主力是农村企业，农民因此而抗议联邦酒精税。由此产生的"威士忌暴乱"（Whiskey Rebellion）被认为是美国最早的农民抗税事件之一。[4]

从 1787 年到美国内战时期的农业政策主要涉及土地分配问题、农场信贷问题、关税和奴隶制。政府土地出售为联邦政府增加了收入，也为农业扩张到美国西部新的、肥沃的地区提供了机会。这种扩张服务了国家安全利益以及商业利益。

1841 年的《优先购买法案》（Preemption Act）是早期试图解决联邦政府收入问题、处理政府"所有的"土地的制度安排。[5] 这项法律允许移居者以每英亩 1.25 美元的价格获得 160 英亩土地的所有权。后来，出于政治考虑通过了 1862 年的《宅地法案》（Homestead Act），允许在公共土地上居住五年的移居者，免费获得土地所有权。

立法规定，美洲原住民土地的所有权必须在土地被分配前得到明确。关于这是如何实现的，可以在记录条约和美洲原住民待遇的历史著作中找到［例如，1835 年政府签订《新埃可塔条约》（Treaty of New Echota）导致产生了"血泪之路"和 1887 年《道斯法案》（Dawes Act）］。

内战后，联盟退伍军人被允许定居、工作并获得 160 英亩联邦土地的所有权。1875 年，印第安人宅地法为至少 21 岁，并且是家庭户主的印第安人（美国原住民）提供了 160 英亩的土地，但前提是他们从事农耕，并切断他们与部落和部落生活的关系。[6]

政府对铁路建设的补贴推动了西部土地的解决。据估计，为了获得道路和铺设轨道的权利，政府向铁路公司提供了 1.29 亿英亩的公共土地。1863 年的《太平洋铁路法案》为铁路城镇建设和欧洲移民安置提供了动力。

在西部开发期间，农民经历了严重的通货膨胀、投机泡沫和经济萧条。农场运营中的信贷和融资是（并一直是）一个严重问题。正如贝内迪克特（1953）所指出的那样，在萧条时期，许多农民失去了土地，因为他们无法偿还贷款。正是在这种情况下，使农民要求政府监管农业贷款，建立农业信贷系统。

土地移民政策对农民来说是机遇，也是伤害。默里·贝内迪克特在《美国农业政策（1790—1950）》中指出，土地投机和欺诈非常流行。

土地移民政策一直没有得到广泛的支持。农业部长 J. 斯特林·莫顿（J. Sterling Morton 1897）指责《宅地法案》降低了美国东部的农田价值，给西部农民带来了不公平的竞争优势。莫顿部长说，铁路补贴降低了西部地区农产品运输成本，造成了东部农民的竞争劣势。[7]他还说：

> 在过去 30 年里，这种不劳而获导致美国耕地面积异常快速地增加……没有任何关于公共土地的立法对于那些已购买了并在其上生活、劳作的农民是如此有害的。

（Morton 1897，49—50）

铁路补贴被指责导致了对印第安人的土地盗窃行为。1893 年经济危机的后期，对政府土地政策的批评也紧随着出现，并导致农民组织的兴起。[8]尽管被批评，但是，通过各种移民法所进行的公共土地分配还是使家庭农场制度在 19 世纪晚期和 20 世纪初期得以兴起。

奴隶制和租赁制

直到内战爆发，种植园还依然严重依赖奴隶劳动。内战前的土地移民政策反映了一种妥协，导致奴隶州与非奴隶州之间的分裂。奴隶问题的最终解决是通过内战导致的美国农业制度的变化得以实现的。内战后的农业政策和《宪法第14次修正案》将南方农业从奴隶种植变为佃农租赁占有土地。[9] 威廉·吉（William Gee 1937）提出了关于租赁制是如何发展起来的一个观点：

> 大型种植园的破坏是南部地区出现大量租赁的主要原因。在奴隶解放之后，人们发现，劳工比奴隶更不可靠、更不易控制。为了使劳工在这个非常需要劳力的时期不离开南方，并且减少监视劳工的费用和麻烦，最好分给劳工一些农作物，以换取他的劳动。

（Gee 1937，167）

共享租赁有时也被用来满足内战后无地劳动者和现金短缺种植者的需求。根据俄克拉何马州的历史记载，在"分成制"下，租户保留农作物的指定部分，其余归地主所有。有人认为租赁是对农民的剥削，对租赁制度的批评主要包括地主滥用土地，以及建立了一个永久的底层阶级（Vickers 1999）。这些批评可以与吉（1937）的看法形成对比。威廉·吉列举了租赁制度的种种好处，比如提供了租借而不是购买的机会。又如，如果耕作没有产生预期的效果，机会还可以转移。虽然不限于南方，但是，租赁制度一直到第二次世界大战时才广泛发展起来，战后的技术进步和非农就业机会增长成为终结租赁制度的重要因素。

赠地大学、《哈奇法案》和《史密斯－利弗法案》

1862 年的《莫里尔法案》（Morrill Act）授予每个州 30,000 英亩的联邦土地（以土地证明形式）给每个参议员和众议员，这些土地可以出售并用售得款项来建立工程、农业和军事科学学院，"以便在生活和职业的几个诉求中促进工业阶级的自由和实践教育"。[10]

1890 年的第二个《莫里尔法案》要求各州为不同种族保留独立的学院，并公平地分配根据该法收到的资金，因此，在整个南部地区建立了 16 个服务黑人的赠地大学。1965 年，根据 1965 年《高等教育法案》（Higher Education Act）第五章，为西班牙语裔服务并致力于支持农业研究和教育的大学也被授权开办。1994 年《教育赠地地位法案》（Educational Land-Grant Status Act）授权印第安部落大学获得土地拨款资格，这使赠地大学获得了快速发展。[11]

1887 年《哈奇法案》（Hatch Act）通过，为赠地大学的农业研究提供资金。1914 年，《史密斯－利弗法案》（Smith-Lever Act）授权了一个补充系统（即农业推广服务），在赠地大学制度中资助农业教育，以使公众了解最新的农业研究结果。1917 年，《史密斯－休斯法案》授权并资助了在各州中学教授农业课程的职业教育计划。

基础设施和农业

伊利运河（在纽约州的资助下于 1825 年开始建设）以及后来的铁路建设都支持了西部定居点。1862 年《太平洋铁路法案》（Pacific Railway Act）促进了美国铁路建设快速发展，该法案提供了资助建设公共土地的拨款。默里·贝内迪克特认为，铁路发展使得偏远地区能够将农产品运往遥远的市场。对铁路和后来联邦公路系统的大量补贴促进了美国农业发展。

农民组织

政府土地拨款造成的运输垄断导致了价格垄断，以及铁路运费中的腐败。[12] 腐败和土地投机被认为是缺乏竞争和缺乏监管的结果。贝内迪克特说："哪里缺少竞争，哪里就会有对大货主的明显偏袒。暗中折扣、对提供汽车的特别支持、谷仓地点的垄断，以及许多其他形式的腐败都很普遍。"（Benedict 1953，70）。在没有竞争的地方，"西部农产品价格是东部同样农产品价格的四倍"。

为了消除这些弊端，农民组织起来了。在 19 世纪后期，农庄、农民联盟和其他农民组织成立并进入政治领域。虽然没有立即取得成功，却表达了一种强烈要求，即对铁路运费进行监管。早期农民组织的立法成就包括：

- 组织农业试验站（Agricultural Experiment Stations）；
- 在学校进行农业教育；
- 让农业部进入内阁；
- 1862 年《莫里尔法案》建立的赠地大学；
- 1862 年《宅地法案》为移居者提供的土地；
- 美国农业部建立；
- 1887 年《哈奇法案》创建农业试验站；
- 1887 年《州际商业法案》（Interstate Commerce Act）建立联邦政府对州际贸易的监管；
- 1889 年美国农业部进入内阁；

- 1890 年《谢尔曼反托拉斯法案》（Sherman Antitrust Act）禁止贸易垄断；

- 1896 年成立农村邮递系统。

1891 年，农民联盟加入劳工骑士团（Knights of Labor）形成了平民党（Populist Party）。虽然他们的计划最初不成功，但他们主张更简单的信用条件、累进所得税、铁路管理、白银自由铸造以及"分库"计划，这一计划实际上是 20 世纪农产品信贷公司（Commodity Credit Corporation）的雏形。[13] 这些组织形式为未来的农业政策奠定了基础。

代表农业和民粹主义的候选人在选举方面并不十分成功。在大平原、南部和西北部地区，1893—1899 年平民党候选人赢得了 11 个州长选举。国家立法已经通过，包括设置国内采煤的最高运费限额，建立公共标准以确保公平的措施，用法律规定铁路对由火车头引起的草原和谷物火灾负责，高利贷法，以及在特殊情况下延长财产税支付的时间（Nelson 1964）。虽然民粹主义运动的影响力随着时间的推移而下降了，但是，美国各州的法律为 20 世纪联邦立法的通过奠定了基础。

总结

早期美国农业政策不太关注农民收入或农民福利，主要关注财政收入和国家安全。公共土地分配为了实现这些目标而遇到了奴隶制和国家权利问题、南北战争和印第安战争、经济利益和政治利益而引起的复杂情况。政府的腐败、对农民的不负责任，以及金融危机导致农民组织崛起并开始形成自己的政治诉求。20 世纪其他组织跟随着 19 世纪末的农民组织而出现。早期农业活动通过各种组织推动了 20 世纪的政治行动，比如国家农民组织（National Farmer's Organization，NFO），国家农民联盟（National Farmers Union，NFU）和美国农业局（American Farm Bureau，AFB）。除此之外，为了在农业政策制定过程中维护其特殊利益，农业和畜牧业组织也成立了。

农业制度和今天农业立法的大部分都是 18 世纪和 19 世纪的遗产。尽管经历了长期艰难的发展，美国还是在 19 世纪末建立了较为发达的农业经济和较为完善的农业基础设施。这些是 20 世纪美国农业政策的基础。

附录：古代经济学

罗马食品政策

Lex frumentaria 是有关罗马政府分发给公民固定数量的谷物面粉及后来的烤面包的一个计划。谷物是由政府以市场价格购买的，然后以半价或免费的方式转售（或赠予）给公民。罗马公民获得了粮食补贴，增加了他们的收入，可能使需求曲线向右移动。尽管有越来越多的罗马公民和越来越高的财政成本，但是政治家通过罗马食品计划增加了社会福利。虽然补贴数量会随时间变化而变化，但由于社会公众的支持，这种补贴持续了几百年。在实施和管理这一计划时，罗马决策者可能已经考虑了附录图 4.1A 所示的供求情况。

在图 4.1A 中，政府将以市场价格 P1 购买的粮食数量为 Q1，公民将支付的价格为 P2，农民将获得的价格为 P1。为了增加公民福利，政府财政将支付 P1 和 P2 之间的差额，并由征税省份和罗马土地所有者弥补差额。罗马公民的消费者剩余将增加。然而，在价格 P2 下，罗马公民的粮食需求量可能为 Q2，但这一需求量在自由市场中是无法获得的。如果这不是一个自由市场的情况，供给曲线会通过征服而向右移动，"公民"的消费者剩余就会增加。对被征服省份征税以及政府价格补贴都可以防止"罗马生产者"剩余减少。

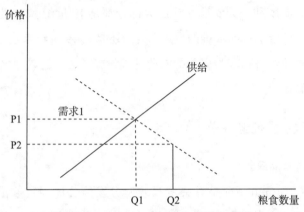

图 4.1A Lex frumentaria：供给与需求

再看需求，消费者价格获得补贴，这增加了他们的收入，收入的变化使其他农产品（替代品）的购买成为可能，替代品会使粮食需求曲线向左移动，均衡数量可能会小于 Q1，价格也将下降。潜在的问题包括被征服领土的减少和由此带来的供给问题，这会使供给曲线向左移动。在这种情况下，Lex frumentaria 将具有提高未来市场价格的效果，财政部成本会在下一个购买周期内上升，可能需要额外的税收，这将对土地所有者和那些拥有较高税收的省份造成负面反应。然而，较高的税收可能会使供给曲线移动（向左移动）。

如上所述，看起来像是公民赢了，然而，罗马国库必须通过向土地所有者（他们也是生产者）和被征服的省份征税来弥补损失。如果财政支付 P1 和 P2 之间的差额，那么国库分发一单位面粉的成本可以这样计算：（P1 × Q1）–（P2 × Q2）。土地所有者将被支付市场价格，但是也将通过土地税增加生产成本，不仅对于粮食，对于葡萄、橄榄和其他农产品也是如此。

粮食补贴是一种收入补贴，没有这种补贴，公民可能要支付粮食的市场价格，因为面包是他们的主食。补贴后，可以用原本购买面包的收入来购买其他物品。

发生了什么？

罗马国库的损失不断增加。这里，人口规模是影响需求的一个重要因素。随着罗马失去权力，供给也消失了。补充国库取决于税收和对新领土的征服。罗马税收一开始是由土地所有者和富人支付的，后来，税收由被征服的领土支付，再后来，税收再次由土地所有者和富人支付。在不同的时期，当补贴停止时，就会发生暴动。在古代，消费者需求对于独裁者和国王很重要，对罗马参议员来说，似乎只要不威胁他们的权力就好。被征服的省份和后来的罗马土地所有者似乎都成了对罗马公民进行收入补贴的受害者。罗马政府的军事和行政成本上升，也引发了新一轮的征服。

英国《谷物法》和农民政治家

谷物对于英国意味着任何种类的粮食，在引述英国《谷物法》时，"谷物"实际指的是小麦、大麦和燕麦等。根据一些资料，500多年来，《谷物法》通过使用关税和进口限制来保护英国的谷物生产，保持国内价格高于国际价格。只有当国内价格上涨超过既定水平时，才可以进口谷物。这在图 4.2A 中有所说明，在该图中英国限制甚至禁止进口的政策造成谷物的国内价格（Pd）高于国际价格（P*）（见 http://www.victorianweb.org/history/cornlaws.htm）。通过限制国内供给量到 Qd，使市场出清的均衡价格为 Pd。对国际价格增加关税与价格补贴具有相同的效果。如果对进口粮食征收关税（Pd–P*），国内价格将提高到 Pd，将导致消费者剩余的损失，而生产者则获得了剩余。

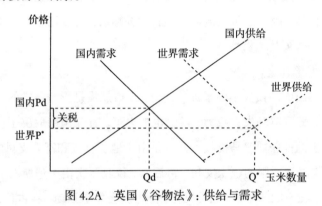

图 4.2A　英国《谷物法》：供给与需求

发生了什么？

由于英国政治家大多是大地主，他们会从较高的价格中受益。《谷物法》已经维持了 500 多年，受益者显然是国内粮食生产者，受害者是英国消费者。

农业政策是帕累托最优的吗？绝对不是。因为农业政策会使消费者情况变得更糟糕，而受益者能够补偿受害者吗？也许可以，但是没有。

"威士忌暴乱"

作为提高联邦税收的尝试，美国早期对威士忌生产（玉米产业）

征税,遭遇了农民反抗,造成了社会动荡。

　　为什么威士忌生产者会发生暴乱?如果生产农产品的成本可以转嫁给消费者,它会降低消费者的收入和剩余。如果不能转嫁,生产成本会增加,投入市场的产量会减少,结果是农民净福利损失,如图4.3A所示。

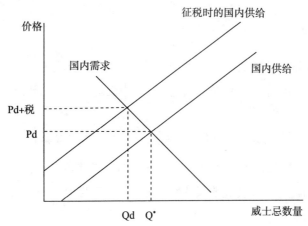

图 4.3A　威士忌:供给、需求与税收

　　对威士忌征税,生产成本将增加,供给曲线将向左移动,酒精生产也会因此而减少。威士忌是乡村农民出售谷物的主要方式。对于现金短缺的农民来说,它也是一种交换媒介。征税的结果是谷物种植减少,假如没有价格更低的农产品进口,威士忌的市场价格将上涨,消费者剩余将减少。

　　发生了什么?

　　大型农场由于能够支付固定费用而减税。小农户生产的每加仑谷物都会被征税。这种税收制度被认为不公平,它造成了小农户收入减少。由此可以推测生产威士忌的大农场,比如乔治·华盛顿(George

Washington)，并没有遭受太多损失。

亚历山大·汉密尔顿（Alexander Hamilton）试图减轻战争债务，并通过威士忌税收加强中央政府的权力。农业政策可能通过减少由酒精引发的犯罪和健康改善而对提高社会福利水平做出贡献。这是未经验证的假设。

讨论

1. 是非题：19 世纪的农业政策都是为了使农民受益。

2. 罗马法给公民免费的面包，谁从中受益？对农民和罗马政府各有什么影响？

3. 英国《谷物法》是什么？谁从中受益？谁是受害者？

4.19 世纪联邦政府土地政策的主要目的是什么？

5.1841 年的《优先购买法案》是什么？它与 1862 年《宅地法案》是什么关系？

6.19 世纪联邦政府利用哪些农业政策来解决西部土地问题？谁是最大受益者？

7. 是非题：所有美国农业部长都支持联邦农业政策。

8. 农业的共享租赁制度是什么？

9. 是非题：美国赠地大学制度是农业政策的结果。

10. 农民组织包括什么？它们做出了哪些成就？

11. 是非题：土地改革是现代发明。

12. 美国威士忌暴乱是什么？其背后的主要政策问题是什么？

13. 是非题：关于西部土地安置的政府腐败不是 19 世纪的严重问题。

14. 是什么因素促使农民组织政治行动？

参考文献

Barnes, Harry Elmer. 1942. *An Economic History of the Western World*. New York: Harcourt, Brace and Company Inc.

Benedict, Murray. 1953. *Farm Policies of the United States 1790–1950*. New York: The Twentieth Century Fund, Inc.

Bostwich, Don. 1953. "A Comparison of Grain Storage Policy In Eight Historical Societies." Submission for the Uhlmann Awards Contest, 1953, University of Wyoming. Original source quoted: Bodde, Derk. 1946. "Henry A Wallace and the Ever-Normal Granary," *The Far Eastern Quarterly* 5(4): 411–26.

Cochrane, Willard W. 1993. *The Development of American Agriculture: A Historical Analysis*, 2nd edition. Minneapolis: University of Minnesota Press.

Dalrymple, Dana G. 2004. "Wayne D. Rasmussen, 1915–2004," *Technology and Culture*, 45(3): 683–86.

Gee, William. 1937. *The Social Economics of Agriculture*. New York: Macmillan Company.

Hadwiger, Don F. and Ross B. Talbot. 1965. *Pressures and Protests: The Kennedy Farm Program and the Wheat Referendum of 1963*. San Francisco, CA: Chandler Publishing Co.

Hansen, John Mark, 1991. *Gaining Access, Congress and the Farm Lobby 1919–1981*. Chicago, IL: University of Chicago Press.

Morton, J. Sterling. 1897. "Report of the Secretary," *Yearbook of the United State Department of Agriculture, 1896*. Washington GPO.

National Agricultural Law Center reading room of the University of Arkansas. http://nationalaglawcenter.org/readingrooms/[accessed November 5, 2014].

Nelson, Bruce. 1964. *Land of Dacotahs*, 6th edition. Lincoln: University of Nebraska Press.

Oklahoma Historic Society. *Encyclopedia of Oklahoma History and Culture*. http://digital.library.okstate.edu/encyclopedia/entries/T/TE009.html [accessed November 5, 2014].

Schurz, Carl. 1865. "Report on the Condition of the South." http://wps.ablongman.com/wps/media/objects/1482/1518021/primarysources3_16_1.html and http://wps.pearson-custom.com/wps/media/objects/2429/2487430/pdfs/schurz.pdf [accessed November 5,2014].

Smith, William. 1875. *A Dictionary of Greek and Roman Antiquities*. London: John Murray. http://penelope.uchicago.edu [accessed November 5, 2014].

Timeline of agricultural legislation and other agricultural developments, www.ars.usda.gov/is/timeline/comp.htm [accessed November 5, 2014].

Twain, Mark and Warner, Charles Dudley. 1873. *The Gilded Age: A Tale of Today.* Hartford, CT: American Publishing Company（reprinted 2001, New York: Penguin Books）.

Vickers, Norman. 1999. "The Sharecropping System," http://www.clt. astate.edu/sarahwf/ elainrt/sharcrnv2.htm [accessed November 5, 2014].

第五章 20世纪早期农业立法

疾病和食品污染物

20世纪早期影响农业的立法都与消费者保护相关,并关注对农业投入、跨州或国外进口的食品和化妆品安全性的维护。1906年,厄普顿·辛克莱(Upton Sinclair)出版了《丛林》(*The Jungle*)一书,描述了芝加哥牲畜屠宰设施的糟糕情况。1907年农业部长报告显示,这本书所引发的大众谴责因联邦肉类检验条例的启动而平息。公众对肉类产品信心的下降为1906年《肉类检验法案》(Meat Inspection Act)的通过提供了政治动机,该法案对屠宰厂的联邦检验和州际肉类运输提出了要求。[1]由于肉类需求下降,该法案被肉类包装行业所支持。1907年年鉴报告了149,792头屠宰动物以及529,876件已被检疫的动物身体的部分因疾病或其他原因而被宣布不能食用。

受污染的、无效的疫苗和药物也是20世纪早期的重要问题。如果没有监管,那些有毒的、成瘾的因素都有可能被添加到药物或疫苗中。[2]为了应对潜在的公共危机,1906年通过了《纯食品和药物法案》(Pure Food and Drug Act),该法案禁止制造、销售或运输掺假食品和有毒专利药品。[3]

《美国农业部年鉴（1914）》中的部长报告对于牛口蹄疫做出了以下陈述：

> 1902 年和 1908 年牛口蹄疫的爆发被追溯到是源于一种疫苗病毒，关于爆发起源的最合理的迹象是，它和一种用于制革的物品一起引入……目前的情况表明了立法行动的智慧。

（Houston 1914）

随后，1913 年颁布了《病毒、血清、毒素法案》，以保护农民免受污染的或无效的疫苗的影响。1913 年农业法案指出：

> 任何人、企业或公司准备（在美国）销售、物物交换或交易，以及在美国或从美国装运交付用于治疗家畜的任何无价值的、被污染的、危险的或有害的病毒、血清、毒素或类似产品都是非法的。

（Monke 2005，CRS-1）

农业黄金时代及其后果

1910—1914 年被称为农业黄金时代。这一时期农产品价格较高，对美国农民来说是一个繁荣时期。[4]1919 年农业年鉴显示，农产品价格指数比 1866—1908 年平均价格高 32%。农产品价格在 1915 年下跌，但在 1916 年恢复，农产品价格在 1914—1920 年上涨了近 60%。因为 1915 年是糟糕的一年，为了应对不断发生的农场破产事件，1916 年的《联邦农场贷款法案》（Federal Farm Loan Act）被国会通过。

农产品价格指数在 1910—1914 年上涨了 11%（1936 年美国农业年鉴）。1917 年第一次世界大战摧毁了欧洲的食品供给体系，使得食品价格大幅上涨。美国农业的情况在 1919 年仍然向好，到 1920 年秋天，好时光结束了。农产品的国内高价造成美国出口需求下降，结果导致国内农产品价格下降（Meredith 1921）。欧洲经济恢复也导致投入增加和生产成本上升，美国农民陷入严重的价格 – 成本挤压。沃伦和皮尔逊（Warren and Pearson 1933）指出，农业经济条件恶化使得货币供给减少。其他被讨论的关于第一次世界大战之前农业萧条的原因包括信贷紧缩、更高的土地税和保护性关税（Novak and Duffy 1987）。

在 1920 年农业年鉴中，E.T. 梅雷迪思部长指出：

> 今年的产量以异常高昂的成本被生产出来，以现在的价格衡量价值，比产量较低的 1919 年少 30 亿美元，比产量更低的 1918 年少 10 亿美元……现在可以做出的最好的估计表明，1920 年牲畜产品的总价值大约比 1919 年少 2 亿美元。可能没有其他产业或行业能够在遭受类似的经历后仍能避免资不抵债。

（Meredith 1921，17）

20 世纪早期的美国农业生产是通过将新的土地投入农作物生产来推动的。在 20 世纪的大部分时间里，对生产者、政策制定者和经济学家来说，相对于需求而言的大量供给仍然是一个经济问题。

竞争和价格操纵

1890 年《谢尔曼反托拉斯法案》（Sherman Antitrust Act）因 1914 年的《克莱顿反托拉斯法案》（Clayton Antitrust Act）和联邦

贸易委员会（Federal Trade Commission）的建立而得到加强。该法案禁止商业中的垄断行为。为了应对在牲畜、乳制品、家禽和家禽产品销售中各种不正当销售手段的滥用和垄断行为，美国国会在 1921年通过了《畜牧工人及畜牧场行为准则》，禁止在这些产品的销售和包装中采取优惠待遇、不公平竞争或欺骗行为。农业部长华莱士（Wallace）在 1922 年农业年鉴中指出，某些损害牲畜所有者的价格歧视行为必须结束，在牲畜的销售和购买中取而代之的是实际市场价值（Wallace 1922，48）。他还指出了不正当包装的例子，例如把不到一磅的黄油放到一磅的包装中（Wallace 1922）。

1922 年《粮食期货法案》（Grain Futures Act）规定，农业部长监督粮食交易所的期货交易。该法案规定的联邦监督包括处理"交易所成员的不正当操纵行为，企图垄断市场或传播关于农作物或市场情况的虚假或误导性信息的行为"（Wallace 1922，49）。这部法案被争论、被抗议，但得到了最高法院的支持，并为粮食期货管理和之后的农产品期货交易委员会树立了先例。[5]

1922 年，《卡珀 – 沃尔斯特德法案》（Capper-Volstead Act）授权农民组织合作社，并明确规定这些合作社豁免于反垄断立法。然而，立法还授权农业部长确保合作社没有垄断。

1923 年，农业部长亨利·C. 华莱士（Henry C. Wallace）注意到了农业经济问题，他说："在一些州，在战前年份，农民的破产案例约占所有这类案件的 7%，这一比例在 1922 年上升到接近 30%。"（Wallace 1923，10）1924 年（在一篇死后发表的文章中），他说："1920 年开始的萧条不仅仅是一段荒年，还是一场金融灾难，其影响之大目前还难以衡量。"[6]（Wallace 1925，17）

总结

滥用监管是 20 世纪头 30 年的重要特征。农业部门最好和最坏的时代都发生在这些年（1914—1923 年）。在 20 世纪 20 年代末，农业危机已经变得相当严重，这使得公共行动的压力升级。根据 1936 年农业年鉴，农产品价格在 1930 年后开始下降。与黄金时代（指数为 100）相比，1930 年农产品价格指数下降到 91，1931 年是 81，1932 年是 65，1933 年农产品价格指数上升到 70，1934 年是 108，1935 年是 108。在 20 世纪 30 年代初期，政府通过立法来稳定价格和控制剩余，这对农业复苏起到了重要作用。

附录：20 世纪初农业政策的经济分析

19 世纪末和 20 世纪初，农业方面的问题包括食品和药物添加剂、屠宰场的条件以及受污染的疫苗和毒素导致消费者偏好方面的改变。在图 5.1A 中，需求曲线从 Ⅰ 移动到 Ⅱ 将导致消费者剩余的损失，损失的部分是由 Pd、Pc、Qc、Qd 限定的区域。

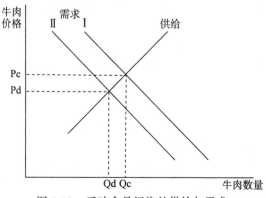

图 5.1A　反映食品污染的供给与需求

疫情检疫和食品检验

牲畜疾病暴发可能导致国内外消费者对动物产品质量和安全性的信心丧失。虽然疾病可以改变消费者偏好，但是，牲畜检疫和食品检验却不一定能够恢复消费者信心。由于牲畜损失、接种疫苗、检验费用和其他生产成本增加，供给也可能会发生变化。在图 5.2A 所示的牛疾病暴发案例中，消费者可能会减少对牛肉的需求（需求曲线从Ⅰ移动到Ⅱ），取而代之的是对其他肉类的需求增加，比如猪肉和鸡肉。确保肉类安全并以卫生方式加工的联邦检验有助于维护公众的信心。

如果疾病暴发，那么检疫受感染的动物以防止疫情扩散也维护了公众对于所购买的肉类产品不被感染的信心。需求一开始可能会从Ⅰ移动到Ⅱ，但是当信心恢复时，可能会移回到Ⅰ（见图 5.2A）。这其中的根本是联邦肉类检验。一个检疫系统会使消费者和肉类行业受益。

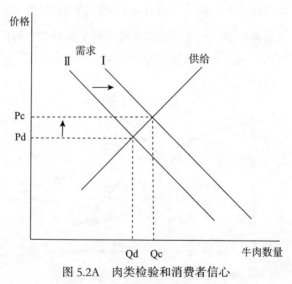

图 5.2A　肉类检验和消费者信心

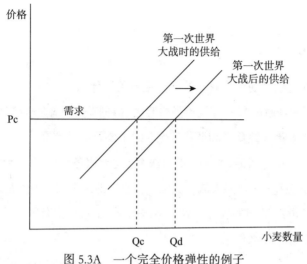

图 5.3A　一个完全价格弹性的例子

价格操纵和合作社

《谢尔曼反托拉斯法案》的主要目的是防止勾结、价格操纵和其他反竞争行为,《卡珀–沃尔斯特德法案》的主要内容是授权建立合作社。考虑一个买家串谋的经济体（买方寡头垄断情况）, 在这个经济体中, 不存在买方欺骗, 也不允许新买家进入。在没有其他市场替代品的情况下, 农业生产者面临的需求曲线将是相互串谋的买家在任何一个生产量上愿意支付的价格。在图 5.3A 所示的例子中, 小麦生产者可能面临完全弹性的需求曲线, 如果所有共谋者同意固定价格, 小麦生产者损失的生产者剩余将被买方（消费者）获得。

如果合作社（生产者）能够控制足够的供给, 串谋的买家可能被迫提供不同方案或更高的价格。如果市场允许进出口, 则需求将不可能具有完全弹性, 处于合作状态的生产者不可能控制总供给, 从而导致一个有较少限制的市场。解决串谋问题的方法是政府反托拉斯立法和价格支持等。

讨论

1.20 世纪早期影响农业的立法主要关注什么？

2.据说是通过 1906 年《肉类检验法案》的动机的著名故事是什么？

3.1906 年《纯食品和药物法案》的主要目的是什么？

4.1913 年《病毒、血清、毒素法案》主要服务于什么宗旨？

5. 导致第一次世界大战后美国农业衰退的三个主要因素是什么？

6.20 世纪早期的农业立法在保护生产者免受反竞争商业行为影响方面发挥了什么作用？

7. 为什么说 1922 年《卡珀 – 沃尔斯特德法案》对农民很重要？

8. 为什么疾病暴发带来的检疫制度对农业生产者很重要？

9. 如果农民合作社无法控制供给，有哪些立法选择可以帮助他们抵制农产品购买者的市场影响力（买方垄断或买方寡头垄断）？

参考文献

Ball, C.R., C.E. Leighty, O.C. Stine and O.E. Baker. 1922. "Wheat Production and Marketing." *United States Department of Agriculture Yearbook 1921*. Washington, DC: Government Printing Office.

Benedict, Murray R. 1953. *Farm Policies of the United States, 1790–1950*. New York: The Twentieth Century Fund, Inc.

Hansen, John Mark. 1991. *Gaining Access, Congress and the Farm Lobby 1919–1981*. Chicago, IL: University of Chicago Press.

Houston, D.F. 1915. "Report of the Secretary." *United States Department of Agriculture Yearbook 1914*. Washington, DC: Government Printing Office.

Jardine, W.M. 1929. "The Year in Agriculture, The Secretary's Report to the President." *United States Department of Agriculture Yearbook 1928*. Washington, DC: Government Printing

Office.

Meredith, E.T. 1921. "The Year in Agriculture, The Secretary's Report to the President." *United States Department of Agriculture Yearbook 1920*. Washington, DC: Government Printing Office.

Monke, Jim. 2005, January 3. "The Virus-Serum-Toxin Act: A Brief History and Analysis." Congressional Research Service Report to Congress, Order Code RS-22014.

Novak, James L. and Patricia A. Duffy. 1987. "Moving Toward the New Deal: Agriculture from the Civil War to the Great Depression." *Southern Business and Economic Journal* 21（1）:2–18.

Public Citizen. 2000, September 5. "New Federal Meat Inspection System Fails to Earn Inspectors' Seal of Approval, *THE JUNGLE 2000*. " http://www.citizen.org/pressroom/release.cfm?ID=768 [accessed November 5, 2014].

Sinclair, Upton. 2008. *The Jungle*. Seven Treasures Publication.

Wallace, Henry C. 1922. "The Year in Agriculture, The Secretary's Report to the President." *United States Department of Agriculture Yearbook 1921*. Washington, DC:Government Printing Office.

Wallace, Henry C. 1923. "The Year in Agriculture, The Secretary's Report to the President." *United States Department of Agriculture Yearbook 1922*. Washington, DC:Government Printing Office.

Wallace, Henry Cantwell. 1925. "Report of the Secretary." *United States Department of Agriculture Yearbook 1924*. Washington, DC: Government Printing Office.

Warren, George F. and Frank A. Pearson. 1933. *Prices*. New York: John C. Wiley and Sons, Inc.

Wilson, James. 1908. "Report of the Secretary. " *Yearbook of the United States Department of Agriculture*, Government Printing Office.

Yearbook Statistical Committee. 1936. "Table 8-Index numbers of farm prices, by groups 1910–1935." *Yearbook of Agriculture 1936*. Washington, DC: Government Printing Office.

第六章　20世纪50年代的麦克纳里–豪根法案和永久性立法

农业政策的发展

农业部长迈克·约翰斯（Mike Johanns）在国会起草和实施2008年农业法案中发挥了重要作用。然而，历史上，国会和政府对农业政策问题经常持相反意见。在极端情况下，一些农业部长反对国会与农业法案立法相关的行动，而其他部长都是支持者（Fite 1960，Talbot 1961）。本章讨论了美国农业政策如何在争论中演变，以及菲特政策延续到21世纪的原因。

《麦克纳里–豪根法案》

第一次世界大战（1914—1918年）为美国政府干涉农业活动创造了重要的政治支持。为了控制战时粮食价格投机，1917年通过总统行政命令成立了食品管理粮食公司，该公司旨在确保政府在终端市场建立粮食的"公平价格"。作为食品管理粮食公司后继者的美国粮食公司（United States Grain Corporation）是战后成立的。

虽然战争严重破坏了欧洲的农业生产能力，但此次经济复苏所用的时间相对较短。然而战后还是出现了供给短缺和农产品价格过高的现象。高价格刺激了更多的农产品生产，从而导致市场剩余。紧随剩余累积而来的是 1920 年农产品价格的暴跌。使这些动荡更加复杂的是别国对从美国进口的保护性关税、反补贴税以及可以用来从美国进口农产品的硬通货的匮乏。为了扩大出口，战争金融公司（War Finance Corporation）（1921 年）通过《凯洛格修正案》（Kellogg Amendment）授权向出口商、银行、农民合作社和美国农产品的外国买家提供资金帮助。

为了提高美国农产品价格，1922 年引入了皮克 – 约翰逊计划（Peek-Johnson Plan），虽然从未通过成为法律，但其基本理念成为麦克纳里 – 豪根价格支持法案（McNary-Haugens price support legistion）的立法基础，[1] 这些法案是当今农业政策的先驱。

在麦克纳里 – 豪根法案的五个版本中（1924—1928 年），建立了一个政府出口公司（government export corporation），用于购买指定农产品，只要其价格指数低于国内 1914—1918 年的价格比率。在"双价格计划"下，国内买家可以在设定的"价格支持"（国际价格加关税）水平上购买受到政府价格支持的农产品。如果可能的话，剩余农产品可以按照当时的世界市场价格出售到国外，这将有效地减少国内供给，从而提高受支持的农产品的价格。为保护国内价格还建立了关税。这一计划的资金来源于食品的"均衡"税，也就是说，美国消费者将支付额外的食品税，以支持该计划。

麦克纳里 – 豪根法案起草了五个版本，但只有两个法案上报了国会。在商业利益集团的支持下，这两个法案都被总统库利奇

（Coolidge）否决，他声称，农业政策会导致市场扭曲。

"肮脏的 30 年代"和农业立法

1929 年，畜牧业生产者收入增加，但严重干旱减少了中部地区的农作物产量。农业部长海德（Hyde）向总统报告：

> 1929 年农作物生长季节的普遍干旱使牧场干枯，并且使农作物产量大幅下降。然而，生产的损失均匀地分布在整个国家，而没有出现大面积的农作物非常丰富或非常缺乏的情况……种植者的种植面积约等于 1928 年的种植面积，除了灌溉作物和一些干草，几乎所有农作物的产量都令人失望。

（*Yearbook of Agriculture* Hyde 1930，1）

国际市场上，小麦和玉米的产量下降，价格上涨。国内市场上，高价格对于没有什么可销售的农民来说意义并不大。

1930 年，海德部长赞扬 1929 年通过的《农业销售法案》（Agricultural Marketing Act）是现代农业政策的另一个先驱。他说：

> 这一农业政策是新闻界、农业界和国会八年讨论的结果，本质上是为了使农业部门能够更好地按照需求实现生产的调整，并且建立一个更有效率的销售体系。

（*Yearbook of Agriculture Hyde* 1930，19）[2]

1929 年农业法案创建了一个联邦农业委员会（Federal Farm Board），旨在通过将其"与其他行业平等对待"来帮助农业部门。该委员会的职责之一是协助组建稳定公司和结算所，以发放贷款来帮助农业部门处理农产品剩余，贷款都是出于建立合作社和稳定公司的目的。

然而，联邦农业委员会失败了，主要是因为国会对这一计划所提供的资金不足。此外，1930 年的《关税法案》(Traiff Act) 使得美国国内农产品价格高于国际价格，导致大量农产品剩余，这些农产品不能在国际市场上出售 (Cochrane 1997)。[3] 哈尔克罗（Halcrow）及其同事认为，联邦农业委员会提供了"没有生产规模控制的价格支持"（Halcrowetal 1999 ）。默里·贝内迪克特（1995）认为，委员会的努力减缓了农产品价格下降，但是，试图通过委员会形成大型合作组织的做法基本上是失败的。

虽然 1929 年 10 月从股市崩溃开始的大萧条在 1930 年农业部长的报告中没有被提到，但由于水土流失所造成的环境灾害（后来被称为"沙尘暴"）仍被讨论。海德部长说："水土流失成为一个国家的威胁是有目共睹的。"（Hyde 1930，44）但是，海德部长唯一的解决办法是要求就这一问题做进一步的研究。

在 1931 年和 1932 年农业年鉴中，海德部长向总统提交的报告讨论了干旱的影响以及经济形势的恶化。从 1929 年到 1931 年，据报道农场总收入下降 40% 以上。1929 年 12 月，生产者小麦价格为 1.08 美元 / 蒲式耳；到了 1931 年 12 月，价格已经下降到 0.44 美元 / 蒲式耳。玉米价格从 1929 年的 0.77 美元 / 蒲式耳下降到 1931 年的 0.36 美元 / 蒲式耳。农产品价格在 1932 年进一步下降到新的低点，然后在下一年上升（*Yearbook of Agriculture* 1933）。当玉米价格降至最低时，艾奥瓦州农民用焚烧玉米的方法来取暖。

在 1935 年农业年鉴中，海德部长报告将 1934 年看作美国历史上

最糟糕的干旱年。海德部长指出，

> 由于缺乏饲料谷物和粗饲料，即使生长季节正常，肉类和其他牲畜产品的市场供给也会急剧减少。然而，对于整个国家来说，干旱虽对农业收入有影响，但影响很小。较高的农产品价格往往能够抵消市场和农场收入包括福利支付的减少，会使整个国家显示出比往年有大幅增长。

（ Yearbook of Agriculture 1935，15 ）

干旱大大减少了农业剩余，尤其是畜牧业剩余。根据 1933 年《农业调整法案》和 1934 年《琼斯－康纳利法案》所采取的联邦救济行动允许联邦政府从受干旱影响的地区购买肉牛，将其运往屠宰场，并将牛肉分发给有需要的家庭。

被称为肮脏的 30 年代（Dirty Thirties）的 20 世纪 30 年代的干旱，当时被认为是因"裸露的土地"而造成的。然而，1935 年农业年鉴中的部长报告指出，"气象局的记录表明，特定地区的极端干旱预计每隔 30—40 年发生一次"（第 16 页）。现代研究正为这一论点提供支持。[4]

由气候和农业生产相结合而产生的大规模沙尘暴被称为"黑色风暴"。据报道，风暴引起的尘肺已导致出现死亡和慢性健康问题。[5] 作为回应，1933 年美国政府创建了水土流失服务局，旨在帮助农民防止侵蚀、保持土壤不流失。水土流失服务局在 1935 年更名为水土保护服务局（Soil Conservation Service，SCS），再后来 1994 年更名为国家自然资源保护服务局（Natural Resources Conservation Service，NRCS），国家自然资源保护服务局的主要目的仍是保护土壤、水和其他自然资源。

保护与贸易

保护性关税是早期美国农业政策的主要工具，农业部长海德在 1931 年和 1932 年农业年鉴中称其为支持国内农业价格的重要工具，他还强调了农产品贸易对于美国农民的重要性。不过，这也表明人们对于关税贸易壁垒还缺乏深入的理解。

对关税的新理解出现在富兰克林·罗斯福（Franklin D. Roosevelt）政府中。1933 年的提交给总统的部长农业报告中没有提到关税，但是在 1934 年，农业部长亨利·A. 华莱士（Henry A. Wallace）曾这样说：

> 这个国家面临两种政策选择——要么修改关税政策，允许大量进口农产品；要么接受相当大的、永久性的国外市场的损失。

（*Yearbook of Agriculture* 1934，6）

1934 年的《互惠贸易协定法案》（Reciprocal Trade Agreement Act），授权可以根据双边贸易协定降低关税。该法案的规定为未来的贸易协定和逐步消除贸易壁垒奠定了基础。

平价

平价是作为恢复农民农产品"购买力"的机制而发展起来的，这一概念由皮克（Peek）和约翰逊（Johnson）提出，并成为 1933 年《农业调整法案》（Agricultural Adjustment Act）中的一个政策工具。由于仍旧是作为"永久性立法"（Permanent Legislation）一部分的土地法，平价支持是建立在这样的判断之上的，即当前农产品价格应该提供与1910—1914年相同的购买力。[6]在概念上，平价支持是一个指数调整，其运行方式如下：如果在1910—1914年销售一蒲式耳玉米能够购买一条蓝色牛仔裤，那么今天销售一蒲式耳玉米应该足以购买一条蓝色牛仔裤。农产品价格平价被视为平衡农村与城市收入的公平机制。

1933年《农业调整法案》

第一部成为法律的"农业法案"是1933年《农业调整法案》（PL73-10）。[7]1933年《农业调整法案》是此后所有美国农业立法的基础。

为了应对低价格和农民信贷问题，1933年美国国会为六种"基本的"或可储存的农产品提供了平价支持，这种支持相当于1909年8月至1914年7月期间的价格支持。基本农产品定义为小麦、棉花、玉米、猪肉、大米、牛奶和奶制品。烟草（作为一种额外的基本农产品）的平价支持标准是于1919年8月至1929年7月期间决定的。实现平价目标的方法是允许美国农业部与农产品生产者、加工者和分销商达成协议，通过建立农产品信贷公司来提高农产品价格，以消除"竞争性"浪费，并通过市场转移剩余。农产品信贷公司旨在通过对制造商征收加工税来实现自我支持，然而，征税的做法在法庭上受到挑战，最终被美国最高法院宣布违宪。我们将在本书的后面指出，后续立法修正了合宪性问题。

1933年通过的《农业调整法案》提出了三种权利。农业部长华莱士将这些权利列举为：

权利 1 涉及农场生产规模控制和销售协议，并将该协议命名为《农业调整法案》。权利 2 与通过《联邦农业贷款法案》修正案和通过拨款获得各种信贷的农场信用有关。权利 3 授权总统通过购买政府债券来扩大信贷……这一权利被称为改善通货膨胀。

（*Yearbook of Agriculture* 1934，8）

农产品的低价格被认为是生产过剩造成的。农业部长华莱士说："出口减少，产量增加自然意味着剩余增加……如果贸易渠道被用于出口滞销的农产品，损失可能减少。"（*Yearbook of Agriculture* 1934，3）[8]

美国政府为基本农产品提供了价格支持和生产规模控制，对其他农产品的支持则由美国农业部自行决定，须经总统批准。在1933—1937年期间，除了基本农产品之外，农产品信贷公司贷款包括对松节油、树脂、花生、枣、无花果和李子的贷款。1934年，黑麦、亚麻、大麦、高粱、牛肉、花生、甜菜和甘蔗被添加到基本农产品行列。1935年，土豆被包含在价格须"稳定"的农产品列表中。

分配、配额、协议和价格支持

对于小麦、饲料谷物和棉花来说，1933—1967年可以被认为是分配、配额、销售协议和价格支持的黄金时代。根据1933年《农业调整法案》，农业部授权签订销售协议，允许参与者签订合同，以提高农产品价格为目标，提供"有序销售"。

贷款通过农产品信贷公司提供给农民，以换取他们参与减少耕地面积的计划。作为"价格支持"计划的一部分，农产品信贷公司为1933年的留存谷物提供了贷款，棉花 10 美分 / 磅，玉米 50 美分 / 蒲式耳，前提是农民同意在 1934 年减少这些农作物的种植面积。棉花种植面积减少计划要求棉花种植面积在 1934 年减少 30%，在 1935 年减少 25%。这种贷款计划的基本结构在 20 世纪和 21 世纪的农业法案中得以维持。

1933 年《农业调整法案》向农民提供了两种可选择的支付方式："每英亩现金支付以换取农民减少种植面积的协议"和"每英亩现金支付加上购买期权，6 美分 / 磅，政府拥有的剩余棉花等于农民减少的产量"（1933 年《农业调整法案》）。根据估计的潜在产量和面积减少量，支付额有所不同。基于 1928—1932 年的棉花生产历史，政府为每个地区设定棉花种植分配。[9]

国家分配协会（Country Allotment Associations）被建立起来，以便在 1934 年和 1935 年向每个地区的农民分配一定的种植比例。分配额被定义为生产者在预期的"国内消费"农作物中占的"比例份额"。参与的农民需要注册并签订合同，农民通过其当地的国家合作推广办公室（Cooperative Extension office）注册参与支持计划。[10]

今天，这个地方委员会还一直保持着，但是，其使命随着农产品计划和其他计划的变化而改变。地方农场服务局委员会目前包括各地区当地选举的农民和农场主，它们负责各地方的农产品贷款、保护计划、灾害和紧急援助计划和农产品项目支付资格审查。

玉米计划的规定与生猪的生产数量和减少玉米和生猪的供给相关。1934 年开始减少 20% 的玉米种植面积和 25% 的生猪饲养，30美分 / 蒲式耳的"租金率"被支付用于减少玉米种植面积。玉米种植面积是基于过去五年的平均产量；根据过去两年每年销售的生猪的平均数量的 75%，支付每头生猪 5 美元。

对小麦生产者进行分配，是基于三年（1930—1932年）的平均产量，并且需要减少15%的种植面积以获得价格支持。休耕的麦地可以种植覆盖作物，或种植养殖用于家庭消费的农作物。

1933年，烟草是农民的重要经济作物。对于这种农产品，种植面积减少、价格支持支付以及销售协议计划正和加工税一起实施，其中加工税根据烟草种类而不同。

乳制品生产规模控制是结合国内销售协议、购买选择和生产规模控制来实施的。当时，人们认为政府采购乳制品不如减少国内乳制品供给的协议有效。

根据1933年《农业调整法案》，对生产控制和农产品计划支付率的各种组合进行了尝试。当最高法院在United States v Butler案（也被称为"豪斯密尔公司案"）中以6比3裁决对加工商征税和面积缩减合同违宪后，该法案停止实施。随后的法律修改允许延续农产品信贷公司，但不包括加工税。

试图提高价格的努力还通过粮食援助计划而实施。1933年农业部长向总统提交的报告显示，联邦剩余物资救济会社与农业调整局合作，购买包括黄油在内的剩余农产品，分发给失业者。

水果和蔬菜没有包括在基本农产品的清单中，因此，不能通过1933年《农业调整法案》中的加工税得到资助。但是，水果和蔬菜被授权销售协议，导致了所谓的"按比例分配"计划，以减少生产过剩，使得果蔬平稳地从生产地流向市场。

期货市场的投机行为

1933年，期货市场投机被列为阻碍农业恢复的重要因素。根据农业部长报告，"农产品交易所的投机活动在夏季阻碍了农业恢复计划。它推高了农产品价格，使供求变化决定价格的机制不再发挥作用"（*Yearbook of Agriculture* 1933，52）。

农产品交易所提出的反对投机的补救措施包括，"期货合约利润规模的滑动最小百分比例，继续对每日波动的限制，以及规定取消限额须经农业部长批准"（*Yearbook of Agriculture* 1934）。

保证金要求等一直到今天仍然在发挥作用，市场操纵问题一直到今天也仍然存在。

常平仓贮

"常平仓贮"（Ever-Normal Granary）被视为在生产过剩时控制生产规模，并储存剩余农产品以应对萧条时期可能出现的农产品短缺的方法，用以对农产品流向市场进行调节，并稳定价格。在这一制度安排下，当供大于求时，政府可以购买农产品，在供给不足时，政府可以出售其拥有的农产品，并允许农民出售储存的农产品，以稳定市场供求关系。

1935 年农业年鉴对使用这一方法进行了解释，包括稳定因干旱而减少的饲料谷物供给和可供出口的库存。也有人担心不能有足够的供给来维持仓贮。例如由沙尘暴引起的干旱还要求保持足够的仓贮作为牲畜应急饲料的供给。农产品剩余的储存和释放被看作是对竞争需要的一个可行的政策解决方案。农产品剩余的储存和生产规模控制也被视为控制期货市场投机的方法。农业部长华莱士说："应该平等地开发土地，使农作物的规模种植调整和保护相结合，以应对农作物歉收和大量库存压低价格的趋势。"（*Yearbook of Agriculture* 1935，20）

联邦剩余农产品公司

其他处理农业剩余的方法包括联邦剩余农产品公司（Federal Surplus Commodities Corporation）的运营。该公司于1933年开始向贫困家庭提供农产品。1936年，立法授权农业部长购买剩余农产品（使用1935年《农业调整法案》第32条的基金）分发给学校午餐计划。[11]食品券计划（Food Stamp Plan）开始于1939年，允许接受者购买可赎回的橙色或者蓝色食品券。对于以1美元购买的一张橙色券来说，接受者将获得一张价值0.5美元的蓝色券。蓝色券可以兑换为剩余的农产品，而橙色券可用于购买任何食品。这一计划持续到1943年，估计为2,000万人提供了相关服务（Food and Nurtion Service 2013）。

农业销售规则和协议

1937年，《农业销售协议法案》（Agricultural Marketing Agreement）（PL75-137）发布了联邦销售规则和协议。这些规则和协议今天仍然有效，它们旨在促进有序的销售，控制剩余，并为在国内和国际上流通的产品的生产者设定必要的等级、规模和质量，主要用于水果、坚果、牛奶和蔬菜（还有"各种各样的"特别农作物）。销售规则和协议可以由任何人发起，通常针对特定农产品和地区，但必须由美国农业部批准。批准规则或协议，需要农产品生产者的全体投票。一旦获得生产者批准（通常要获得三分之二或更多的赞成票），规则和协议就在控制特定地理区域的指定农产品上具有法律效力。

根据美国农业部农业销售服务局（Agricultural Marketing Service

USDA）的信息，"规则和协议由农业种植者和（或）处理者的地方委员会管理，通常还有一名公众参与管理"，并且"如果生产者和农业部长批准，它们将约束受监管的区域内的整个行业"。

根据国家农业法中心（National Agricultural Law Center）（2009年）的解释，销售规则和协议有所不同，区别在于"销售规则对规则涵盖的区域中被分类为'处理者'的所有个人和企业具有约束力，而销售协议只对自愿签署营销协议的'处理者'有约束力"（Agricultural Marketing Service）。

1938 年、1948 年和 1949 年永久性立法

为什么要注意历史上的农业立法？因为 1938 年《农业调整法案》、1948 年《农产品信贷公司特许法案》（Commodity Credit Corporation Charter Act）和 1949 年《农业法案》构成了农业"永久性立法"。这些法案至今仍然具有法律效力，并将继续有效，直到废除。自 20 世纪中叶以来，美国国会通过了一项新的农业法案，暂时搁置了永久性立法的要求。没有新的农业法案立法，永久性立法将再次成为土地法，包括实施平价、配额和对受支持的农作物进行转移支付。对联邦预算产生影响，为国会提供了就新农业法案达成共识的动机。

麦克纳里－豪根法案的各种形式，不论是 1929 年《农业销售法案》、1933 年《农业调整法案》，还是 1936 年《土壤保护和国内分配法案》（Soil Conservation and Domestic Allotment Act）都促进了后来的永久性立法的通过。根据贝内迪克特（1935）的观点，1936 年农业法案规定向农民支付从种植土壤消耗农作物转为种植土壤保持农作

物的费用，目的是保持联邦政府向农民以支付形式提供支持的做法。

如上所述，1933 年《农业调整法案》被宣布部分违宪。永久性立法纠正了违宪问题，并允许继续实施农产品支持计划。农产品信贷公司是为了向部分（不是全部）农产品提供贷款和价格支持而成立的，最初于 1933 年在特拉华州注册成为私营公司。1948 年《农产品信贷公司特许法案》成为美国农业部农产品支持计划的一个永久性契约。[12]

1938 年《农业调整法案》确立了平价机制的确切含义，设立了销售配额的授权（必须由生产者全体投票批准），并提供了农产品信贷公司的农产品贷款计划。农产品信贷公司的贷款支付最初与平价相关，只要农产品价格低于平价的一定比例，非资源性的贷款就会被提供给生产受支持农产品的农民。[13] 销售配额限制了在政府支持的价格水平可以出售的农产品数量。

依据 1938 年《农业调整法案》，成立了一个联邦农作物保险公司（Federal Crop Insurance Corporation），为农业生产者提供农作物保险。一些地区的低注册和反复的高赔偿成本导致了令人失望的结果，直到 20 世纪 80 年代多重灾害农作物保险的发展以及由 2000 年《农业风险保护法案》（Agricultural Risk Protection Act）开始的重大改革改善了这一局面。[14]

1941 年《斯蒂格尔修正案》（Steagall Amendment）将棉花、玉米、小麦、烟草和大米的价格调整为平价价格的 85%（指数价格）。其他农产品被认为是非基本农产品，但可以得到相似的价格支持。1942 年对《斯蒂格尔修正案》的修正中，在第二次世界大战期间，"在 1 月第一天紧接着总统或国会宣布敌对行动已经停止之后的两年内"将上述农产品价格提高到平价价格的 90%。

1949 年《农业法案》(PL81-439)

1949 年《农业法案》完成了永久性立法。在该法案中，支持价格调整为"基本农产品"平价价格的 75%—90%，基本农产品定义为玉米、小麦、大米、棉花和花生。对每种农作物的平价支持水平是基于销售年度开始时估计的农作物供给量。[15]

指定的非基本农产品也被授权平价支持。这类农产品包括羊毛（包括马海毛）、油桐果、蜂蜜、爱尔兰土豆、牛奶、乳脂以及乳脂和牛奶产品。这些农产品的平价保护范围为"正常"产量的 60%—90%。农业部长被授权为其他"不超过平价价格 90%"的农产品提供贷款、采购或其他价格支持操作（Agricultural Act of 1949）。

对农产品信贷公司可供出售的基本农产品和非基本农产品的库存提出了要求，农民被认为是"合作者"，如果他们遵守农业部长指定的被许可的种植面积分配和其他条件，则符合价格支持计划条件。

1949 年农业法案中的分配和配额要求的一个例子可以以水稻为例来说明。政府基于过去五年农产品的国家平均产量设定了水稻种植总面积。根据过去的生产和分配种植历史，农民得到总种植分配中的份额。如果预计实际产量将超过正常产量 10%，农业部长就实施销售配额，农民要服从三分之二的农业生产者全体投票的结果。其他基本农产品计划在类似规定下运作。随后的农业立法继续根据过去的种植面积和产量生产历史提供价格支持。

1949 年，关于农产品进出口的国际协议取得了进展。1949 年的《国际小麦协议》（International Wheat Agreement）涉及 41 个（另一说法为 46 个）国家设定世界小麦价格的条约（Golay 1950）。进口国有权以 1.80 美元 / 蒲式耳的价格购买固定数量的小麦，出口商受到政府 1.50 美元 / 蒲式耳的补贴价格保护，美国小麦出口商还得到了国内价格与国际价格之间差额的补贴。[16]

早期农业法案监管供给和价格

直到现代，美国农业部长在设定贷款利率、支付、拨款、计划条例和其他要求时仍拥有很大的自由裁量权。在早期的农业法案中，美国国会设定了农业部长可以决定的计划要求范围，实施的具体细节往往留给美国农业部。进入 20 世纪，国会拥有更少的自由裁量权和对规划参数的更多控制。[17]

自 1949 年以来，美国国会通过了一系列农业法案，以增改 1938 年、1948 年和 1949 年永久性立法的规定。这些法案中使用的主要立法机制旨在支持价格和调节供给。从经济学角度看，高于市场出清水平的支持价格会产生剩余。供给控制措施也包括在内，因为价格在市场出清水平以上得到支持。农产品的生产"分配"和（或）销售配额是必要的，以防止剩余影响市场。

1954 年《农业法案》(PL83-690)

1953 年和 1954 年的农产品价格下跌重启了关于是否需要控制农产品剩余和农业生产规模的辩论。关于农产品剩余，科克伦（Cochrane）指出，"在 20 世纪 50 年代，农业总产量增加了大约 2.5%，而美国总人口每年增长 1.8%"（Cochrane 2003，45）。作为回应，1954 年《农业法案》授权给农产品信贷公司存货储备并对其重新授权了价格支持。农产品信贷公司对农产品剩余的处置通过销售、捐赠、战略物资易货、学校午餐捐赠和其他食品援助计划以及国际食品计划如"公法 480"（Public Law 480）得以实现。[18]

1949 年《农业法案》在 1954 年得到修正，旨在调整基本农产品，包括乳制品的平价支持水平，将爱尔兰土豆从农产品支持清单中删除。通过修正 1938 年《农业调整法案》，对计算所选择的基本农作物的平均正常产量和面积分配方法进行了调整。1954 年《农业法案》授权美国大使馆的农业附属公司（Agricultural Attaches at US Embassies），以鼓励和促进它们在国外销售美国农产品，并修改了1937 年关于销售规则和协议的规定，将其限制在特定农产品上和特定区域内。

羊毛和马海毛

在 1954 年《农业法案》中，羊毛被确定为"基本和战略农产品"。[19]
1954 年《农业法案》第五章第 701 条被命名为《国家羊毛法案》（National Wool Act）。1955—1959 年，该法案通过农产品信贷公司的贷款、购买和其他方式对羊毛和马海毛提供价格支持计划。随后的立法扩大了对羊毛和马海毛支持的授权，直到 1993 年《国家羊毛法案修正案》（Amendments to the National Wool Act）（PL103-130）减少并随后取消了支付授权。2002 年农业法案恢复了羊毛和马海毛的贷款支付计划。

1956 年《农业法案》（PL84-540）

随着技术进步，农业剩余在 20 世纪 50 年代末继续大量积累。因此，农业政策主要关注农产品剩余的处理。哈德维格（Hadwiger）和塔尔博特（Talbot）（1965）引用农业部长奥维尔·弗里曼（Orville Freeman）的话说，过剩小麦、棉花和饲料谷物的储存和处理成本每年为 10 亿美元，联邦预算成本和是否继续实行农业计划成为国会和政府争论的问题。[20]

1956 年《农业法案》建立了土地休耕补贴制计划（Soil Bank Program），主要作为控制农产品剩余产量的方法，但也与土壤贫瘠和侵蚀相关。土地休耕补贴制向农业生产者提供补偿，通过将这些面积放入"种植面积储备"以减少种植面积，使其低于他们的种植分配额。农业部长在与农民签订的合同中确定储备的条款。

对参与种植面积储备计划的补偿通过发放现金或同等价值的粮食可转让证书实现（PL540 第 105 条）。法案第 380 条规定了对特定数量（以美元计价）的农产品发放水稻"证书"，并在土地主、租户和佃农之间共享证书，"按照同一比例分享农场生产的水稻"。为了减少库存，农产品信贷公司根据第 201 条被授权"在与主管部门保持一致的前提下尽快实现价格支持计划的运作、有序清算以及处理持有的所有农产品库存"。1956 年法案的第 202 条和第 203 条专门用于增加棉花出口，作为处理剩余棉花的一种方式。供给问题和从那时开发的政策解决方案在未来的农业计划中将继续存在。

1956 年农业法案的第 105 条包括一项食品券计划。根据 1956 年《农业法案》，农业部长本森奉命"在本法案颁布后 90 天内"提出关于额外立法来完成农产品剩余处理的建议，包括"通过国家分配的食品券计划或类似计划"。1959 年，在国会议员利奥诺·沙利文（Leonor Sullivan）的"要求"下，拨款被包含在食品券计划中（虽然当时不是强制性的）（PL86–341，参见 Talbot 1961）。

1956 年农业法案的第 107 条授权环保休耕计划（Conservation Reserve Program）作为一个长期的土地休耕计划。合同的签订年限不少于三年，最多十年。合同规定向农民支付土地的现行现金租金费用，以在该土地上建立保护性植被覆盖。有一个例外，如果土地用来植树，十年的限制可延长至十五年。环保休耕计划的土地不允许重新分配种植面积。保护佃农和租户免于被迫离开土地的情况在法案的第 122 条中有详细规定。

总结

贝内迪克特和鲍尔（Bauer）在 1960 年总结从第一次世界大战开始的 20 世纪上半叶时说：

> 我们现在有土地休耕补贴制计划，而不是 1936 年的保护计划；我们卖出外币，而不是进行直接的出口补贴；我们有一个农产品信贷公司，而不是一系列农业委员会式的稳定公司。与传统工具相比，这些新工具具有明显优势，但如果不对它们进行修改与改进，那么它们在原则上与传统工具就没有多大区别了。

如果想要消除批评，当解释政府在这段时间起草农业立法的行动时，就必须考虑到大萧条的历史背景、自然灾害和战争。

永久性立法提供的法律今天仍然有效，后来的每一个农业法案都在特定时间内暂时不讨论或重申永久性立法的条款。换句话说，在每个农业法案期满后，永久性立法的条款将被授权实施。

这一时期的立法为今天的食品和营养计划、农产品计划以及耕地保护计划树立了先例。实施出口支持的目标是增加农场收入和减少供给，为了实现这些目标，要将农民承诺遵守的分配和销售配额与价格支持政策相挂钩。

在主要是为了应对"肮脏的 30 年代"的农业政策完善过程中，在保护措施的指导下，保护计划得以实施，主要目的是保护土壤、水源、野生动物和贸易。随着时间推移，这些保护措施越来越重要。

附录：双价格计划——麦克纳里 – 豪根法案

如上所述，五份麦克纳里 – 豪根法案得到了起草。其中两份在国会获得通过，但被总统否决。总统库利奇否决了第五份麦克纳里 – 豪根法案，并提出了六项反对意见，包括：农产品剩余；价格管制；增加了税负；加重了官僚作风，使美国在国际市场上缺乏竞争力；因鼓励单一品种种植而可能导致环境危害；不公平地伤害不能得到价格支持的农产品生产者；等等。

尽管没有通过，但这还是能够说明麦克纳里 – 豪根法案的潜在影响。像英国《谷物法》一样，基本前提是，如果国内农产品价格低于国际价格，国内价格将通过农业委员会的购买而得到支持（国际价格加关税）。如果国际价格低于支持价格，则原因是农产品的过度供给，解决方法是扩大市场需求。

麦克纳里 – 豪根法案的第一个具体化是要求以美元和临时凭证支付，临时凭证是农产品证书的前身。基本农产品的国内支持价格将基于它们各自的平价。发行美元以支付国际价格，发行临时凭证以弥补（国内价格）支持水平与国际价格之间的差额。农产品购买者以现金或凭证的形式向农民支付，凭证不能立即赎回，但可以在其价值基于国际销售的损失确定后赎回。麦克纳里 – 豪根法案后来的具体化形式是以向农产品生产者收取均衡费用（税收或补贴费用）来代替凭证支付。均衡费用的数额由农业委员会（公司）根据以国际价格出售农产品所产生的损失确定。

正如我们在前面的章节中所讨论的，高于均衡价格的补贴价格鼓励农业生产者过度生产，结果是农产品剩余累积。对于买方或加工商来说，（可能）以较低的国际价格获得进口农产品供给将降低成本，并且将提供一个有吸引力的替代品。然而，像英国的《谷物法》一样，关税保护国内农业生产免受廉价进口的取代，因此买方或进口商看不到进口农产品的好处。

图 6.1A 说明了 20 世纪 20 年代麦克纳里 – 豪根法案中"双价格计划"的预期结果。如果没有两个价格计划，农业生产者将在 Qd1 的产量上生产，而实施了价格计划之后，农业生产者愿意在支持价格 P1 下将产量增加到 Qd2。Qd1–Qd2 的国内剩余将必须在国际市场上以价格 P* 销售，农民产生的凭证必须由买方支付。在一种情况下，这种"税收"增加了买方成本并减少了他们的收入。买方收入的变化会使需求曲线向左移，使他们以国内支持价格购买的数量减少到 Qd3，然后累积的农产品剩余增加到 Qd2–Qd3。

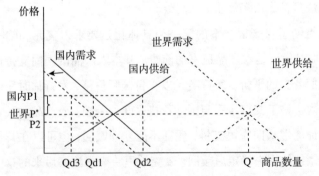

图 6.1A　麦克纳里 – 豪根法案引起的购买者需求变动

尽管在图中是静态的，但 P1 和 P* 实际上会随着时间的变化而变化。其他情况包括向农民"传递"价格 P2，这需要对买方或加工商征收更高的税使他们的需求曲线进一步移动。替代效应和收入效应也会发生。加工项目的成本也可以传递给消费者。

超额供给量将根据天气和国际条件而变化。对于一种正常农产品来说，对买方收入的负面影响往往会使其需求曲线向左移动，这同存在正向的替代效应一样。

后果

根据麦克纳里–豪根法案，在销售期结束时，海外销售的平均损失将被计算在内，并作为农产品加工商或购买者的税收分配。将这些成本传递给消费者将有可能导致其他食品和饲料的替代，最终会对农产品生产者、购买者或加工商以及消费者造成负面影响。美国的进口限制也会导致其他国家的报复性措施，例如对美国出口产品的限制或者旨在减少美国农业政策对本国国内市场的影响而实施的反补贴政策。

保持国内农产品的较高价格和使廉价进口农产品远离美国的关键是实行关税保护。由于国内价格高于国际价格，因此，需要一个处理由此产生的国内剩余农产品的计划，比如出口补贴。1928 年，"出口债券计划"（Export Debenture Plan）出台，允许给予出口商而不是农民补贴，即为农产品的美国购买价格及其国际价格之间的差额提供补贴。虽然 1928 年债券计划没有通过，但它确实为未来的出口补贴计划奠定了基础。

虽然麦克纳里–豪根法案的税收（加工费）理念被拒绝，但它确立了未来农业计划的基础。1929 年，通过了一项农业销售法案，包含了早期农业法案中关于稳定公司（联邦农业委员会）的概念。1933

年《农业调整法案》包含的许多要素第一次引入到麦克纳里－豪根法案中。

1930 年《关税法案》和 1934 年《互惠贸易协定法案》

1930 年的《斯穆特－霍利关税法案》(Smoot-Hawley Tariff Act) 或称《霍利－斯穆特关税法案》(Hawley-Smoot Tariff Act) 将已经很高的美国的保护性关税税率又提高了一块。最初旨在通过对进口农产品征收关税来帮助农民，但后来其他行业也扩大了立法范围，几乎涵盖了所有类别的进口。今天，这个农业法案被认为是一个重大错误。1931 年，在农业部长海德提交给总统的报告中列出了三个支持提高关税的观点：一是国际市场没有国内市场那样重要；二是国际市场竞争日益激烈，有必要对提高美国产品进口关税的国家进行报复；三是关税有助于平衡农产品的供求关系，因为国内农业生产需要关税保护而不是依赖进口。

日益加深的大萧条，以及认为关税是贸易壁垒，导致 1934 年出台了《互惠贸易协定法案》，该法案授予总统进行贸易协定的谈判并最多可降低关税达 50% 的权利。烟草和水果被认为是最有可能从国际贸易中受益的产品，棉花预期收益最少。

如图 6.2A 所示，在不考虑任何其他保护措施的情况下，政府的（P1–P*）关税保护将补贴国内农产品价格。进口减少可能使供给曲线向左移动。美国受保护的农产品总供给将减少。像英国《谷物法》一样，购买者和消费者不得不向受保护的农产品支付更高的价格。如果不是通过收入效应，而是通过没有关税保护的农产品替代，可以预期对关税较高的农产品需求会减少（需求曲线向左移动）。这可能抵消关税保护对国内农产品价格的影响。

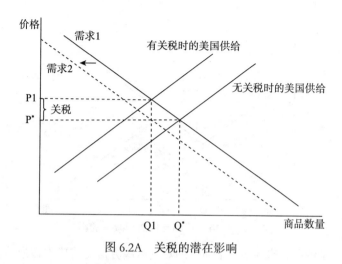

图 6.2A 关税的潜在影响

1933 年《农业调整法案》政策

1933 年《农业调整法案》实施了旨在支持价格和控制农业生产过剩的计划。由于农业衰退，农产品贷款计划也被包括在内。1933 年《农业调整法案》还包括用通过加工税所提供的资金和农民接受种植面积限制的要求以换取价格支持。

当国际价格低于法定价格时，生产者在给定的稳定需求下，有动力去更多地生产，从而积累更多剩余。将支付与农民协议相结合以减少种植面积，理论上将使生产恢复与需求相平衡，如图 6.3A所示。

但这一方法也存在问题。如果农产品加工商（购买者）通过向农民支付更少的费用或向消费者收取更多的费用来传递农产品价格上涨，则可以避免因征收加工税而造成的净收入下降。从长期看，向农民支付更少费用可能增加面积减少所提高的价格幅度，然而潜在的结果是加工税至少在短期内会增加。

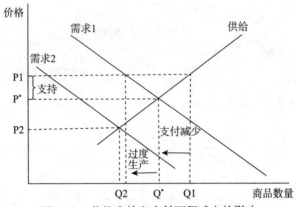

图 6.3A　价格支持和支付面积减少的影响

对于购买者来说，一个简单的短期解决方法是将成本传递给消费者。这样做的可能性将取决于需求弹性，并有可能导致通货膨胀。替代效应将减少农产品需求，同时增加对替代产品的需求。以更高成本转嫁给消费者也会产生负收入效应，导致需求减少，市场均衡可以远低于 P* 的价格和产量 Q* 上恢复。有可能出现的是，在给定替代效应和收入效应的条件下，为了维持所期望的价格支持水平，需要对加工者征收远高于预期的税收。

通过种植分配和销售配额施加的种植面积和销售限制在图 6.3A 中反映为从 Q1 减少到 Q*。这些限制可以解决过度生产问题，同时支持生产者的农产品价格 P1。然而，这些限制也有局限性。

仅仅限制农业生产者在固定数量的土地面积上种植不能解决过度生产问题。农业生产者可以通过改变施肥、植物种群或其他因素来增加固定种植面积上的产量。配合种植面积分配使用的市场配额被用来限制农业生产者向市场提供的农产品数量，但这也存在问题，比如农民的欺骗和农产品黑市。

消费者抵制

以较高价格的形式将增加的生产成本传递给消费者已经遭受了强烈抵制。对农产品高价的一种反应是消费者的联合抵制，包括用其他农产品完全替代高价农产品。农业中消费者联合抵制的例子很多，比如，1902 年的犹太牛肉抵制，20 世纪 70 年代的肉类、牛奶、糖和咖啡抵制，2010 年阿根廷的牛肉抵制等。当抵制完全有效时，被抵制农产品的需求可以降低为零，但在实际生活中这种情况很少出现。

后果

在永久性立法的支持下，从 1933 年到现在出现了各种形式的配额、价格支持和分配政策。美国最高法院发布文件要求修改 1933 年《农业调整法案》，取消加工税，这导致了永久性立法和对平价的依赖。尽管农业信贷增加，并且在 20 世纪 30 年代和 20 世纪 40 年代还出台了其他农业支持计划，但美国农场的数量不断减少。然而，在没有相应的需求增长的情况下，农场的平均规模和销售额不断扩大。尽管农民数量减少，每英亩的农业生产率却不断提升，这主要是由于技术进步。

试图控制农产品剩余和提高农产品价格的农业政策大部分都失败了，然而，战争和恶劣天气有时帮助实现了减少农产品供给的目标，它们对农业政策修改的影响可以通过因沙尘暴而实施的保护政策和在二战期间实施的配给政策来说明。

当需要在分配的土地内种植时，农民倾向于休耕最差的土地，并向正在种植的土地增加额外的要素投入而使产量增加。销售配额未能控制农产品剩余，但却为农业生产者提供了收入和价格保障。

从早期农业计划中我们获得的经验教训是，不确定的经济后果是可以被预测的。在制定和实施农业政策时，应当考虑对农业生产者、加工者和消费者的供求影响，并且分析可能的后果。

讨论

1. 麦克纳里 – 豪根法案的 "双价格计划" 是什么？

2. 是非题：联邦农业委员会被授权稳定农产品价格，但不控制农业生产。

3. 是非题：麦克纳里 – 豪根法案是最早成为法律的农业立法。

4. 为什么美国于 1933 年创建了水土流失服务局？

5. 20 世纪初期的关税保护对农业贸易有着怎样的影响？

6. 1933 年《农业调整法案》将哪些农产品视为 "基本" 农产品？

7. 农产品信贷公司是作为 1933 年《农业调整法案》的一部分而成立的吗？

8. 1934 年农业部长提交给总统的报告中列出哪两个因素导致了农产品低价？

9. 什么是 "销售协议"？

10. 什么是 "销售配额"？

11. 什么是 "种植面积分配"？

12. 是非题：干旱尘暴区被用于储存剩余农产品。

13. 有哪些观点支持了 1930 年《关税法案》的通过？

14. 1934 年《互惠贸易协定法案》的经济学理由是什么？

15. 什么政策被用来试图控制 1933 年《农业调整法案》下的乳品生产？

16. 是非题：根据 1933 年《农业调整法案》，剩余农产品被分发给失业者。

17. 是非题：期货市场投机不是 20 世纪的问题。

18. 什么是"平价"？

19. "常平仓贮"是什么？

20. 是非题：食品券计划开始于 1939 年。

21. "销售规则"和"销售协议"的主要区别是什么？

22. 农业生产者投票对于创建销售规则是必要的吗？

23. 哪三种法案构成了"永久性立法"？

24. 是非题：1949 年《农业法案》取消了对"基本"和"非基本"农产品的平价支持。

25.1949 年《国际小麦协定》的规定有哪些？

26. 是非题：《现代农业法案》暂时搁置或修改了永久性立法的规定吗。

27.1954 年《农业法案》使用什么政策来处理农产品剩余？

28. 是非题：农产品剩余在 1956 年不再是一个问题了。

29.1956 年土地休耕补贴制计划的目标是什么？

30.1956 年环保休耕计划的主要规定有哪些？

参考文献

Agricultural Marketing Service USDA. http://www.ams.usda.gov/AMSvl.0/FVMarketing
　　OrderLandingPage [accessed November 5, 2014].

Becker, Geoffrey S. 2006, November 28. "Farm and Food Support Under USDA's Section
　　32 Program." CRS Report for Congress, Order Code RS 20235.

Benedict, Murray R. 1955. *Can We Solve the Farm Problem?* New York: The Twentieth

Century Fund, Inc.

Benedict, Murray R. 1953. *Farm Policies of the United States, 1790–1950*. New York: The Twentieth Century Fund, Inc.

Benedict, Murray and Elizabeth K. Bauer. 1960. "Farm Surpluses US Burden or World Asset?" University of California, Division of Agricultural Sciences.

Canada, Carol. 2005, March 29. "Farm Commodity Programs: Wool and Mohair." CRS Report for Congress, Order Code RS 20896.

Cochrane, Willard W. 2003. *The Curse of American Agricultural Abundance: A Sustainable Solution*. Lincoln: University of Nebraska Press.

Cochrane, Willard W. 1997. "The New Deal and the Evolution of Farm Policy." *Southern Business and Economic Journal* 21: 19–33.

Egan, Timothy. 2006. *The Worst Hard Time, The Untold Story of Those Who Survived the Great American Dust Bowl*. Boston, MA: Houghton Mifflin Company.

Fite, Gilbert C. 1960. "The McNary-Haugen Episode and the Triple-A." *Journal of Farm Economics* 42:1084–93.

Golay, Frank H. 1950. "The International Wheat Agreement of 1949." *Quarterly Journal of Economics* 64: 442–63.

Hadwiger, Don F. and Ross B. Talbot. 1965. *Pressures and Protests, The Kennedy Farm Program and the Wheat Referendum of 1963*. San Francisco, CA: Chandler Publishing Co.

Halcrow, Harold G., Robert G.F. Spitze and Joyce E. Allen-Smith. 1994. *Food and Agricultural Policy Economics and Politics*, 2nd edition. New York: McGraw-Hill, Inc.

Hyde, Arthur M. 1930. "The Year in Agriculture, The Secretary's Report to the President." *United State Department of Agriculture Yearbook 1930*. Washington, DC: Government Printing Office.

Luttrell, Clifton B. 1973. "The Russian Wheat Deal—Hindsight vs Foresight." Federal Reserve Bank of St. Louis. https://www.staff. ncl.ac.uk/david.harvey/MKT3008/RussianOct 1973.pdf [accessed November 5, 2014].

NASS USDA. (n.d.) . "Chapter Four. Parity Price, Parity Ratio and Feed Price Ratios." http://www.nass.usda.gov/Surveys/Guide_to_NASS_Surveys/Prices/Chapter%20Four%20Parity%20and%20Feed%20Price%20Ratios%20v 10.pdf [accessed November5,2014].

National Agricultural Law Center. 2009. "Federal Marketing Orders and Agreements: An Overview." Also see the National Agricultural Law Center for reference to past farm bills and significant other legislation referenced in this chapter. http://www.national-aglawcenter.org/assets/overviews/marketingorders.html [accessed November 5, 2014].

Peek, George N. and Samuel Crowther. 1936. *Why Quit Our Own?* New York: Van Nostrand Company, Inc.

Peek, George N. and Hugh S. Johnson. 1922. *Equality for Agriculture.* Moline, IL: H.W. Harington.

"Science: Chemurgy: 1943." 1943, April 12. *Time.* http://content.time.com/time/magazine/article/0,9171,802637,00.html [accessed November 5, 2014].

Stokdyk, E.A. and Charles H. West. 1930. *The Farm Board.* New York: The Macmillan Company.

Talbot, Ross B. 1961. "Farm Legislation in the 86th Congress." *Journal of Farm Economics* 43: 582–605.

"The Year in Agriculture." Various years 1930–37. *United State Department of Agriculture Yearbook.* Washington, DC: Government Printing Office.

USDA Food and Nutrition Service. 2013. "Supplemental Nutrition Assistance Program (SNAP): A Short History of SNAP." http://www.fns.usda.gov/snap/short-history-snap[accessed November 5, 2014].

Womach, Jasper. 2005, June. "Agriculture: A Glossary of Terms, Programs, and Laws,2005 Edition" CRS Report for Congress, Order Code 97–905.

第七章 20世纪60—80年代中期——
向现代农业法案过渡

预算、出口、环境问题和农业危机

从20世纪60年代到80年代中期,是美国农业政策逐步完善的关键时期,推动有关农业政策的讨论进入21世纪的问题就是在这一时期形成的。几乎所有的农业制度安排都是以自愿为基础的,但却有越来越多的人认为是被"规范"的。具有讽刺意味的是,几乎所有参与农场计划和管理的人都希望简单易行,但利益集团却需要更具体、更复杂的规则和豁免条款。农业立法的关键部分得以轻易通过,表明了社会公众对农业政策的支持和农业利益集团日益增长的权力。

在20世纪60年代到80年代中期,农产品计划大都与农产品剩余的减少有关。分配和配额逐渐被大多数农产品淘汰。农业政策的特点是"高价格支持、生产规模控制和出口补贴等相结合"(Knutson 1982, 146)。20世纪70年,代出口市场扩大和储存计划使农业供给接近需求。20世纪70年代,美国经济经历了增长停滞和通货膨胀,即滞胀。中东石油禁运导致投入成本上升,从1967年到1980年农产品价格指数上涨了 192%（*Agricultural Fact Book* 1981）。主要因土地价值膨胀而导致的资产价值和农业借贷的膨胀，在 20 世纪 80 年代伴随着投机性土地泡沫的破裂而引发了一场农业危机。在宏观经济中，对联邦政府赤字的关注导致了基于滴漏理论（Trickle-Down）的政策，这被称为"里根经济学"（Reaganomics）。美国政府颁布了《格拉姆－拉德曼－霍林斯法案》（Gramm-Rudman-Hollings Acts）（赤字削减法案）以控制联邦支出，包括控制政府农业项目支出。

关于空气和水的环境问题变得越来越重要，污染成为社会关注的问题。1962 年，雷切尔·卡森（Rachel Carson）在《寂静之春》（*Silent Spring*）一书中强调了杀虫剂的负面影响。这本书不仅影响了社会公众，也影响了环境政策的制定和实施，非常类似于《丛林》一书对 20 世纪初食品安全政策的影响。

自启动以来，食品券计划已经过分析、组织、实施和到期等过程，普遍的共识是，食品券计划有利于农产品销售，也有利于贫困群体。1961 年，肯尼迪政府再次提出了这个计划。

20 世纪 60 年代的农业立法

虽然 20 世纪大多数的农业立法都有三到六年的期限，但是，20 世纪 60 年代的标志是年度法案，以解决由快速发展变化所引起的各种问题，包括农产品过剩、不稳定的全球市场、预算问题和环境污染等。在这十年间，有五个农业法案相继出台。

1961 年《农业法案》（PL87-128）

这段时间开始向更加现代化的农业计划过渡，主要是为了应对农产品剩余和日益增长的联邦储存和处理成本，特别是与小麦有关的成本。关于这个法案，西格尔（Siegel 1986）提出：

> 1961 年《农业法案》设立了一个一年期的计划，以减少
> 农业生产规模。充足和慷慨的直接支付取代了价格支持，标
> 志着农民收入增长的方式发生了很大变化。这为 20 世纪 70
> 年代农业立法的创新打下了基础。

（Siegel 1986，365）

1962 年《食品和农业法案》（PL87–703）

1962 年《食品和农业法案》（Food and Agricultural Act）继续
了农产品计划的演进，包括了许多重要的保护条款。然而，农产品剩
余和随之而来的联邦预算支持仍然是主要关注。种植面积转移计划
（Acreage Diversion Program）帮助农民出于价格保护的目的而进行
土地休耕。

1962 年法案重新设定了平价率。对于饲料谷物（玉米、高粱和
大麦），1949 年《农业法案》的平价率被降低（1963 年不低于平价
的 65%，从 1964 农作物年开始不低于平价的 50% 且不高于平价的
90%）。支持支付是根据 1963 年的种植面积和 1959 年、1960 年的平
均产量指定的，支付要在农业生产者参与种植面积转移计划的条件下
进行。使用种植面积和平均产量将令农产品支持政策从永久性立法的
分配和配额措施转变为基于每个农场层面的"基本"面积和历史产量
的概念——"基本"面积以先前生产面积为依据。虽然畜牧业很少成
为农业法案的焦点，但 1962 年（第 332 条）和 1965 年（第 501 条）
农业法案都包括了调整供给控制以确保充足的牲畜饲料（牲畜定义
中"包括家禽"）。

农产品剩余仍然是一个问题。[1]1962年农业法案授权的1963年价格支持的一部分是"实物支付",以帮助减少农产品信贷公司的库存。美国政府发行了以美元计价的可转让证书,允许从农产品信贷公司库存中赎回玉米、高粱和大麦。"对玉米18美分/蒲式耳的支持价格,对高粱和大麦支持价格的一部分"被认为是实物支付(PL87-703第301条)。

专门用于保护的土地不能获得农作物支持支付。1959年和1960年的环保储备土地被限制在平均种植土地的20%或25英亩,以较大者为准。然而,实物支付授权将另外30%的土地转用于保护用途。这有助于实现减少剩余,保护土壤、水和野生动物的目标。

在农业部长的允许下,转移的种植面积可以用于油籽的生产。支付额是未种植土地保护费的一半,或者是农业部长认为公平合理的支付额。

1962年农业法案对1938年《农业调整法案》中的小麦分配条款进行了修正,只有在小麦生产者全体投票认可后才生效。小麦价格支持是未来将会实施的不足支付的前身,它向小麦生产地区的"合作者"提供了全国平均价格与2美元/蒲式耳之间的差额。[2]虽然玉米、高粱和大麦的具体细节有所不同,但也向"合作者"("非参与的生产者")提供了小麦实物支付计划,最高支持价格为1.82美元/蒲式耳。

尽管饲料谷物计划发生了变化,但是,在美国农业部所指定的小麦生产地区种植的生产者需要批准销售配额,并遵守面积转移计划,才有资格获得2.00美元的支持价格。然而,销售配额未被种植者批准,因此,与小麦相关的法案没有生效(Hadwiger and Talbot 1965)。

1964年《农业法案》(PL 88-297)

1964年《农业法案》涉及棉花和小麦,授权"向生产者以外的人"提供棉花实物支付，并希望向生产者提供一个种植面积分配计划。法案授权支持款项，并为"那些农场用于收获陆地棉的种植土地面积不超过国内农场分配种植面积的合作者"，建立 1964 年和 1965 年农作物的国内面积配额（PL88–297 第 103（b）条）。分配计划随着农产品计划支付而增加，但只有在农业生产者批准销售配额时才有效。

1964 年《食品券法案》（PL 88–525）

联邦食品券计划的早期研究和试点计划发现，它增加了农产品的销售。这在一定程度上为 1964 年《食品券法案》（Food Stamp Act）的通过提供了动力。虽然农业立法已经变得比较全面，包括食品券和营养计划，但 1964 年《食品券法案》是一个独立的法案。该法案的目的是"保护社会公众的健康福祉，提高低收入家庭的营养水平"（http://www.answers.com/topic/food-stamp-act-of-1964）。

联邦资金将发放给各州，各州设定自己对民众是否可以参与食品券计划的要求。然而，各州要求需要符合联邦准则，联邦的资格准则是基于食品券申请人的收入，符合条件的家庭将被收取已发行优惠券面值一定比例的费用。该法案经 1977 年《食品券法案》修正，取消了对家庭购买的要求。

1965 年《粮食和农业法案》（PL 89–321）

1964 年和 1965 年农业法案都提到把保护出口市场和保证充足的动物食品。虽然过渡期开始较早，但 1965 年通过的法案看起来更像是现代的（综合的）农业法案，该法案有八个名称和一个四年的农产品计划支付授权。实物支付计划授权证书，可兑换为农产品信贷公司农产品。曾参与开始于 1961 年农业法案的土地面积转移计划是生产者获得饲料谷物支付所必需的条件。与 1962 年农业法案中转移土地面积一样，1965 年农业法案允许转移的土地面积用于环保用途或种植油料作物（将获得一个减少的支持支付率）。[3] 高达 50% 的高级计划支付也被授权给那些参与饲料谷物计划的人。高级支付是为了给农民提供所需的流动性，为未来的生产季节提供资金。

政府向棉花生产者提供了一个国家出口市场土地面积储备项目，如果他们愿意放弃价格支持支付并提供"出口"债券，就允许他们种植超过分配计划的土地面积。储备数量根据国家棉花留存量而变化。国内棉花种植面积分配和转移土地支付是为 1966—1969 年的农作物设置的。对种植分配的价格支持是基于"在一英寸之内的陆地棉"的国际价格的 90%，以及 21 美分 / 磅的全国平均贷款利率。

分配具有价值，并可以在一个县内"转移"，但不能转移到另一个州。在同一州的各县之间的转移，只有在县内农业生产者投票批准后才被允许，转移分配也需要这些生产者参与全民投票。此外，棉花种植面积可以被用来交换水稻面积分配。

1965 年农业法案取消了 1966—1969 年小麦年度销售配额要求，但需要进行土地面积分配，这与销售配额"等价"（第 501 条）。小麦生产者可以出卖他们所生产的农作物，但在种植面积上受到限制。

1965 年农业法案的"耕地调整"部分（第 601 条）废除了 1956 年《土地休耕补贴制法案》（Soil Bank Act），但批准了具有更多要求的类似计划。第 601 条授权向农业生产者支付，将五至十年的农作物生产面积转用于无耕、休耕或环保用途，其目的是减少农业项目成本，帮助农民将其土地从基本农作物生产转为非农业用途，以促进环境保护、野生动物生长、森林的培育和娱乐用途的开发。这一改进为 20 世纪 80 年代和 90 年代推出更多的实质性保护计划奠定了基础。

补贴性支付和目标价格

由于计划支付基于目标价格，支持性支付逐渐演变为一种"赤字"支付。目标价格反映了农作物生产成本。如果设定的目标价格与农产品信贷公司贷款利率和市场价格二者的较高者之间的差额为负数，政府就向农业生产者提供补贴性支付，以弥补该差额。使用补贴性支付的理念是更紧密地与市场供求相联系。

1970 年《农业法案》（PL 91–524）

1970 年《农业法案》在尼克松（Nixon）政府期间通过，被认为是对以前农业计划的微调，这个法案包含九个法令。[4]在农业部长的决定下实施休耕，以减少农产品剩余。一个人可以获得的计划支付的数额受到了支付限制。对小麦、饲料谷物和棉花设立了"个人有权获得的"计划支付限额。1971—1973 年农作物获得美国农业部资金的人均限额不得超过 55,000 美元。实施支付限额的原因包括试图限制联邦预算风险和国会想避免为各家农场合并为更大的农场提供资金（Wamach 2002）。价格支持、休耕、转移、公共支付和销售证书都计入了支付限制，但"贷款和购买"却没有。对"个人"的定义留给了农业部长，排除了拥有土地的政府实体（州、地方、联邦）。[5]

1970 年《农业法案》对乳制品计划进行了调整，包括乳制品赔偿计划（Dairy Indemnity Program，DIP）。乳制品赔偿计划向奶农和乳制品生产商提供支付，他们"自己没有过错"，但牛奶或乳制品因农药、化学品和其他有毒却被联邦政府批准使用的物质的污染而被禁止进入流通。[6]I 类（流体）牛奶销售订单延长至 1976 年 12 月，农业部长将价格支持水平定为平价的 75%—90%。[7]

1970 年《农业法案》修正了 1954 年的《国家羊毛法案》，授权向羊毛和马海毛计划支付。羊毛获得的支持价格为 72 美分 / 磅，马海毛则为 80.2 美分 / 磅。

对小麦的农业分配和休耕仍然继续存在。为确保小麦的充足供给和价格稳定，农业政策需要考虑如何决定休耕的数量。如果农业生产者允许社会公众在休耕土地上捕猎、捕鱼、钓鱼或远足，则允许种植对小麦、棉花和饲料谷物的土地进行"公共使用支付"。休耕土地必须专门用于保护用途，但如果出于供给、留存和价格稳定需要，农业部长可决定将其用于种植油料作物和甜高粱。

如果农民没有种植他们所分配到的土地或饲料谷物基期地的90%，国内小麦和棉花配给土地及饲料谷物支付土地可能会减少或丧失（第 402 条和第 501 条）。自然灾害可以得到豁免。棉花配给的土地可以种植大豆、小麦或饲料谷物，或转移给其他农场，但这些只有在出现灾害的情况下才被允许。

根据 1964 年关于小麦的规定，1970 年《农业法案》对饲料谷物设立了补贴性支付。除规定了贷款利率以外，该法案还批准了对玉米、高粱和大麦（如果农业部长指定）的额外支付：

> 玉米的支付率应当与农作物销售年度前五个月农民获得的玉米的国家平均市场价格一样，农业部长决定的支付率不会低于（A）1.35 美元 / 蒲式耳或（B）销售年度开始时的平价价格的 70% 二者中的较高者。

（第 501（b）（1）条）

支付额根据农场面积的 50% 和之前农作物年产量授权。农业部长参照玉米的价格设定高粱和大麦的价格。

为了反映今天的地役权和储备计划，向那些已退休但仍然依靠农业生活的人授予长期土地退休金。1970 年《农业法案》修订了《土壤保护和国内分配法案》，规定将退出生产的土地用于非农业目的，比如增加野生动物栖息地（第 801 条）。农业部长被授权使用"广告招标程序"选择土地参与这个农田退耕计划。这一退耕计划被期望将解决农产品产能过剩问题。

1970 年《农业法案》的其他规定还包括一项农村发展法令，授权向各州提供援助，以帮助农村地区发展。该项立法还要求农业部长报告赠地大学在通过推广机构和其他农业机构提供这种援助上所发挥的作用。

联邦环境立法

20 世纪 70 年代社会公众的主要关注点是环境问题。这一时期联邦政府监管职能的扩大主要缘于农民对联邦监管和环境保护署（EPA）的不满。

1970 年《清洁空气法案》（PL 91–604）

从 1955 年《空气污染控制法案》（Air Pollution Control Act）（PL 84–159）开始，1970 年《清洁空气法案》（Clean Air Act）之前有六个立法来管理空气质量。1970 年农业法案及其后的修正案的影响是授权环境保护署通过实施国家空气质量标准来保护环境。对于农业部门来说，这意味着对谷物收割机、轧棉机、饲养场和其他农业机构的灰尘以及其他排放实施环境保护署监管。[8]这还意味着禁止消耗臭氧和造成空气污染的化学品，比如甲基溴。

1972 年《清洁水法案》(PL 92–500)

1972 年《清洁水法案》(Clean Water Act) 遵循了 1948 年《联邦水污染控制法案》(Federal Water Pollution Control Act)(PL 80–845),为州和地方政府提供资金以获取 "解决水污染问题的技术援助" 并 "开展研究"。根据国会研究服务报告,"水污染被认为是地方问题,比如一个州的问题,因此,没有来自联邦政府的要求、限制甚至是指导方针"(Bearden 2011,3)。虽然 1948 年农业法案经过多次修订,但 1972 年农业法案对限制动物饲养产生了重大影响,这使得一个人在没有许可证或没有考虑到从点源到面源的污染传递的情况下将任何污染物从点源排放到通航水域都是非法的(http:// www.epa.gov/lawsregs/laws/cwahistory.html)。在水污染问题上环境保护署建立了监管机构,该法案的不断修订强化了这一机构。

研究与推广

赠地大学系统的研究、教育和推广活动,均由政府提供资金和拨款支持。在 20 世纪 70 年代,政府要求对这些资金的使用增加问责制度。在 1972 年的《农业推广期刊》(*Journal of Extension Article*)上,卢茨(Lutz)和斯沃博达(Swoboda)说:

> 对于农业推广来说,公共资金竞争不是什么新鲜事。但是,在国会中失去前盟友来保护推广请求使得每个步骤都变得越来越困难。农业推广的支持者正在被以城市为导向的代表取代,他们的客户除了那些传统上由农业合作推广机构满

足的需求外还有一些具体需求。

（ Lutz and Swoboda 1972,45 ）

这一批评如果是今天写的，也会同样适用。在肯尼迪政府时期，对国防部问责制度的要求升级，并蔓延到所有联邦机构。出现的一个结果是农业推广管理信息系统（EMIS）和州农业推广管理信息系统（SEMIS）的报告系统的实施。

1973 年《农业和消费者保护法案》（ PL 93-86 ）

1973 年《农业和消费者保护法案》（ Agricultural and Consumer Protection Act ）（ PL 93-86 ）将允许的政府支付的额度降低到"每人 20,000 美元，但不包括贷款或购买"。另外，法案大多是重新授权 1970 年《农业法案》的农产品计划条款。1973 年农业法案与之前立法相比的变化是取消了 1974—1977 年的小麦销售证书。根据国际价格而不是国内价格，小麦的贷款利率由农业部长在法定的 1.37 美元至平价的 100% 这个范围内确定。事实上的补贴性支付被授权为 2.05 美元 / 蒲式耳（ 1977 年调整的生产成本 ）与农民在销售年度前五个月收到的国家加权平均市场价格和贷款水平二者中较高者之间的差额。农业部长可以允许在除了授权环保使用之外的休耕土地上种植牧草、油籽、甜高粱、燕麦、黑麦"或其他农产品"。

对饲料谷物授权类似于对小麦的贷款和补贴性支付的规定。玉米贷款利率被授权不低于 1.10 美元，或高于平价的 90%。大麦、燕麦、黑麦和高粱的贷款是根据玉米的饲用价值设定的，补贴性支付的计算与小麦相似。1974 年和 1975 年玉米的目标价格为 1.38 美元 / 蒲式

耳，这一价格是 1976 年和 1977 年的生产成本指数，农业部长有自由
裁量权为其他饲料谷物设定目标价值（高粱 2.34 美元 / 百磅、大麦 1
美元 / 蒲式耳）。法律规定允许减少对由于自然灾害导致休耕或产量
下降的小麦和饲料谷物面积的支付。

　　棉花贷款和补贴性支付的规定也与饲料谷物和小麦相似。但是，
农业部长在设定棉花贷款利率上没有自由裁量权。在农业立法中，10
月期棉花贷款的贷款利率从前两年国际平均价格的 90% 调整为过去
三年间国际市场上美国产棉花平均价格的 90%。补贴性支付根据 0.38
美元 / 磅（1974 年、1975 年的目标价格和 1976 年、1977 年的生产
成本指数）与平均年销售价格和贷款利率二者中较高者之间的差额
而授权。在发生棉花生产灾害的情况下，允许做类似于饲料谷物和小
麦的支付率的调整。

　　关于赠地大学的农业研究需要包括确定牲畜损失以及汇报出口
销售额。

　　1973 年农业法案还授权了对棉铃虫和其他的棉花害虫的消灭计
划，以及对不遵守规定的行为进行民事处罚。[9]

1973 年俄罗斯小麦交易

　　1973 年，苏联从美国购买了 4.4 亿蒲式耳小麦。根据联邦储备银
行报告，这一销售量"相当于过去五年中美国小麦平均产量的 30%，
以及在那段时间用于国内食品的小麦的 80% 以上"（Luttrell 1973，
I）。因此，农产品价格上涨了 66%，食品批发价格上涨了 29%。美国
农业部被指责是造成此次食品价格上涨的罪人。美国国会对社会公众
抗议食品价格上涨的反应包括在 1973 年《农业法案》中的第 813 条

"灾害储备"中，要求农业部长保有 7,500 万蒲式耳小麦、饲料谷物和大豆的库存。第 814 条鼓励农民种植通常进口的农作物（在限制面积上种植）。1973 年《农业法案》的第 815 条还包括一些要求农业部长协助农业生产者、加工商和经销商获得"有序价格"，以满足消费者的内容。农业部长被指示执行农业政策，以确保农民在供给短缺时满负荷生产，从而保证"价格的公平合理"。

1973 年《农业法案》修正了《土壤保护和国内分配法案》和 1970 年《水利银行法案》，授权农业部长与土地所有者签订三年、五年或十年合同，以"促进洪泛区、海岸土地和水域的良好利用"。[10] 在合同期间，支付随土地所有者权利转移给政府而被授权，以保护农场、牧场、湿地、森林和野生动物免于被侵蚀、被污染或状况恶化。

食品券第一次进入农业法案，有了自己的法令序列，修订了 1964 年的《食品券法案》。在 1973 年的修订中，食品券的主要变化是允许同样提供食品的药物和酒精治疗中心及老年人护理机构接受食品券。该法案中的营养条款包括农产品分销计划，该计划允许 1935 年《农业调整法案》第 32 条的资金用于购买农产品信贷公司库存中没有的产品（用于分销）。[11]

1977 年《食品和农业法案》（PL 95-113）

1977 年《食品和农业法案》包含 19 条法令。对粮食高价的担忧和国会担心选民对食品价格上涨的批评依然表现在 1977 年农业法案中。在保持以前农业法案的基本农产品支持价格的同时，第 1002 条规定，如果预计供给短缺，例如饲料谷物、小麦、油籽、陆地棉和稻米，应当暂停农产品出口。1977 年法案第十三章修订了 1964 年《食品券法》，并包含了描述贫困者对充足营养的需求和分发国家食品供给以加强农业经济的措辞。农产品剩余问题，国会仍需考虑，但这一问题由于担心食品价格上涨导致短缺而缓和。

支付限制再次按照个人限额列出，但从 1973 年农业法案开始逐渐增加。1974—1977 年，饲料谷物、小麦和陆地棉支付限额上限为每人 20,000 美元，1978 年增加到 40,000 美元，1979 年增加到 45,000 美元，1980 年和 1981 年增加到 50,000 美元。1978 年的水稻支付限额为 52,250 美元，1979 年、1980 年和 1981 年为 50,000 美元。牛奶支持价格设定为平价的 80%，并重新授权乳制品赔偿计划，还为冰淇淋的定义设定了标准。

法案为小麦、玉米、棉花、水稻和大豆设定了贷款利率和目标价格。大麦、燕麦、黑麦和高粱的贷款利率再次根据玉米的饲用价值设定。在向市场做出让步时，农业部长决定根据供给和其他条件授权贷款利率和目标价格。然而，对饲料谷物和小麦设置了"反弹"规定：如果农业部长根据任何给定年份为维持竞争性国内市场和出口市场而降低利率，则贷款利率将反弹到下一年的最小值。1979—1981 年的目标价格根据可变机械所有权和一般农场间接成本的两年平均值进行调整（Johnson and Ericksen 1977）。根据市场条件，农业部长酌情决定是否需要设立休耕土地面积。

在 1977 年农业法案中，花生第一次作为一项单独的内容出现，每个农场都被设置了花生种植面积分配和销售配额，对配额花生设定的贷款利率不低于 420 美元 / 吨。花生种植超出配额被认为是"额外的"花生，由农业部长酌情为 1977—1981 年农作物设定一个单独的贷款利率。

1978 年和 1979 年的蔗糖和甜菜糖支持价格设定为平价的52.5%—65%，或不低于 13.5 美分 / 磅，原糖也是等价的。根据农业法案第 902 条，农业部长为生产糖的工人授权规定最低工资标准。

1977 年农业法案第十一章通过了一项长期的（三到五年）粮食储备贷款条款，或称农民自有储备（Farmer Owned Reserve）。所有权由获得贷款的生产者保留，以换取储存而不是卖出允许卖出的部分。贷款的条款规定了储存期的长度和粮食可从储存中释放的条件，还规定了"释放价格"，以便农民可以不受处罚地出售储存的农作物。如果农民在达到释放价格之前销售小麦和饲料谷物，或者小麦价格达到支持水平的 175% 或达到农业部长指定的饲料谷物支持水平，农业生产者须将储存成本和额外发生的费用偿还给政府。释放价格被规定为小麦支持价格的 140%—160%，或农业部长认为适当的水平。这就向生产者提供了一个政府与农民分担费用的计划，以建立和改善农场储存设施。

1977 年农业法案提供了灾害援助的授权，以紧急牲畜饲养援助和通过农产品信贷公司购买小麦、谷物、大豆、干草和饲料等形式进行灾害援助救济。1978 年和 1979 年，谷物、陆地棉、水稻和小麦灾害援助支付和贷款被授权，以防止减产、洪水、干旱或其他自然灾害造成的损失。

美国国会第一次在农业法案法令（第十四章）中讨论了为赠地法案的推广和研究提供资金的议题，下列几个因素是其给出的原因。赠地制度的缺点被认为包括以下几个方面：在向社会公众传播研究结果方面的低效率和无能，需要增加生产以应对日益增长的需求和因"短期小范围不利的气候条件"所造成的粮食短缺，市场体系不充分，以及不能专注于开发新的食品和农业技术。对这些问题的认识可能是增加问责制度的结果。

美国农业部在立法中被指定为农业研究、推广和教学的领导者和主要协调机构。协调包括为进行农业研究、教学和推广的大学提供三个特派团。具体的联邦政府行动方案由赠地大学指定。这些方案包括调查化石燃料替代品和节能计划，健康和营养研究以及改进家政服务的研究和推广，有害食品和农业生产实践对环境影响的研究，水产养殖研究，以及水土保持和林业研究计划。

联邦竞争性科研项目被授权支持"高度优先"的研究、设施和仪器、培训和教育。法案还批准了太阳能项目、五个太阳能中心和有机农业研究。资助和赠款不仅限于赠地大学，还包括授予学士学位或更高层次学位的经认证的公立机构或"其他非营利机构"。小农场（总销售额为2万美元或更少）的推广计划资金被批准，从而允许科研辅助人员与农民密切合作，改进生产、销售和财务技术（第1440条）。

服从小麦的"最终产品制造商"全民投票中的多数投票决议，农业法案第十七章授权成立一个小麦产业委员会（Wheat Industry Council），以执行小麦营养研究和教育计划。全民投票可以由至少10%的小麦制造商发起。研究和教育计划根据这样一种评估得到资助，即制造商以"不超过5分/英担"的价格购买一英担小麦（第1706（e）条）。零售面包师免于评估。此外，反对该计划的制造商可以保留在其评估中要求退款的权利。

20世纪80年代的农业危机

出口市场需求和通货膨胀推动了农业部门在20世纪70年代到

80 年代初的持续扩张。在 20 世纪 70 年代后期，美国土地价格以"每年 25%"的速度大幅上涨，宽松的信贷政策造成农业部门的过度投资（"泡沫"）。农民对土地价值不断上涨的预期不断强化。基于这种预期，利用膨胀的土地价值投机购买更多的土地或其他资产似乎是合理的，许多银行家也开始向农民提供大量贷款。

结果是土地价格的崩盘。1997 年联邦存款保险公司（Federal Deposit Insurance Corporation，FDIC）关于 20 世纪 80 年代初期危机的报告指出：

> 在联邦储备委员会实行收紧货币政策以对抗通货膨胀的行动之后，利率上升，国际市场供求情况发生变化，导致农产品出口需求急剧下降。1980 年美国农业收入总额下降到 228 亿美元，1983 年进一步下降到 82 亿美元。

（FDIC 1997，259）

许多农村银行和农场都破产了，农民自杀率上升。"汇率危机和发展中国家债务危机造成国际农产品市场需求下降，反过来，又导致了 20 世纪 80 年代初期农产品的大量剩余。"（FDIC 1997，265）

1981 年《农业和食品法案》（PL 97-98）

1979 年，苏联入侵阿富汗。1980 年，美国总统吉米·卡特（Jimmy Carter）对苏联实施了惩罚性的粮食禁运，其中包括减少出口 320 万吨小麦和 710 万吨玉米。因禁运而最受伤害的不是苏联，而是美国农民。于是，当罗纳德·里根（Ronald Reagan）在 1981 年成为美国总统时，禁运被取消了。[12]

由于美国预算赤字不断增加，里根政府要求削减农业项目财政支出。然而，1977 年农业法案的规定大多数还是由国会重新授权的，财政支出以递减的速度增加。1981 年农业法案中的乳制品计划变化包括规定牛奶的最低支持价格。这是新的规定，因为以前的支持价格都被设定为平价的百分比。对于由于污染物而不得不从市场上撤出牛奶的生产者也继续实行乳制品赔偿计划。

1981 年农业法案暂停了小麦销售配额要求和颁发销售证书，并显示将在 1981 年 8 月 15 日前公布小麦分配。法案设定了小麦、饲料谷物（包括燕麦）、水稻和棉花的最低目标价格和贷款利率。支付额是根据目标价格减去全国平均加权市场价格或贷款利率二者中的较高者确定的，但要减去灾害支付的金额。对花生、糖和大豆授权了贷款计划，花生种植面积分配（不包括配额）暂停。1981 年农业法案的贷款条款赋予农业部长自由裁量权，可以将农作物贷款利率降低到基本贷款利率以下，以维持美国农产品的国际竞争力。

根据国际市场的价格条件，法案为陆地棉提供了 10 个月的不可续约贷款。贷款水平通过使用以下二者中较低者的公式来确定：

1. 截至 7 月 31 日宣布贷款水平前五年的三年期间（不包括最高价格和最低价格的年份），美国平均地区的次中级 1/16 英寸（马克隆值 3.5–4.9）的陆地棉平均现货市场价格的 85%。

2. 针对中等的 3/32 英寸棉花，五个最低价格增长的平均调整价格的 90%，以及从宣布贷款额度的 7 月 1 日开始的 15 周期间到达北欧的价格（成本、保险、运费）。

法案还授权农作物灾害援助支付用于因自然灾害或不可避免的原因造成的损失。灾害支付率是根据收获产量的损失大于正常产量的 60% 的部分及既定价格的 50% 来设定的。如果农作物可获得农作物保险，除非出现"经济紧急情况"（第 401（2）（D）条），否则不得为农作物进行支付。

"休耕"和"面积减少"计划

一般来说，早期农业法案的"种植面积减少计划"（ARPs）是自愿的，但为了获得政府农业项目给付，农民需要参与"种植面积减少计划"。实施"种植面积减少计划"是为了减少农产品剩余，减少联邦预算赤字。

在 1981 年农业法案中，由农业部长决定是否授权对小麦、饲料谷物、陆地棉和水稻进行土地转移支付，以鼓励土地保护。该法案也授权开展陆地棉和饲料谷物自愿种植面积限额计划。

1982 年《综合预算调节法案》（PL 97–253）

虽然农业法案是农业计划的立法基础，但可以在法案实施期间通过其他立法随时修改相关条款。美国国会所做的任何事情都可以在很短的时间内撤销。拨款法案和预算调节法案是改变农业法案和其他授权性立法的主要制度安排途径。1982 年《综合预算调节法案》修改了 1981 年农业法案，要求对小麦实行 15% 的面积减少计划（ARP）和 5% 的土地转移支付（PLD），对 1983 年的饲料谷物实行 10% 的种植面积减少计划和 5% 的土地转移支付。根据该法案，美国政府提高了 1983 年产玉米和小麦的最低贷款利率。

1983 年实物支付

由于生产扩大和出口下降，美国农产品剩余在 20 世纪 80 年代初期再次累积起来。为了减少农产品剩余，"休耕和实物支付"（Payment-in-kind）计划于 1983 年正式推出。"休耕和实物支付"计划向农民提供了农产品剩余证书，以减少计划农作物的种植。证书

是特定数量商品的美元价值，将来可以从农产品信贷公司库存中
赎回。

1984 年《农业计划调整法案》(PL 98–258)

1984《农业计划调整法案》要求对 1984—1985 年的小麦实施
20% 的面积减少计划和 10% 的土地转移支付，对 1985 年的饲料谷物
作物实施高达 15% 的面积减少计划。仅在 1984 年，作为种植面积转
移计划的一部分，农业部长被要求向农业生产者提供自愿的实物支
付，并额外增加 10%—20% 的基期地。在该法案中，农业部长决定将
1984 年和 1985 年的小麦贷款利率下调至 7%。此外，棉花上涨的目标
价格在 1985 年也有所下降。

贸易协定和农产品政策

人们很早就认识到国际贸易对于美国农民和美国经济的重要性。
美国政府通过签订各种自由贸易协定以降低保护性关税，促进自由贸
易。这些自由贸易协定在 20 世纪 70 年代和 80 年代初期对美国农业
政策产生了重要影响。国际贸易政策将在第十章中有更详细的讨论。

总结

20 世纪 60 年代和 70 年代的农产品剩余以及 20 世纪 80 年代初
期的农业危机，使得农产品计划逐渐从分配和配额的形式转变为休
耕、环保条约和实物支付计划。在此期间，美国与俄罗斯的小麦交易
造成小麦供给的短暂下降，但大多数时间美国国内都有农产品剩余的
累积。这一时期引入了基于国际市场价格的农产品贷款，并在农业法
案中普遍采用。还引入了农产品目标价格，不再使用平价的价格支持。
总而言之，这是一个走向农业现代化的过渡时期。

附录：过渡

一般来说，从 20 世纪 60 年代到 80 年代中期是美国农产品剩余逐渐增加的时期，这导致了农产品价格下跌，以及农民在高通货膨胀期间对政府支持价格需求的增加。农业生产者面临着国际农产品供求关系的变化。各国政府政策、世界经济的健康和稳定、金融发展状况、国内经济增长等因素，共同促进了美国农产品的国际竞争力。所有这些都导致了这段时间内美国农业政策的变化。

20 世纪 60 年代的销售配额、种植面积配给和有偿转移计划都要求农业生产者减少部分生产和销售，以换取价格支持。虽然美国农产品支持政策帮助了国内农业生产者，但它们没有帮助国际销售。一般来说，国内和国际农产品需求不足以出清剩余市场。用供给和需求关系来表示，在图 7.1A 中，在 P1 的支持价格下，农业生产者将获得激励生产出 Q1，在这个价格下，农业购买者将需求 Q2。政府要求面积转移导致产量为 Q1–Q*，这将使生产出的剩余产量降为

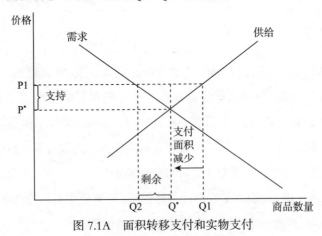

图 7.1A　面积转移支付和实物支付

Q^*-Q2。即使有所需的转移，Q2 仍是在价格 P1 下的购买量，从而农产品剩余将继续累积。

实物支付证书是可转让或可赎回的。这意味着赎回这些证书将允许通过减少库存来减少累积的剩余。农产品购买者为了从农产品信贷公司库存中获得一定数量的产品，可以与农业生产者谈判并购买证书。由于证书价值是可协商的，因此单位价格会变化，并可能会落在 P1 和 P^* 之间的某个地方，从而将市场上农产品剩余的数量减少到 Q^* 和 Q2 之间。这里，准确的水平是无法确定的。

分配和配额

分配和配额限制了可以种植和销售的农产品的数量。如果参与农产品计划是自愿的，并且允许进口，就会出现问题。限制生产将提高市场价格，但如果允许不受惩罚地生产，也将使农场计划的非参与者（免费搭便车）和外国生产者受益。对非参与者征收税、关税或罚金可能会增加其成本，从而减少国内供给。转向双边贸易协定将导致对非计划参与者特别是进口商取消惩罚性限制。这反过来会导致需要一种新的方法在控制农产品供给的同时，补贴国内农产品价格。

后果

早期的分配政策和配额政策，其目的是控制农产品供给，以达到平价水平。随着时间的推移，由于技术条件变化、国际农业生产发展、自愿遵守相关协议等，农产品剩余继续成为困扰美国农业生产者的问题。补贴因剩余而受到责备。根据经济学理论，这将是一个准确的评估。然而，责任也必须分配给其他因素。这些因素就包括 20 世纪 60 年代至 80 年代中期的农业政策，这些政策提供资金投资先进技术，增加生产，从而增加了过剩供给。此外，还要问的一个问题是，在多大程度上允许农民在现有种植土地的面积上增加额外的要素投入从而提高每英亩的产量？还有，气候变化和国际政治如何影响农产品供求？

需求弹性

限制农产品生产或销售的有效性部分取决于对农产品的需求。就像对其他必需品的需求一样，对食物的需求被认为是没有弹性的。而且，需求越没有弹性，消费者购买时对农产品价格变化的反应越小。

具有非弹性需求的农产品价格的相对较大变化不会导致所需数量的相应比例变化。图 7.2A 显示，如果农业生产被配额限制在 Q1，消费者愿意支付 P1。然而，以 P1 的价格，农业生产者愿意生产的数量远超出强制配额水平 Q1，可能为 Q2。

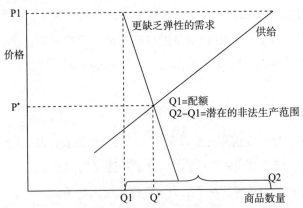

图 7.2A　需求缺乏弹性的商品在配额下的生产

即使制定了限制销售的法规，农业生产者从额外生产中获得的潜在收益也可能会鼓励一些人进行欺骗。如果生产限制是自愿的，则会出现搭便车行为。如果生产限制是绝对的（极端例子是大麻生产），则可以用经济学理论预测出因潜在利益而出现的在限制上的欺骗行为。

出口增加和剩余减少

处理农产品剩余是一个永恒的农业问题。消除农产品剩余的一种方法可以追溯到英国的《谷物法》，即无论价格高低，将剩余全部出口到国际市场。英国政府也有其他做法，比如迫使其殖民地接受农产品剩余，当然这往往是通过压低其农产品价格来阻碍殖民地的农业生产而实现的。在20世纪60年代和最近一段时期，美国被指责在国际市场上"倾销"农产品剩余，从而压低了国际市场的农产品价格，并且伤害了许多国家的农民。消除国内剩余的另外一种方法是出口补贴。

在图7.3A中，用Ps表示美国对没有农业生产限制且给予足够资源的农产品的支持价格。如果有足够的土地资源，美国农业生产者将为市场提供Qs的农产品。对于国际和国内市场来说，这意味着世界市场上还有Qs-Qd的农产品剩余。只有农业生产者以某种方式获得Ps的总价格时，美国才会生产出Qs。可能的方法是通过出口增加计划、政府购买并出口剩余、政府没收农作物并且销毁这些农产品、赠送计划（国内倾销）等，这些费用最终都是由美国纳税人承担的。

将支持价格降低到Pd将实现没有剩余的市场出清，因此，从20世纪70年代开始，美国农业法案允许农业部长酌情降低支持价格，以使其在国际市场上更具竞争力。在下面关于"棉花"市场的介绍中包含更多关于这类计划的信息。

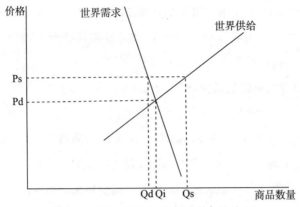

图 7.3A　国内加国际需求和剩余的处理

后果

将国内支持价格保持在 Ps 将导致国内农产品剩余和美国市场份额的损失。如图 7.3A 所示，美国农产品在指定的支持价格下将被赶出国际市场。为了避免这一后果和农产品信贷公司库存的积累，历史上，美国向国外捐赠农产品剩余，在国内通过食品和营养计划发放免费食品。这些做法增加了美国政府的预算成本。

额外的计划支付

根据一些农业法案，"额外支付"（如果农业部长愿意）可以根据平价发放给玉米、高粱和大麦。例如，玉米的额外支付率可以计算为：

（1.35 美元和年初平价的 70% 二者中的较高者）－（一年中前五个月的全国平均价格）＝ 额外支付

以这种方式支付的款项将确定国内农产品的最低价格，但没有面积限制或销售配额，往往会累积剩余。

棉花

从 20 世纪 70 年代开始，美国农业政策逐步转变，主要目标是减少国内农产品剩余。棉花问题首先得到重视，并且成为建立销售贷款水平的标杆，该水平反映了国际市场的价格，而且可以由农业部长酌情降低价格水平，以适应国际市场价格条件。美国棉花的出口激励、信用担保以及向纺织厂支付等，都被纳入农业立法，从而使得美国的棉花生产更具竞争力。

从理论上讲，补贴纺织厂的生产成本可以提高对棉花的需求，工厂需求将来自对棉布和棉布产品的需求。虽然不一定是一对一的权衡，但便宜的布料、床单、枕套、衣服等会增加工厂的使用和对棉绒的需求，如图 7.4A 所示（假设一个竞争性的纺织行业）。

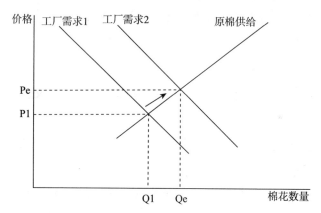

图 7.4A　补贴工厂对于棉花的使用和销售等

贸易协定

作为一种贸易保护主义措施，《多边纤维协定》（Multi-Fiber Arrangement）对从第三世界国家到美国或其他发达国家的出口实施配额。"乌拉圭回合"（Uruguay Round）的自由贸易谈判启动了《纺织品和服装协定》（ATC），该协定逐步拆除了美国和其他发达国家的进口保护主义壁垒（见 http://www.wto.org/engIish/docs_e/legal_e/

final_e.htm)。这是美国国内纺织厂的过渡期。这也导致了美国农民的抗议，因为这使他们在国际市场上遭遇了不公平竞争。

环保计划支付

20 世纪 70 年代之后，人们的环境意识有所提高。对农药和有毒废物高度关注使得加强管理的要求日益增加。诸如《寂静之春》（1962）的出版等事件，增加了立法的压力。

在农业生产中，需要保护的休耕土地以减少水土流失、保护野生动物栖息地等形式提供了环境效益。可以构建对环保效益的需求曲线，并与环保效益的供给曲线相抵。衡量外部或间接成本和收益可以通过诸如"条件估值"分析等调查方法来实现。

讨论

1. 1962 年《食品和农业法案》对平价有什么重要意义？

2. 什么是实物支付？

3. 是非题：根据 1962 年《食品和农业法案》，小麦价格支持可被视为补贴性支付的先驱。

4. 在 1965 年农业法案中，棉花支持价格是如何确定的？

5. 在 1965 年农业法案中，将棉花分配从一个农场转移到另一个农场的政策是什么？

6. 在早期农业法案中，对农业"合作者"的定义是什么？

7. 在 1965 年法案中，小麦销售配额要求发生了什么变化？

8. 20 世纪 70 年代农业立法怎样试图控制剩余农产品的生产？

9. 乳制品赔偿计划的目的是什么？

10. 什么是"公共支付"？

11. 在 1970 年《农业法案》中，对棉花分配的出售或租赁有什么规定？

12. 是非题：根据 1970 年《农业法案》，如果退休的农民的土地也退休，他们将被批准接受政府拨款。

13. 是非题：在 20 世纪 70 年代，不存在对农民实施农业计划支付的限制。

14.1973 年美国与俄罗斯的小麦交易如何影响了 1973 年和 1977 年的美国农业法案？

15. 美国消费者对 1973 年美国与俄罗斯进行小麦交易的反应是什么？

16. 1977 年《食品和农业法案》中"反弹"的农产品条款是什么？

17. 在 1977 年农业法案中，为什么美国国会要在第十四章中涉及农业推广和赠地大学？

18. 如何理解 20 世纪 80 年代初期的农业危机？

19. 是非题：卡特政府施加的粮食禁运在惩罚苏联侵略阿富汗方面是有效的。

20.1981 年农业法案下的农产品计划有哪些变化？

21.1981 年农业法案对棉花贷款条款做了哪些改变？

22. 是非题：农业法案之外的立法是否可用于制定或改变农产品计划立法？

23. 哪些其他立法可以用来改变农业法案的规定？

24.1960—1985 年农产品计划发生了什么变化？

参考文献

Farm bills and other Agricultural legislation referenced can be found at the Arkansas National Agricultural Law Library (www. NationalAgLawCenter. org [accessed November 5, 2014]).

Bearden, David M., Claudia Copeland, Linda Luther, James E. McCarthy, Linda-Jo Schierow and Mary Tiemann. 2011, August. "Environmental Laws: Summaries of Major Statutes Administered by the Environmental Protection Agency," Congressional Research Service Report, Order Code RL 30798.

Bravender, Robin. 2009, February 25. "Federal court upholds EPA's rural dust rule." *New York Times.*

Carson, Rachel. 1962. *Silent Spring.* New York: Houghton Mifflin.

FDIC. 1997. "Chapter 8: Banking and the Agricultural Problems of the 1980s." https://www.fdic.gov/bank/historical/history/259_290.pdf [accessed November 5, 2014].

FDIC. 1979. "Volume 1: An Examination of the Banking Crises of the 1980s and Early 1990s." *Federal Deposit Insurance Corporation.* http : //www.fdic.gov/bank/historical/history/voll.html.

Glasser, Lewrene K. (with acknowledgements to section authors). 1986, April. "Provisions of the Food Security Act of 1985." *Economic Research Service USDA*, Bulletin 498. http://www.ers.usda.gov/Publications/aib498/aib498.pdf.

Hadwiger, Don F. and Ross B. Talbot. 1965. *Pressures and Protests: The Kennedy Farm Program and the Wheat Referendum of 1963.* San Francisco, CA: Chandler Publishing Co.

Johnson, James and Milton H. Ericksen. 1977. "Commodity Program Provisions Under the Food and Agriculture Act of 1977." Agricultural Policy Analysis, Commodity Economics Division, *Economic Research Service*, AER 389. http://naldc.nal.usda.gov/catalog/CAT78693739 [accessed November 5, 2014].

Johnson, James, Richard W. Rizzi, Sara D. Short and Thomas Fulton. 1982, March. "Provisions of the Agriculture and Food Act of 1981." National Economics Division, Economic Research Service, US Department of Agriculture, AER 483. http://naldc.nal.usda.gov/naldc/download.xhtml?id=CAT87202153&content=pdf [accessed November 5, 2014].

Knutson, Ronald D.1982. "Agricultural Policy at a Decision Point." *Increasing. Understanding of Public Problems and Policies-1982.* Oak Brook, IL: Farm

Foundation.

Kouka, Pierre-Justin, Patricia A. Duffy, and C. Robert Taylor. 1994, July. "Long-Term Planning of a Livestock-Crop Farm Under Government Programs." *Journal of Agricultural and Applied Economics* 26: 275–86.

Lord, Ron. 1995. "Sugar: Background for 1995 Farm Legislation." Agriculture Division, Economic Research Service, United States Department of Agriculture Economic Report No. 711.

Luttrell, Clifton B. 1973, October. *The Russian Wheat Deal—Hindsight vs. Foresight.* Federal Reserve Bank of St. Louis. https://www.staff. ncl.ac.uk/david.harvey/ MKT3008/Russian Oct 1973.pdf [accessed November 5, 2014].

Lutz, Arlen E. and Donald W. Swoboda. 1972, Winter. "Accountability in Extension." *Journal of Extension* 10（4）: 45–8.

Rural Coalition, n.d., but probably 2001 or 2002. "Brief Background and History of the US Farm Bill, 1949 to Present." www.ruralco.org/library/admin/uploadedfiles/Farmbill_History.doc [accessed November 5, 2014].

Siegel, Stan. 1986. "Federal Direct Price Support Payment Programs." Originally published in *South Dakota Law Review* 31 S.D.L. Rev 363（1986）. Reprinted by the National Agricultural Law Center. www.NationalAgLawCenter.org [accessed November 5, 2014].

Sinclair, Upton, 2008. *The Jungle,* Seven Treasures Publication.

USDA. 1981, November. *Fact Book of US Agriculture,* Miscellaneous Publication 1063. Washington, DC: Government Printing Office.

Womach, Jasper. 2002, April 26. "Farm Commodity Payment Limits: Comparison of Proposals." CRS Report for Congress, CRS Web, Order Code RS 21138.

Womach, Jasper. 2000, December 13. "Agricultural Marketing Assistance Loans and Loan Deficiency Payments," CRS Report to Congress, Order Code RS 98–744.

第八章 1985—1996 年种植灵活性条款和政府项目给付的直接支付

不同的做法

20 世纪中叶的农产品剩余、国际贸易、财政赤字、农业危机和环境污染等问题，激起了人们对联邦农产品计划采取不同管理方法的呼吁，特别是剩余和预算问题导致了政府项目给付的减少和增加休耕（应用于环保）的要求。需要严格按计划在所划拨土地上种植农作物的立法引起农民的不满，他们认为这一立法限制了自然的良性循环，损害了农业生产能力。作为回应，美国国会于 1985 年通过了"灵活"的农产品计划条款，允许在所划拨土地上种植其他农作物。后来由于联邦预算问题导致政府取消了对灵活种植土地计划的支付。

在 1996 年农业法案中，灵活性进一步扩大到"农场自由"。在该法案下，农民可以在农业计划土地上种植其他农作物，灵活性意味着农产品计划支付的永久淘汰。不过，在随后通过的农业法案中仍然存在计划支付。

1985 年《食品安全法案》(PL 99-198)

预算和总体经济条件影响了 1985 年《食品安全法案》(Food Security Act)(PL 99-198) 关于农业计划支出的谈判。这个农业法案提供了一个关于政治如何能够忽视联邦预算问题的案例。1985 年《格拉姆－鲁德曼－霍丁斯平衡预算和紧急赤字控制法案》(Gramm-Rudman-Hollings Balanced Budget Emergency Deficit Control Act)(PL 99-177) 和 1987 年《预算和紧急赤字控制重申法案》(Budget and Emergency Deficit Control Reaffirmation Act)(PL 100-119) 都试图对国会支出进行规范。为了减少联邦赤字，该法案要求如果赤字超过设定的目标支出水平，则自动削减支出。尽管有这样的尝试，但 1985 年农业法案还是基本上保留了 1981 年农业法案的结构，只是降低了成本。

1985 年农业法案制定了降低支持价格水平的条款，试图通过减少耕种面积计划、重新授权农民自有储备（ Farmer Owned Reserve) 和实物支付，以及 "0-92" 和 "50-92" 计划来处理农产品剩余。

1985 年农业法案确立了 "交叉遵守" 原则。交叉遵守要求农民在农业计划基期地范围内种植所有计划农作物，以便他们获得任何农作物的农业计划支付。这是自愿的，不是强制性要求。

在 1985 年农业法案的有效期内，特定农产品被设定了最低目标价格。根据对国际市场竞争力和贸易协定问题的关注，农业法案批准了补贴性支付、销售贷款和 "贷款缺乏计划"（ Loan Deficiency Program)。在 1987—1990 的农作物年度期间，根据过去五个销售年度国家价格的奥林匹克平均水平，贷款利率与季节平均市场价格挂钩。[1]贷款利率不能低于上年水平的 5%。

为了根据国际市场价格调整贷款偿还率，农业法案对饲料谷物和小麦批准了销售贷款。为了保持在国际市场的竞争力，农业部长可以酌情决定实施"芬德利贷款"（Findley Loan）利率。1986—1990 年，贷款利率降低了 20%。

销售贷款是无续约贷款，农业生产者可以按照规定的"贷款偿还率"偿还贷款，或向农产品信贷公司上缴农作物。1985 年农业法案要求贷款偿还率设定在国际市场价格水平上，但不得低于设定的最低还款率。对于饲料谷物、小麦和大米，最低贷款还款率设定为法定基本贷款利率的 70%；对于陆地棉，最低贷款还款率为法定贷款利率或世界市场价格的 80%。借用款项和偿还款项的差额被称为"销售贷款收益"（marketing loan gain）。

根据 1985 年农业法案的芬德利条款，如果市场价格低于既定贷款利率的 110%，或者如果美国需要维持全球竞争力，主要农作物的无续约贷款利率最多可以降低 20%。

芬德利贷款条款允许农业生产者（有资格获得贷款的人）在农业部长实施贷款减免时获得支付。如果贷款利率降低，则向农业生产者支付的款项等于贷款利率减少额。这项规定附加了每人 20,000 美元的计划支付限额。

农产品计划贷款和支付

随着时间的变化，由于法律的改变，贷款和支付背后的历史和理念可能会令人困惑。在 1996 年以前，补贴性支付是为参与政府的小麦、饲料谷物、稻米或棉花计划的农民设定的。补贴性支付的计算方式为：法定目标价格与全国平均市场价格和指定定期贷款期间的贷款利率二者中的较低者之间的差额。在 1985 年农业法案中，由于农业部长开始降低贷款利率，为此制定了芬德利贷款补贴性支付、补充支付，作为法定贷款利率和降低的贷款利率之间的差额。

1985 年农业法案规定，允许棉农可以选择获得常规销售贷款和当地市场价格之间的差额，以替代常规销售贷款。这一选择在随后的立法中延伸到其他符合条件的农作物上，并被称为贷款补贴性支付（loan deficiency payments）。1996 年农业法案取消了补贴性支付，但是，2002 年农业法案又将其恢复。[2] 根据各种立法授权，还提供了对农业部门的紧急贷款和支付。

棉花贷款

1985 年，针对陆地棉的一个销售贷款计划开始实施。[3] 向棉花生产者提供贷款补贴性支付，以替代常规销售贷款，贷款补贴性支付等于法定贷款利率与当地市场价格或发布的县价格之间的差额，即

棉花贷款利率 – 发布县的价格 = 贷款补贴性支付金额

这里必须强调"替代"一词，是指农业生产者可以获得贷款补贴性支付，也可参与常规销售贷款计划。根据市场条件，棉花贷款可以在贷款的第 10 个月内续期 8 个月。

农业生产者可以选择以可转让的销售证书（"证书"）的形式获得相当于贷款补贴性支付一半的支付。

如果国际市场价格低于贷款偿还率，美国国会会要求农产品信贷公司向第一处理者（定期购买或出售陆地棉的个人或企业）颁发证书。证书的价值是基于贷款偿还率和世界市场价格之间的差额。第一处理者可以用证书兑换现金、农产品信贷公司自有的棉花或其他农产

品。证书的价值会随时间的变化而变化；随着二级市场的出现，允许买者和卖者通过谈判来确定证书的价值。

超长绒棉

1983 年《超长绒棉法案》取消了永久性立法中超长绒棉的销售配额和分配条款，并且提供了类似于陆地棉的计划条款。超长绒棉的价格支持在 1968—1979 年是平价的 65%，在 1980—1981 年是平价的 55%。1983 年颁布的《超长绒棉法案》授权了超长绒棉目标价格与贷款利率和市场价格二者中较高者之间差额的补贴性支付，目标价格被设定为贷款利率的 120%。从 1984 年开始，同陆地棉一样，超长绒棉等也可获得 10 个月的无续约贷款，并可能延长 8 个月，但贷款利率不得低于陆地棉贷款的 150%。

1985 年农业法案改变了 1986—1990 农作物年度超长绒棉贷款利率的计算方式，将其改为生产者在宣布贷款水平的 7 月 31 日前五年期间获得的平均奥林匹克市场价格的 85%。

乳制品计划支付

根据 1985 年农业法案，美国农业部农业销售服务局管理的 44 个销售规则（生产）地区规定了 I 类牛奶价格支持实现地区"差异"。差异被定义为将被添加到联邦定义的每个销售区域的 I 类牛奶价格之上的数额。[4] 美国农业部购买奶酪、奶粉和黄油，以提高乳制品价格支持水平。然而，乳制品价格在 1985 年法案有效期间逐渐下降。

为了应对 20 世纪 80 年代的牛奶剩余和农业危机，美国农业部批准了奶牛场收购计划，将其作为 1983 年《乳制品和烟草调整法案》（Dairy and Tobacco Adjustment Act）（PL 98-180）的一部分。根据《乳制品和烟草调整法案》，为了换取 10 美元 / 加仑的支付，乳制品生产者要在 1984 年 1 月至 1985 年 3 月期间将牛奶销售减少其基本产量的 5%—30%。在 1983 年 11 月的收购后，奶农不得不将奶牛出售用于屠宰或卖给其他生产者。对于 1983 年 12 月至 1985 年 3 月期间在邻近的 48 个州销售的牛奶，要按照 50 美分 / 英担的评估标准支付该计划。

在 1986 年 4 月至 1987 年 9 月期间，奶牛（整个牛群）全面收购计划被进一步授权实施。根据该计划，奶农可以向美国农业部提出投标，如果被接受，则将通过出售他们的奶牛群来终止生产。一旦出售，计划参与者同意三年、四年或五年内不再回到乳制品部门，具体时间由农业部长决定。1986 年 4 月 1 日至 12 月 31 日生产的牛奶，按照 40 美分 / 英担缴税，1987 年 1 月 1 日至 9 月 30 日生产的牛奶按照 25 美分 / 英担缴税，缴纳的税款被授权支付奶牛收购计划。其目标是保护全国奶牛群减少最多不超过 7%。

预付款

农作物计划预付款在 1985 年农业法案中得到授权。该法案规定，可以在最终确定符合条件的农产品的支付日期之前，提前申请 100% 的预付转移和 40% 的预计补贴性支付。

基期地英亩数

种植面积分配和销售配额是限制生产和政府支付的传统机制。随着时间的推移，基本农产品生产要求配给被按照确定的支付收益计算的基期地英亩数和销售配额所替代。1981 年农业法案测算了玉米、饲料谷物和小麦的种植面积，以及用于农业计划支付目的的“基期地”面积，并将其作为前一农作物年度收获的种植面积，或者是由农业部长决定，将前两年的平均种植面积作为前一农作物年度收获的种植面积。美国农业部为农场确定了每种符合条件的农作物的计划支付收益，或者如可以证明农场中每种农作物的实际产量，也会被接受用于支付目的。

1981年农业法案废除了水稻面积分配和销售配额制度，使水稻类似于饲料谷物、小麦和棉花的计划条款。根据1981年农业法案，陆地棉和水稻的交叉遵守要求也已经终止。

计划支付面积和收益

在1985年农业法案中，农业计划支付主要是按照基期地英亩数和产量确定的。转变为基期地英亩数而不是面积分配，结束了农业生产者全体投票的需要。销售配额和分配也被暂停，但未被废除。[5]

由农业部长酌情决定的基期地英亩数和收益如下：任何一年的陆地棉和水稻支付收益率是根据过去三年农场每英亩收获面积的年平均产量确定的，并按照被禁止种植的英亩数进行调整，其他农作物支付收益按照1981—1985年期间农场计划产量的奥林匹克平均值来计算。

对于1987—1990年期间每种符合条件的计划农作物，农作物基期地面积被设定为等于过去五个农作物年度农场种植的和被认为种植的收获农作物的面积的平均值。对于在过去五年中没有被种植和被认为没有在农场种植的陆地棉和水稻来说，农作物基期地面积被设定为等于农作物种植年份的种植面积的平均值。

陆地棉和水稻的农作物基期地面积不能超过前两个农作物年度的平均种植面积和被认为的平均种植面积。由于计算基期地面积的方式，一些农场出现了过多的基期地英亩数（超过农场总面积），所以实施了相关规定，使任何农作物年度的任何农场的单个农作物基期地面积的总和不超过该农场在该年的农场基期地总面积，有一个例外是由于复种的既定做法导致过多基期地面积的情况。根据1985年农业法案，"必须在前五个农作物年度的至少三个年度在农场进行复种"。

为确定基期地面积，农场中"被认为种植"的面积包括：（1）任何法律要求的减少的面积；（2）农业生产者由于自然灾害或其他不可避免的原因而不能种植的面积；（3）当土地用于种植非计划农作物时，允许的种植面积和实际种植面积之间的差额；（4）其他面积，由农业部长决定其对公平合理的农作物基期地是否有必要。大豆、甜菜、甘蔗、蜂蜜、马海毛和羊毛不符合享受基期地面积待遇的资格，但允许其参与农产品贷款计划。

基期地建设

根据1981年农业法案，"每种农作物的基期地面积是在上一个农作物年度收获的种植面积"，包括由于超出生产者控制的条件而没有种植的种植面积，或者根据农业部长的决定，在前两个农作物年度种植的平均面积。使用上一年农作物年产量（由农业部长酌情调整）为农场建立用于小麦和饲料谷物的政府计划支付产量。对棉花和水稻的支付产量基于前三年每英亩实际收获的平均产量（根据自然灾害调整）。由于年复一年地种植符合条件的农产品增加了平均产量，随着时间的推移，这些规定大体上允许农民出于支付的目的"建立基期地"（增加）面积。为提高产量从而提高农业计划支付额，通过种植面积超过计划面积来进行基期地建设成为这一时期的一种实践。

根据1981年农业法案的规定，生产超过农作物基期地面积和既定产量的农产品允许农民有资格在下一年获得更多的种植面积和产量的支付额。因此，农民倾向于种植超出基期地面积的计划农作物，并且在获得更高计划支付额的预期下争取有更高的产量。这导致了旨在减少供给的面积减少计划中的"滑移失控"。[6]

与非计划内的基期地面积相比，计划内的农业基期地面积具有更高的市场价值。这导致了那些农业生产者拥有更高的净值，使他们基于增长的土地价值而具有借款能力。

1985 年农业法案使得建设基期地的能力发生了变化。农业法案中制定了限制这种做法的规定。1985 年农业法案允许农产品基期地面积在任何年份向上调整，但不得超过该年总农场面积的 10%。然而，基期地面积的增加量必须伴随着那年该农场中一种或多种农作物基期地面积同等的减少量。通过这种方式，基期地面积总量不变，但可以在多种农作物之间做出权衡。

1986—1987 这一农作物年度的计划支付产量被确定为 1981—1985 年的奥林匹克平均值。对于 1988—1990 年的小麦、饲料谷物和稻米，农业部长被赋予自由裁量权来计算计划支付产量，就像 1986—1987 年一样，或者选择像"前五个农作物年度每英亩收获产量"的奥林匹克平均值一样，包括 1983—1986 年农作物的计划产量、1987 年和随后年份的实际产量。在 1985 年法案和 2002 年农业法案之后的法案中，产量和基期地面积基本不变，保持在 1985 年农业法案设定的水平上。[7]

花生

1981 年农业法案修改了永久性立法，并暂停了 1982—1985 年花生的面积分配。它保留了"双级别制"磅数配额和价格支持制度。1981 年持有花生分配的生产者获得了一定的磅数配额，使他们有资格获得配额支持。包括对"配额"花生的支持价格，该支持价格设置得比他们所获得的生产配额之外的"额外"花生的价格高得多。授予花生生产者的配额很快变成被认为是农业生产者拥有的配额。

根据1981年农业法案，配额花生被定义为"那些符合国内食用条件的，由农业部长决定从农场出售或被认为可以出售的，并且不超过农场磅数配额的花生"。在农业法案中，配额外的花生被定义为"在任何销售年度农场出售的超过该农场出售的配额花生量"的那些花生，或者"那些农场磅数配额还未建立时出售的花生"（Glasser 1986，27）。

花生配额（额外的）价格支持制度一直持续到它在2002年农业法案中被取代。在1985年农业法案中，1986年配额花生的全国平均贷款支持水平为607.47美元／吨，额外花生的贷款支持利率为149.75美元／吨。

通过农业生产者全民投票，1985年农业法案授权在1990年之前对花生实行两级价格支持计划，还为1985—1990年的花生提供了灾难支付。配额所有者或经营者（经配额所有者许可）允许向其他人出售或出租农场磅数配额，但只能在一个县内。根据该法案，配额可以转移到由同一县内或在同一州的邻近县内的经营者管理的另一个农场，前提是该农场在前一个农作物年度中有配额。

"0-92"计划和"50-92"计划中的种植灵活性

1985年农业法案的种植灵活性条款允许农业生产者将其饲料谷物和全部（100%）小麦种植面积（"0-92"计划）以及棉花和水稻基期地面积的一部分（50%）（"50-92"计划）休耕。在"50-92"计划下，农业生产者必须种植棉花和水稻基期地至少50%的面积，可以休耕另外的50%。休耕土地必须用于环保目的。

农业生产者保留实际种植计划农作物的基期地面积100%的补贴性支付和允许种植但为了环保而休耕的基期地面积92%的补贴性支

付的资格。[8]允许的种植面积被定义为基期地面积减去参与面积减少计划所需的土地。

"0-92"和"50-92"计划旨在提供激励，从而减少计划农作物的供给、改善环境和减少联邦预算。农业生产者的额外收益是在从补贴性支付中获得收入的同时，节约了生产成本。在农产品的低价格时代，这对农业生产者是否参与计划的决定来说是非常重要的。

1985 年实物支付

1985 年农业法案授权通过实物支付农产品证书进行支付。

实物支付和滚动支付

实物支付是以前政策的延续，随着时间的推移，新的做法是"实物支付和滚动支付"使用贷款计划。实物支付和滚动支付允许生产者从农产品价格的区域差异和与潜在农产品证书购买者的谈判中受益。柯林斯（Collins）和斯莱特（Slathe）（1990）简化了这个过程如下：

1. 农民以 100 蒲式耳玉米在官方既定的贷款利率 1.82 美元下贷款，并得到支票；

2. 由于规则允许以市场价格和贷款利率二者中的较低者偿还贷款，如果当地价格为 1.55 美元，他将立即购买一个 100 蒲式耳的证书，并按照当地重要县的（市场）价格 1.55 美元，用"证书"价值偿还贷款；

3. 他可以自由地以 1.55 美元的价格在市场上销售他的玉米，理想情况下，将在贷款交易中获得 0.27 美元 / 蒲式耳的收益。

（销售贷款）总收益为 27 美元（0.27 美元 ×100 蒲式耳），收益高于在市场上以 1.55 美元出售玉米。

计划支付限额

1985 年继续执行 1949 年《农业法案》规定的年度计划中的计划

支付限额，即 1981 年每人 5 万美元的水平，但不包括那些从灾害计划中获得的支付。某些贷款、贷款收益和其他支付也被免除了支付限额。灾害计划支付中，对计划农作物，每人限制在 10 美元，农业部长有权决定什么人可以被包括到这个计划中来。

环境保护

1985 年农业法案包括了相关环境保护条款，比如"草皮退守"（sodbuster）和"沼泽退守"（swampbuster）条款，并且根据环保储备计划（CRP）将 4,000 万英亩高度风化的土地从农业生产中解放出来。从农业生产中移除这些低质量的土地将减少土地总供给和风化的土壤。

1985 年农业法案的草皮退守条款要求在高度风化的农场土地上使用被认可的保护措施。沼泽退守条款禁止在 1985 年 12 月 23 日后将湿地转变为农田，除非在特定情况下。违反任何一项条款都将受到丧失农业计划福利的惩罚。

1985 年的环保储备计划旨在从农作物生产中除去那些高度风化的农田。根据 1985 年农业法案，参与该计划的农民通过密封招标过程与美国农业部签订了一个 10—15 年的合同。密封招标由农民个人向美国农业部提交，规定以指定的投标价格在环保储备计划中登记一定数量的符合条件的土地面积。纳入该计划的土地面积开始接受最低投标，并逐个接受下一个最低投标，直到县内符合条件的土地面积和计划的钱款都用完。赢得投标的农民将在合同的既定期限内获得美国农业部的动物租赁支付（根据每英亩的出价）。

没有遵守禁止农业用地的环保储备计划规定会导致支付损失，并会被要求退还在违反规定时收到的任何款项。出售或转让环保储备计划的土地可能导致合同终止，或转移给新土地所有者，前提是他们同意遵守合同条款。

1985 年农业法案的修订

1986 年通过了《食品安全改进法案》（Food Security Improvement Act）（PL 99–260），修订了 1985 年农业法案。它改变了对未种植的计划内土地面积的相关规定，并增加了用于资助奶牛群回收计划的牛奶价格抵扣。此外，1986 年《预算调节法案》（Budget Reconciliation Act）（PL 99–509）包括对 1987 年饲料谷物和棉花预付款的要求，而 1987 年《预算调节法案》（PL 100–203）重新设定了 1988 年和 1989 年农作物的目标价格和贷款利率，并要求将有偿土地转让用于资助饲料谷物种植面积的自愿休耕。

1987 年《综合预算调节法案》（Omnibus Budget Reconciliation Act）（1987 年 12 月 22 日，PL 100–203）定义了有资格获得计划支付的"个人"。外国人或在公司中持有受益权（超过 10%）的外国人不具有享受计划支付的资格。《综合预算调节法案》还根据个人在农业经营中的实际利益（至少为 10%），限制其从多个农场实体获得支付。那些持有受益权的人需向美国农业部提供他们的姓名和社会保险号，或姓名和纳税人 ID。

那些与超过允许数量的实体有利益关联的人，将获得少于以往的计划支付。现金土地所有者不符合计划支付条件。农业法案给予符合条件的合作者时间，使其重新组织经营业务以符合新规定。"密西西比州圣诞树"的重组计划就建立了多个经营活动，用来应对这样的限制。

在其他针对 1985 年农业法案的变更中，1988 年《灾害援助法案》(Disaster Assistance Act)(PL 100-387)允许计划农作物生产者将特许种植面积的 10%—25% 用来种植大豆和葵花,而不造成基期地损失。1988 年《综合贸易和竞争力法案》(Omnibus Trade and Competitiveness Act)(PL 100-418)解决了不公平贸易问题和进口对美国工业所造成的伤害问题,并授权农业部长在确定出现不公平贸易行为时,为小麦、饲料谷物和大豆提供销售贷款。1990 年《综合预算调节法案》(PL 101-239)允许生产者在 1990 年特许种植面积的 25% 上种植大豆、向日葵和红花。

1990 年《综合预算调节法案》(PL 101-508)与 1990 年农业法案(FACTA)在同一月被签署成为法律,它启动了"三基"(Triple Base)作为预算节约措施,并授权使用销售贷款。作为削减成本的措施,补贴性支付将基于基期地面积的 85%,而不是 100%。种植灵活性条款允许在基期地上种植"经济作物"的替代物,并且允许农业部长在关贸总协定(GATT)谈判失败时改变农业生产计划,包括销售贷款。[9]

灾害援助

农业法案和其他立法授权向农业生产者提供灾害援助,以便在发生自然灾害和市场价格下降造成损失时提供援助。援助的形式可以是额外的计划支付、放宽保护限制、允许放牧和收割干草、牲畜损失支付、灾害贷款和其他援助。根据《农民灾害援助指南》(*Farmer's Guide to Disaster Assistance*),有 12 个不同的计划项目可用于帮助农民或农村社区。影响农业生产的五类灾害情况包括:

- 国会明确的"特别"灾害援助

- 总统的重大灾害声明

➢ 州长发出应对自然灾害的请求。

➢ 由总统宣布灾害。

➢ 通过联邦应急管理局（FEMA）实施灾害救济。

➢ 联邦应急管理局立即通知受灾各县相关机构。

- 农业部长关于农业灾害的指示

➢ 由"当地机构"向上通过州长或州长授权的代表或印第安部落委员会（Indian Tribal Council）发出请求，通常用于自然灾害或检疫。

➢ 一般要求农场或牧场在农作物生产上至少损失 30%，或有牲畜、畜产品、不动产等的有形损失。

➢ 由总统或农业部长向受灾害影响的州、县或毗邻县宣布。

- 联邦安全署（FSA）部门关于灾害有形损失的通知

➢ 只有发生有形损失时才会出现，比如建筑物被龙卷风摧毁。

➢ 由联邦安全署国家行政主管（SED）发出请求。

- 检疫指示

➢ 在疾病暴发的情况下，由联邦安全署的国家行政主管向联邦安全署主管农业的副署长请求实施。

➢ 检疫指示授权机构对由强制检疫而造成的生产和有形损失发放紧急贷款（Krub，Krueger and Carpenter 2004）。

农业特别灾害援助（ad hoc disaster assistance）一般是由于国会迫于政治压力而必须对农业损失做些什么。[10] 其他灾害指示必须遵循指定的程序，并提供指定的援助。一般来说，农业灾害是指由自然灾害引起的损害和损失。"损害赔偿必须超过农业生产损失的 35% 或质量损失的 20%"（Farm Service Agency 2005，Ⅰ）。

特别灾害援助与对低息贷款的补充和直接支付有所不同。根据美国国会研究服务报告（Chite 2005），1989—2005 财政年度共计有 31 项拨款，为救助农业灾害支出 532 亿美元以上，主要是对市场损失和农作物灾害的支付。

特别灾害援助计划随着时间的推移变得越来越有争议。有经济学家认为，这些支付对生产者风险管理行为和农作物保险购买会产生不利影响，高风险地区的农业生产有可能受到灾害支付条款的鼓励。

1985 年农业法案中关于灾害援助条款的一个例子是向农业生产者提供"禁止种植"和农作物损害灾害援助。禁止种植支付是针对小麦和饲料谷物受影响的面积，以"既定价格"的三分之一向该农作物支付确定的农业计划支付产量的 75%。陆地棉、水稻和其他农作物也获得了援助。

1985 年农业法案规定，不得向那些在农作物保险责任范围内的损失支付。但是，如果保险不充分，农业部长有权向这些农民支付。在农业法案中，农业部长还有权调整支付，以确保"在农业生产者之间公平地分配支付额"。

1990 年《粮食、农业、水土保持和贸易法案》（PL 101–624）

1990 年《综合预算调节法案》为 1990 年农业法案打好了基础，《综合预算调节法案》要求设立 15% 的非付费基期地面积和销售贷款。[11] 随着预算的减少，1990 年《粮食、农业、水土保持和贸易法案》（FACTA）体现了历史上美国农业政策的变化。销售贷款、补贴性支付、贷款补贴性支付和其他条款在很大程度上被重新允许。关于饲料谷物和小麦的"0-92"（后来改为"0-85"）计划以及关于棉花和水稻的"50-92"（后来改为"50-85"）计划仍继续实施。

《粮食、农业、水土保持和贸易法案》的贷款条款

在《粮食、农业、水土保持和贸易法案》中，贷款规定将支付率设定为过去五年小麦、玉米、超长绒棉和大米的奥林匹克移动平均价格的85%。其他饲料谷物价格与玉米价格挂钩，根据其相对于玉米的饲用价值确定。陆地棉的贷款利率仍然是基于前五年奥林匹克平均价格的85%和北欧平均价格的90%二者中的较低者。

农民可以放弃定期贷款，并对符合条件的农产品采用贷款补贴性支付（LDP）。贷款补贴性支付计算为县基本贷款利率与当前发布的县农产品价格（PCP）之间的差额。当前发布的县农产品价格反映了农产品在当前基础上调整的市场价格。接受贷款补贴性支付的农民将不符合定期贷款计划的条件。

贷款补贴性支付 = 县贷款利率 - 发布的县价格

羊毛和马海毛贷款计划支付自1954年《羊毛和马海毛法案》授权后首次受到给付限制（Pollack and Lynch 1991）。

鼓励减少种植面积——定向选择支付

定向选择支付（Targeted Options Payments）允许农产品价格按照已宣布的面积减少计划（ARP）率自动增加或减少，对农作物的补贴性支付也可以增加或减少。在面积减少计划中，市场价格上升或下降一个百分点，生产者可以得到目标价格0.5%—1%的增加或减少。

三基计划：ARP、NFA和OFA

三基包括种植面积减少计划、正常的灵活种植面积（Normal Flex Acres，NFA）计划和可选择的灵活种植面积（Optional Flex

Acres，OFA）计划。1990 年《综合预算调节法案》（OBRA，PL
10I-50S）开始实施正常的灵活种植面积计划,并要求1990年《粮食、
农业、水土保持和贸易法案》计划支付减少 15%。灵活种植面积的灵
活性允许生产者在基期地面积的 25% 上生产其他"符合条件的"农
作物,其中包括 15% 所需的正常的灵活种植面积和额外 10% 的可选
择的灵活种植面积。正常的和可选择的灵活种植面积上种植的农作物
不是基础农作物,不符合获得计划补贴性支付的条件。

以供给控制的名义,农民面临的决策变得复杂起来。自愿"种
植面积减少计划"要求农民减少基期地面积种植,以获得农业计划支
付。对小麦设定了面积减少的最小和最大百分比,但最低限度每年
都不同。玉米和饲料谷物种植面积减少的最小额是根据 1990 年农业
法案的期限确定的。减少的土地面积必须致力于环保用途。根据减
少供给的必要性,农业部长有权制订付费土地转移计划（Paid Land
Diversion),向农民支付,使其减少超出所需水平的基期地种植面积。

还有其他复杂情况。比如,1993 年《综合预算调节法案》（OBRA）
将"0-92"计划修改为关于饲料谷物和小麦的"0-85/92"计划,将
"50-92"计划修改为关于棉花和大米的"50-85/92"计划。1991—
1992 年符合计划支付条件的面积保持在 92%,但根据《综合预算调节
法案》,1994—1997 年这一比例将减少到 85%（PL 103-66）。[12]

计划支付取决于参与"种植面积减少计划"和灵活条款的水平。
正如库卡（Kouka）和同事关于棉花情况所说的,除了"种植面积减
少计划"外:

　　根据 1990 年农业法案,农民种植一种农产品的基期地

面积的 15% 被指定为"正常的灵活种植面积"。在这些土地上，农民可以种植棉花或替代性农作物，但不会得到补贴性支付。面积的另外 10% 被指定为"可选择的灵活种植面积"，农民可以在这些土地上种植棉花，并获得补贴性支付，也可以种植替代性农作物但要被没收补贴性支付。

（Kouka, Duffy and Tylor 1994, 276）

由于交叉遵守条款和基期地建设也影响了农产品计划支付，根据《粮食、农业、水土保持和贸易法案》，它们被禁止了。

支付限制

对于小麦、饲料谷物、棉花和大米的计划支付中，补贴性支付限额定为每人 550,000 美元，销售贷款收益、贷款补贴性支付和芬德利贷款限额为每人 75,000 美元，所有计划支付的总和不得超过每人 250,000 美元。

1994 年《联邦农作物保险改革法案》(PL 103-354)

自 1938 年《农作物保险法案》和联邦农作物保险公司（Federal Crop Insurance Corporation）成立以来，联邦农作物保险已经出现，但其使用却非常有限。保险销售仅限于主要农作物和主要农作物生产地区。1980 年《联邦农作物保险法案》（Federal Crop Insurance Act）为农民提供了政府补贴保险费，这通过与农作物保险公司的公共或私人合作伙伴关系扩大了该计划的使用。保险费率和法规由美国农业部制定，私营公司出售保险并从美国农业部报销费用。

对农作物保险计划的各种批评导致了 1994 年《联邦农作物保

险改革法案》（Federal Crop Insurance Reform Act）［和《农业部重组法案》（Department of Agriculture Reorganzation Act）］的出台。国家农作物保险服务局（National Crop Insurance Services）主席鲍勃·帕克森（Bob Parkerson）表示，"只有在美国，也只有从1994年开始的农作物改革才是一个有效的制度性典范"（Parkerson 1998，1）。

　　美国国会指示联邦农作物保险公司向那些有保险计划的农作物提供灾难性风险保护（catastrophic risk protection）保险，向那些没有保险计划的农作物提供非保险援助计划（non-insured assistance program）。该法案还批准了区域损失计划［或现在所称的集群风险计划（Group Risk Plan）]。《保险改革法案》的其他规定还包括关于收入和收入保险试点计划的授权，但牲畜被排除在保险计划之外。

　　1994年农业法案第二章重组了对农产品计划支付有影响的美国农业部。农业部的农业稳定和保护服务（Agricultural Stabilization and Conservation Service）办公室与农场服务局区域办公室合并，减少了员工人数。新的农场服务局被赋予以下管辖权：

　　（1）价格和收入支持计划；

　　（2）联邦农作物保险公司；

　　（3）农业信贷计划；

　　（4）农业保护计划，包括初始上诉管辖权。

　　重组的目的是提供"综合农场服务局和自然资源保护服务局最大限度的配合"（《农作物保险改革法案》）。

1996年《联邦农业改进和改革法案》（FAIR，P.L.104–127）

《联邦农业改进和改革法案》（Federal Agricultural Improvement

and Reform Act）作为一个为期七年的农业法案实施。在经过关于农业法案的必要性和公平性的广泛辩论之后，新法案在1990年农业法案中与农产品有关的大部分条款失效后被签署为法律。由于1990年农业法案期满，有人猜测是否将实施永久性立法的条款，或者继续实施1990年农业法案条款。1990年农业法案一直持续到1996年农业法案获得通过为止。

在1996年农业法案通过之前，城镇居民批评农民获得支付不是为了农业，而是在占政治制度和纳税人的便宜。但是，有些农民认为，如果政府能够"远离"他们，他们将会生活得更好。国会采纳了这两个方面的批评并且通过了1996年农业法案。出于政治和预算的考虑，美国国会通过了1996年农业法案，并告诉农业生产者这将是最后一个农业法案，因此具有特殊重要性。根据这个"农业自由"法案，农业生产者将在这七年的过渡期内被农业计划支付"断奶"。在过渡期内，根据《农业市场过渡法案》（Agricultural Marketing Transition Act）制定的"生产灵活性合同"（Production Flexibility Contract）计划支付是每年固定但却逐年减少的。

通过《联邦农业改进和改革法案》，农业种植的灵活性得到了延伸。农民可以"自由种植"任何符合条件的农作物，或在农业计划的基期地上收割干草、放牧或将其用于环保用途，但是，禁止在基期地上种植水果、蔬菜和坚果（除了扁豆、干豌豆和绿豆以及有复种历史的土地）。在基期地上种植替代农作物的灵活性被视为一种政策工具，促使农民对市场供求和国际竞争做出及时反应，并更好地管理其土地的生产力。

新的灵活性条款和支付条款

在1996年《联邦农业改进和改革法案》中，关于农产品条款的前身还可以在以前农业法案的灵活种植面积条款中看到。与 1990 年法案的"三基"不同,"生产灵活性合同"支付与基础农作物生产"脱钩"(除了那些在基期地上禁止种植的水果、坚果和蔬菜)。与基础农作物生产脱钩意味着将对基础农作物提供支付,而不是对在基期地上种植的实际农作物支付。

1996 年农业法案不再授权目标价格、补贴性支付和休耕要求。"生产灵活性合同"将向生产者符合条件的基期地面积的 85% 提供支付。[13] 被授权有资格得到合同支付的农作物包括小麦、玉米、高粱、大麦、燕麦、陆地棉和水稻,但不含超长绒棉。

1996 年农业法案将所有贷款条款改为销售贷款。农业法案还为符合条件的农产品设定了无追索权贷款利率,但是农业部长仍然有权降低利率,以维持国际竞争力,并且允许生产者选择贷款补贴性支付,而不只是九个月的贷款。[14]

符合"生产灵活性合同"条件的农作物、大豆和其他油籽作物也都符合销售贷款计划的条件。超长绒棉和陆地棉有资格获得 10 月期贷款,剩下的计划农作物有资格获得 9 月期贷款。以前法案中,棉花可获得 8 个月贷款延期的条款被取消了。根据《联邦农业改进和改革法案》,农民的自有储备(长期储蓄贷款)被暂停。[15] 获得贷款或贷款补贴性支付的农业生产者将被给予销售证书,而且证书不计入计划支付限额。

超长绒棉保留了对贷款计划的"追索"资格,但对贷款补贴性支付没有追索权。可追索贷款不同于无追索权贷款,因为它必须偿还,而且农产品信贷公司不能没收农作物。

支付限制

根据 1996 年农业法案,"在任何财政年度内,按照一份或多份生产灵活性合同"，销售贷款收益和贷款补贴性支付计划支付总额最初限定为每人 75,000 美元。但是，根据"三实体规则"（3-entity rule），农业生产者可获得额外的 75,000 美元。对于 1999 年农作物，《美国农业部拨款法案》（USDA Appropriations Bill）（第 813 条，106–78）将限额提高到 150,000 美元。根据一个或多个合同，"生产灵活性合同"支付的限额为每人 40,000 美元，但是，根据"三实体规则"最多可额外支付 40,000 美元。"三实体规则"是指一个人可以收取另外两个实体最多 50% 的额外支付，"只要他在第二或第三个实体中的股份分别不超过这两个实体的 50%"（Young and Shields 1996）。

乳制品

根据《联邦农业改进和改革法案》，牛奶销售规则从 31 个减少到 10—14 个。1996—1999 年期间的价格支持被削减，并在 1999 年 12 月 31 日后取消了价格支持。然而，随后的立法将价格支持延长到 2002 年。

糖

《联邦农业改进和改革法案》重新授权糖加工商的贷款计划。糖与其他农产品不同，因为政府贷款给糖加工商，糖加工商反过来要保证遵守美国农业部制定的甜菜或甘蔗的最低价格。[16]

1934 年《食糖法案》（Sugar Act）[琼斯－科斯蒂根法案（the Jones-Costigan Act），随后是 1937 年和 1948 年的《食糖法案》]授权糖为基本农产品。在 1974 年之前，糖业一直根据国内销售配额和种植面积配额以及国外销售配额计划经营。在该法案过期后，直到 1977 年才恢复了对糖业的贷款计划。1981 年、1985 年和 1990 年农业法案保留了对糖业的贷款计划，并增加了一个补贴性支付类型，建立了"市场稳定价格"（market stabilization price）。

1985 年农业法案要求糖业计划在对政府不产生任何净成本的情况下运作，还要求支付被农产品信贷公司没收的糖的罚款。为了控制成本，1990 年农业法案还对能向国内销售的加工商数量进行了限制，当进口量下降到 125 万吨以下时，将对加工商实施销售分配。但 1996 年农业法案废除了这一规定。

为了减少赤字，1990 年和 1996 年农业法案都规定了对加工商强制实施销售评估（表示为贷款利率的一个百分比）。根据 1996 年《联邦农业改进和改革法案》，当进口达到 150 万吨的法定水平时，糖业可以获得"可追索贷款"，然后再将所有贷款转为无追索权贷款。

花生

虽然花生配额、额外的生产和销售制度受到批评和指责，但仍保留在 1996 年《联邦农业改进和改革法案》中（Jurenas 2002）。反对配额制度的批评者认为，花生的支持价格远高于国际价格；还有人认为，如果取消价格支持计划，消费者将以较低的成本购买花生产品。因此，1996 年的花生计划需要在政府没有任何净成本的情况下运作。按照 1996 年农作物贷款数量的 1.15% 和 1997—2002 年贷款的 1.2% 进行估价，估价价格由生产者和购买者共享，并将用于支付花生计划的费用，其中种植者支付估价价格的 54.2%，第一购买者支付 45.8%。

在《联邦农业改进和改革法案》下，配额花生的价格支持水平降至 610 美元 / 吨，额外花生的贷款利率定为 146 美元 / 吨。农民为了获得配额价格可以出售其配额，然后不得不"出售"超出配额的花生以获得附加的价格（一般为贷款价格）。由于配额花生不能有利可图地生长，农民使用"添加剂"作为风险管理工具，以确保种植足够的花生从而满足其配额要求。销售配额可以从那些不想种植花生的配额所有者那里租赁获得。

保护

1996 年农业法案包括环境保护面积储备计划（Environmental Conservation Acreage Reserve Program），该计划由环保储备计划、湿地保护区计划（Wetlands Reserve Program）和环境质量激励计划（Environmental Quality Incentives Program）组成。其中，湿地保护区计划允许向在长期地役权中登记的 975,000 英亩土地的所有者支付，以保护湿地。环境质量激励计划为农作物农场和畜牧场的费用分担型环境改善项目提供资金。

1996 年农业法案授权的新的保护包括农场选择保护、洪水风险保护、耕地保护、湿地生态系统恢复、野生动物栖息地激励和保护私人牧场等计划。法案还修订了农产品信贷公司章程，允许在保护计划中使用贷款资金，并于 1997 年 1 月生效（Salathe and Langley 1996）。

不再有农业法案？

21 世纪仍然存在的农产品低价和持续的农产品供给过剩，意味着美国农业部门收入下降。农民把 1996 年《联邦农业改进和改革法案》称为"失败的自由法案"："批评者指出，该法案相当于废除了旨在直接保护农民免受市场大幅波动的影响的罗斯福新政的农场计划，这样的波动在大萧条时期毁灭了农民。"（Lilliston and Ritchie 2000，网站）农村联盟补充说，《联邦农业改进和改革法案》"取消了以前在限制生产时确保农民收入的生产控制"。在农场活动介绍会上，约翰·伊克尔德表示，"农业自由"被称为"失败的自由"是因为"美国农民发现他们根本无法以全球化提供的市场价格生存"（Ikerd 2002，网络）。

尽管美国国会承诺不再有农产品计划支付，但是，为了应对政治压力，自 1996 年起的农产品低价导致了 1998—2000 年补充援助支付和紧急 "市场损失援助" 支付的实施。最终结果是通过了 2002 年农业法案。

总结

20 世纪的农业立法逐步将农产品计划从分配和配额转变为补贴性支付、土地休耕（环保用途）和后来的在基期地上灵活种植。到 20 世纪末，糖、烟草和花生计划与配额和分配保持挂钩，其他农产品计划都发生了重大变化。

20 世纪末，美国的农业法案、农业计划和农业项目并没有能够缓解农产品声誉和政府开支问题。除了 1973 年的俄罗斯小麦交易外，农产品剩余仍然是市场上的负担。未能限制剩余和政府给付成本，推动美国政府探索建立成本较低，甚至无成本的农业计划，并且将农业计划与国际市场价格联系起来。1985 年农业法案被认为是农场计划的一个转折点，因为基期地的做法被停止了。考虑到农民将会在种植中对市场做出反应，并减少农产品剩余，随后的立法允许采取灵活性种植（包括不种植）。然而，联邦预算费用还在继续增加，农民似乎什么都不用做就可以得到政府的支付。为了应对农业计划所遭受的批评，美国国会通过了 1996 年农业法案，宣布提前结束这些计划。为了应对农产品低价带来的政治压力，美国国会通过了 2002 年农业法案。

附录：1985—1996 年预算和种植面积的减少

根据 1985 年农业法案及随后的一些规定，农业计划对联邦安全署确定的产量和基期地面积提供支付。这个农业法案在满足农民在金融危机中的需求和满足政府控制支出的需求之间取得了平衡。

农业政策为什么从配额和分配变为基期地面积和确定的产量？一个可能答案是农业生产者批准所需的全体投票包含一定程度的不确定性。在过去，实施分配和配额的全体投票被否决，但基期地可以使得供给估计更可靠，也可使得预算估计更具确定性。

基期地的缺点？

基期地不是没有缺点的。在允许"基期地建设"期间，农民通过增加符合基期地条件的农作物生产来应对市场高价，造成基期地计划农产品供给量的增加。用单一栽培的做法使支付最大化会对自然环境造成不良影响。基期地的副作用是，计划支付被资本化为土地招标价格，从而使其很难进入农业部门。

农产品计划支付

基期地建设往往加剧了农产品的供给过剩，并使农产品价格保持低位。反过来，农产品低价往往会增大政治压力，从而允许增加基期地计划支付产量、基期地英亩数、补贴性支付或某种支持价格。

在此条件下，旨在调节市场供给的销售贷款和农民自有储备计划得到实施。农民自有储备可以使粮食价格脱离市场供求关系两年半到三年，使市场贷款脱离市场供求关系的时间九个月。当政府认为有必要减少国内供给时，就会实施土地休耕计划，以减少种植。问题是，市场了解和考虑储存中的农产品供给，外国竞争对手也了解美国的农业生产水平。储存的农产品成为市场的阻力，外国竞争对手也会根据美国国内供给的减少来调整自己的农业生产。

灵活性

在基期地上种植可选农作物的灵活性使农民能够更好地响应市场条件的变化。灵活性有助于节省单个农业耕作的投入成本。如果总面积的一定比例用作环保用途，并减少投入的需求，短期内农民将会通过投入要素价格的下降看到成本效益。理论上，每单位肥料投入量越多将导致较好的土地用于生产，但最差的土地会被休耕。肥料价格的下降导致单位产量的投入成本下降，从而导致农作物边际成本（MC）曲线向右移动。

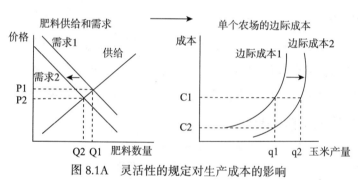

图 8.1A　灵活性的规定对生产成本的影响

图 8.1A 显示了如何通过实施灵活性政策来减少对肥料的潜在总需求。根据灵活性计划的具体情况和减少的需求量，肥料价格可能从P1 下降到 P2。实施的灵活性计划对单个农场边际成本曲线的影响将取决于种植的农作物、合规保护等。然而，给定完全竞争模型（假设所有农场是相同的），边际成本曲线可以用于表示所有个体农场的边际成本曲线。

影响肥料投入的政策变化是生产的固定因素，导致玉米边际成本曲线由于生产成本的降低而向右移动。用相同的生产成本可以生产出更多的产量，或者，可以以更低的成本生产相同的产量，节省了

C1-C2 的成本。

通过面积减少计划、灵活性或"0-50/92"计划来休耕大量种植面积的政策可能对肥料和其他要素产生影响，这是通过减少对其产品的需求实现的。然而，农民的反应可能是增加用于未被休耕土地的肥料和其他投入的数量。在允许基期地建设的一段时间内，这将提高产量（高达一个点），而这意味着更多的农业计划支付，从而至少减轻一些肥料需求曲线的移动（成本降低）。通过允许灵活性减少基本农作物供给来减少计划支付的政策目标将被允许基期地建设的政策所抵消。

图 8.2A 显示，虽然基期地建设可能增加供给，但灵活性和"0-50/92"计划可能减少供给。基期地建设必须完全由灵活性和休耕土地来补偿，从而导致供给移动到供给 1。需要指出的是，在现实中，不能同时实行灵活性和基期地建设政策。

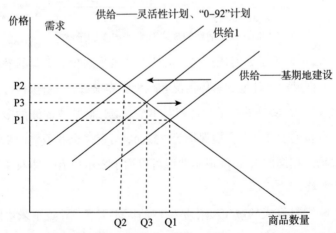

图 8.2A　在基期地建设中，灵活性和面积减少对市场供给的影响

根据灵活性条款，经济学家劝说农民计算成本和回报，以确定是

否实行土地休耕，以及在基期地是生产基本农作物还是种植其他"符合条件的"农作物。为此提供的可供农民使用的方法包括经济学家开发的政策分析电子表格以及计算机工具。这些案例可以在明尼苏达大学的"agrisk 图书馆"（www.agrisk.umn.edu）找到。

农产品贷款计划

关于农产品贷款计划的批评是，它们可以在市场上设定最低价格，即"价格下限"。引入芬德利贷款和销售贷款，就是希望通过适应国际市场条件的贷款利率变化来消除这样的最低价格。

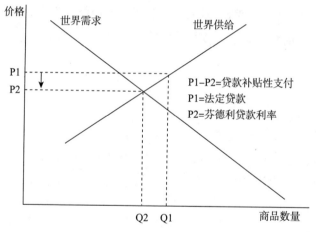

图 8.3A　关于芬德利贷款计划的调整

图 8.3A 显示了由芬德利贷款计划所导致的调整情况。如果美国农产品在 P2 的价格下出售，则它们是以（P2，Q2）的世界均衡率出售的。然而，如果美国贷款利率（P1）设定在均衡之上或如果价格下降到低于贷款利率，将会导致供给过剩。为了保持美国农产品在国际市场上的竞争力，被设定为 P1 的法定贷款利率通过芬德利贷款规定减少到 P2。农民将其农作物以 P2 的价格放贷，然后由政府以补贴性

支付的形式支付 P1 和 P2 之间的差额。这样，农作物购买者能够以国际价格 P2 购买到农产品。

　　饲料谷物、小麦和稻米的销售贷款条款与芬德利贷款条款不同。根据 1985 年农业法案，如果农产品价格低于设定的贷款利率 P1，符合条件的农作物可以得到销售贷款。如果市场价格仍然在贷款利率之下，农民可以将农作物上缴给农产品信贷公司或按贷款偿还价格（或至少是基本贷款利率的 70%）偿还贷款。该计划的参与者将获得 P1 和偿还价格之间的差额，而农产品信贷公司库存将以 P2 的价格出售给购买者。或者，计划参与者可以放弃将农作物放贷，而是获得 P1-P2 的贷款补贴性支付，然后在市场上以 P2 的价格卖出农作物，如图 8.4A 所示。

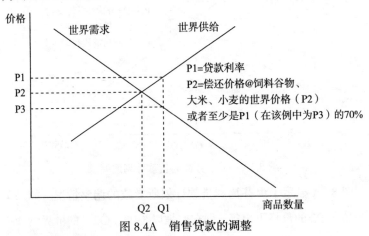

图 8.4A　销售贷款的调整

销售贷款计算

贷款利率 = P1

11 月的收获价格 = 国际价格 = P2

贷款利率的 70%＝P3

如果 P2 的收获价格低于贷款利率 P1，但等于国际价格，则农民能够将 Q1 的农作物以 P1 的价格用于放贷，并获得

$$P1 \times Q1 = 总收入$$

如果九个月后市场价格没有上升到 P1 以上，仍然处于 P2，农民可以将农作物上缴给农产品信贷公司，并且收入等于 P1 × Q1，或者，他们可以从农产品信贷公司赎回农作物，偿还贷款 P2 × Q1 并且获得 P1 × Q1–P2 × Q1 的销售贷款收益。然后他们可以在市场上销售农作物 P2 × Q1，其收益等于获得 P1 × Q1 的收入。对于符合条件的农作物：

贷款金额 = P1 × Q1

贷款偿还金额 = P2 × Q1

销售贷款收益 = P1 × Q1–P2 × Q1

在市场上的销售额 = P2 × Q1

总贷款收入 = P1 × Q1–P2 × Q1+P2 × Q1

最大补贴性支付

总的最大补贴性支付是由符合条件的农产品的目标价格减去其市场价格（当年前五个月的平均值）或贷款利率二者中的较高者，以及贷款利率中的芬德利扣除减去季节平均市场价格（基于 12 个月的平均值）的组合确定的。支付根据的是"计划"中符合条件的生产，而不是实际生产。

例如，假设市场价格和贷款是相同的。每单位（蒲式耳、英担、磅）最大的可能补贴性支付将计算为：

目标价格 3 美元 – 市场价格 2.25 美元 = 最大补贴性支付 0.75 美元

贷款中芬德利扣除的部分将导致紧急补偿性支付，如果贷款向下调整为 1.80 美元 / 蒲式耳，而市场价格低于这个价格，则芬德利贷款

缺口或每蒲式耳的紧急补偿性支付额将是：

调整的贷款利率 2.25 美元 – 芬德利贷款利率 1.80 美元 = 补偿性支付 0.45 美元

所产生的政府支付额将是：

常规缺口 + 芬德利贷款 =1.20 美元 / 蒲式耳，或 0.75 美元 +0.45 美元 =1.20 美元 / 蒲式耳

市场价格调整高于芬德利贷款

1987 年，玉米目标价格为 3.03 美元 / 蒲式耳，基本贷款利率为 2.28 美元。芬德利扣除的部分将基本贷款利率降低至 1.82 美元 / 蒲式耳。根据 1985 年农业法案，最大可能的补贴性支付将提供 1.21 美元 / 蒲式耳（表 8.1A）。然而，由芬德利贷款减少引起的调整导致 1987 年的补贴性支付为 1.09 美元 / 蒲式耳。由于市场价格（1.94 美元）高于减少的芬德利贷款水平，补贴性支付减少到 1.09 美元 / 蒲式耳，而不是 1.21 美元 / 蒲式耳。尽管 0.34 美元（基本贷款利率减去表 8.2A 中的市场价格）的补贴性支付被认为是紧急补偿，但要注意 3.03 美元的目标价格减去 1.94 美元的市场价格等于 1.09 美元 / 蒲式耳，如表 8.2A 所示。

表 8.1A　1987 年玉米的最大计划补贴性支付

目标价格	$3.03
基本贷款利率	$2.28
补贴性支付	$0.75
公布的（芬德利）贷款利率	$1.82
紧急补偿（$2.28–$1.82）	$0.46
基本补贴性支付 + 紧急补偿	
最大补贴性支付总计	$1.21

表 8.2A　1987 年调整后的玉米计划补贴性支付

目标价格	$3.03
原始基本贷款利率	$2.28
公布的（芬德利）贷款利率	$1.82
市场价格	$1.94
补贴性支付	$0.75
+	
紧急补偿	$0.34
补贴性支付总计	$1.09

由于市场价格高于芬德利贷款水平，这种情况下的补贴性支付会向下调整。在根据所需的种植面积减少计划水平减少面积后，将按照既定的美国农业部产量和基期地面积进行支付。1987 年，种植面积减少计划为 20%，将其用于有 100 蒲式耳确定产量的 100 英亩的基期地上，意味着补贴性支付是针对 80 英亩而不是 100 英亩。在表 8.2A 所示的每笔支付示例中，总的计划补贴性支付为：

（补贴性支付 1.09 美元）×（100 蒲式耳）×（80 英亩）=8,720 美元

1987 年，芬德利贷款减少意味着联邦预算节省了 10 亿美元以上。

"0-92""50-92"和"未充分种植"

根据"0-92"和"50-92"计划赢利方面的考虑，要求没有种植计划农作物的土地用于环保（环保用途的土地，或简称 CUA）。表 8.3A 显示了在"0-92"计划下休耕允许种植的面积的一半的结果。

表 8.3A   估算的面积减少计划和"0-92"计划的补贴性支付

玉米基期地面积（英亩）	100
1989 年面积减少计划	10%
允许种植的面积（英亩）	90
额外的土地休耕（英亩）	40
每蒲式耳的补贴性支付价格	$0.58
对玉米基期地面积的补贴性支付	
玉米 50 英亩 × 100 蒲式耳 × $0.58=	$2,900.00
10 英亩的 ARP 面积	$0.00
40 英亩的休耕面积 × 100 蒲式耳 × $0.58 × 92%=	$2,134.40
补贴性支付总计	$5,034.40

假设 1989 年有一块 100 英亩的玉米基期地，在"0-92"计划下这块土地部分用于种植玉米。1989 年饲料谷物的种植面积减少计划要求的比例是 10%，剩下的 90 英亩基期地可用于种植玉米。如果被允许种植的基期地面积中有 50 英亩专门用于种植玉米，剩下的面积休耕，则 50 英亩的玉米种植将有资格获得秋季补贴性支付。30%的种植面积减少计划中的土地面积将不具备支付资格。40 英亩的休耕有资格获得部分的补贴性支付（92%）。表 8.3A 说明了这一计算结果。

从农业生产者的角度来看，赢利考虑将包括在整个允许种植的面积范围内计算潜在市场收入和损失的收入、减少的投入成本、节省的时间、对未来产量的影响等。根据 1993 年的农业立法所进行的修订，使得下面计算所示的 92% 的支付率降至 85%，示例可以相应调整。

奶牛群的全面收购

20 世纪 80 年代，奶牛收购影响了市场汉堡肉供给，屠宰的奶牛一般供给到该市场。牛奶的总供给曲线向左移动，反映了牛奶供给量的减少。汉堡的供给曲线向右移动，反映了汉堡供给的增加。因此，肉牛的生产者将通过降低牛肉（汉堡）价格来承担奶牛回购政策的部分成本，如图 8.5A 所示。这可能是政策的一个意想不到的后果；在考虑收购立法时，有很多关于这一案例的讨论。

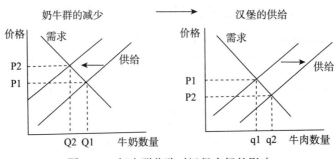

图 8.5A　奶牛群收购对汉堡市场的影响

1990 年农业法案的灵活种植面积

1990 年农业法案提出了 15% 正常的灵活种植面积的要求，这减少了农产品种植面积，并对基期地面积的 85% 进行支付。除此之外，还有一个强制性的种植面积减少计划（所要求减少的百分比根据年份和农作物都会不一样）和一个可选择的灵活种植面积计划（减少10% 的基期地面积）。种植面积减少计划和可选择的灵活种植面积都不符合计划支付资格。种植面积减少计划是一个必要的减少，而参与10% 的可选择的灵活种植面积计划是自行决定的，其他符合条件的农作物都可以种植在这些土地上。

1991 年，小麦所需的种植面积减少计划为 15%，这有效地将该农作物的支付面积减少了 30%（15% 的 NFA + 15% 的 ARP）。如果农民选择使用可选择的灵活种植面积替代，10% 的小麦基期地将不符合计划支付的条件，但是，可以种植另一种符合条件的农作物，这样，小麦的支付面积可以减少 40%（15%NFA+10%OFA+15%ARP）。

1993 年对玉米有 10% 的种植面积减少计划。以该年为例，正常的灵活种植面积计划规定，允许在 15% 的基期地面积上种植替代的符合条件的农作物（包括基础农作物）。符合条件的农作物包括计划农作物、油籽以及除了水果和蔬菜以外的农作物。种植的农作物不会获得 15% 正常的灵活种植面积的补贴性支付，包括基本农作物。可选择的灵活种植面积计划规定，允许农业生产者酌情决定种植额外 10% 的其他符合条件的农作物。10% 的可选择的灵活种植面积仅适用于种植除基础农作物以外的农作物，补贴性支付不包括对可选择的灵活种植面积的支付。

假设有一个 100 英亩的基期地，10% 的种植面积减少计划和 15% 的正常的灵活种植面积计划将玉米计划支付限制为 75 英亩（10% 或 10 英亩 +15% 或 15 英亩）。在 10% 的玉米基期地面积（OFA）上种植一种可选的农作物（如大豆）会将玉米计划支付减少到 65 英亩。1993 年，玉米的补贴性支付率为 0.28 美元 / 蒲式耳，如表 8.4A 中所示的值，没有可选择的灵活种植面积计划的总补贴性支付为 2,100 美元。将支付面积额外减少 10%（OFA）将导致补贴性支付减少到 1,820 美元。如表 8.4A 所示，从利润的角度来看，如果在这些土地上种植替代农作物所得比种植玉米所得多 280 美元，参与额外 10% 的可选择的灵活种植面积计划才能是合理的。

表 8.4A 1993 年玉米正常的灵活种植和可选择的灵活种植

对减少正常的灵活种植的玉米基期地面积的补贴性支付	
玉米 75 英亩 × 100 蒲式耳 × $0.28=	$2,100.00
没有支付的 10% 的 ARP 面积（10 英亩）=	$0.00
没有支付的 15% 的 NFA 面积（15 英亩）=	$0.00
补贴性支付总计 =	$2,100.00
（75–10）× 100 × $0.28=	–$1,820.00
额外 10% 的 OFA 所造成的减少	$280.00

表 8.5A 灵活性比较：具有 0.28 美元的补贴性支付、替代性农作物大豆，以及 100 蒲式耳美国农业部产量的 100 英亩玉米基期地 VS 没有政府计划参与

	#1：玉米	#2：大豆替代玉米	
	玉米	玉米	大豆
农业部产量	0	100	
收获产量	100	100	37
市场价格	$2.30	$2.30	$6.50
面积	100	100	0
–10%ARP	0	90	0
–15%NFA	0	75	15
–10%OFA	0	65	10
种植面积	100	65	25
补贴性支付面积	0	65	0
补贴性支付	$0	$1,820	0
市场收入	$23,000	$14,950	$6,013
总收入	$23,000	$22,783	

在表 8.5A 中可以看到关于农业生产者的一个例子。比较两种政策选择，每英亩大豆的产量为 37 蒲式耳，为了在不允许种植大豆的

玉米基期地上不赔不赚，每蒲式耳大豆的价格必须为 6.50 美元。在这种情况下，市场价格相同，不参与该农业计划将是一个更好的选择。当然，这些是估计的总回报，需要计算净回报以确定。同时，政府计划对应对价格下降所提供的保护也需要加以考虑。

生产灵活性合同支付

1996 年《联邦农业改进和改革法案》废除了目标价格、补贴性支付和面积减少计划，允许在基期地面积上自由种植替代性农作物，但禁止的农作物如水果、蔬菜和坚果除外。根据《农业销售和过渡法案》（AMTA），唯一要进行的评估是，是否参与政府计划和获得生产灵活性合同计划支付。生产灵活性合同是基于农业计划中基期地面积的 85%，以及农场服务局确定的符合条件的玉米、高粱、大麦、燕麦、小麦、棉花和水稻等农作物的产量进行支付。1996 年，一个 100 英亩的玉米基期地，农场服务局产量为 100 蒲式耳，农业销售和过渡支付为 0.35 美元 / 蒲式耳，则将提供的支付为 100 英亩 × 100 蒲式耳 × 85% × 0.35 美元 / 蒲式耳 =2,975 美元

讨论

1. 农产品"销售贷款"规定和常规农产品贷款计划有什么不同？

2. "芬德利贷款"计划是什么？它们与销售贷款有什么不同？

3. 定义以下术语：

    a. 基期地面积

    b. 过剩基期地面积

    c. 计划支付产量

    d. 计划支付面积

    e. 农产品信贷公司的可追索贷款

    f. 农产品信贷公司的无追索权贷款

    g. 农产品证书

    h. 补贴性支付

    i. 贷款补贴性支付

    j. 乳制品价格差额

    k. 实物支付

    l. 草皮退守条款

    m. 沼泽退守条款

    n. 种植面积减少计划

    o. 付费土地转移

    p. 正常的灵活种植面积

    q. 可选择的灵活种植面积

    r. 生产灵活性合同支付

    s. 环境质量改善计划

4. 基期地面积和计划支付面积有什么不同？

5. 是非题：补贴性支付由基期地面积而不是计划支付面积决定。

6. 可追索贷款和农产品信贷公司贷款有什么不同？

7. 基于以下价格计算贷款补贴性支付值：

    a. 贷款利率 =2.30

    b. 市场价格（发布的县价格）=2.00

8.1986—1987 年的乳制品购买计划是什么？

9. "基期地建设"是什么？它对参与农场计划的农民有什么好处？

10.1981 年农业法案如何修改花生计划？

11. 列出 1985 年农业法案中用于减少农产品剩余的三项政策。

12. "0-92" 计划是什么？涉及什么农作物？

13. "50-92" 计划是什么？涉及什么农作物？

14. 实物支付和滚动支付是什么？是如何运行的？

15. 什么是环保储备计划？

16. 生产者如何获得土地参与环保储备计划？

17. 一旦农业法案通过，除了新的农业法案之外，是否不能更改其任何条款？

18. 1989 年《综合预算调节法案》为种植灵活性树立了怎样的先例？

19. 1990 年《综合预算调节法案》的意义是什么？

    a. 对种植灵活性来说

    b. 对贷款计划来说

    c. 对补贴性支付来说

20. 列出并描述出三个影响农业生产的五个灾害指示。

21. 农业灾害是什么？

22. 描述 1990 年的 "三基" 计划。

23. 1993 年《综合预算调节法案》对 "0-92" 和 "50-92" 计划有什么意义？

24. 1994 年《农作物保险改革法案》给农作物保险计划带来了哪些重要变化？

25. 1994 年《农作物保险改革法案》给县农业部办公室带来了哪些重要变化？

26. 糖的贷款计划和其他农产品的贷款计划之间的主要区别是什么？

27. 1996 年农业法案对于未来农业法案来说意味着什么？

28. 画图表示实施面积减少计划对农场边际成本的影响，以及对化肥、种子、机械等投入的潜在需求的影响。

29. 画图表示并解释销售贷款对销售贷款收益的影响。

30. 根据1985年农业法案，计算由补贴性支付和芬德利紧急补偿支付总效应产生的计划支付，假定以下价格：

　　a. 目标价格 =3.00美元

　　b. 基本贷款利率 =2.50美元

　　c. 市场价格 =2.75美元

　　d. 芬德利贷款扣除 =1.75美元

31. "0-92"计划对补贴性支付有什么影响？

32. 画图表示并解释乳制品购买计划对汉堡（牛肉）市场的影响。

33. 是非题：1996年《联邦农业改进和改革法案》保留了目标价格和补贴性支付。

34. 是非题：根据各种农业法案，农业部长被授权降低贷款利率，以维持国际竞争力。

35. 是非题：脱钩的计划支付要求农民在基期地上种植基础农作物，以获得计划支付。

36. 是非题：根据1996年农业法案，所有农民都被允许在基期地上种植水果和蔬菜，并获得计划支付。

参考文献

Alvarez, Jose and Leo C. Polopolus. 1990, November and 2002, June. "The History of U.S. Sugar Protection." EDIS document SC 019, Department of Food and Resource Economics, Florida Cooperative Extension Service, Institute of Food and Agricultural Sciences, University of Florida, Gainesville, FL. (Reviewed October 2008).

Becker, Geoffrey S., Ralph M. Chite, Jean Yavis Jones, Remy Jurenas, Jean M. Rawson, Lenore Sek, Jasper Womach, Jeffrey Zinn, Sandra Osbourn, Charles E. Hanrahan and David M. Bearden. 1996, April 4. *CRS Report for Congress, The 1996 Farm Bill:Comparison of Selected Provisions with Previous Law.* Food and Agriculture Section, Environment and Natural Resources Policy Division, Congressional Research Service, CRS Report 96-304 ENR.

Chite, Ralph M. 2005, June. *Emergency Funding for Agriculture: A Brief History of Supplemental Appropriations, FY1989-FY2005.* Congressional Research Service, CRS Report RL 31095.

Collins, Keith and Larry Slathe. 1990, January. *The Basic Mechanisms of U.S. Farm Policy.* Publication 1479, Economic Research Service, USDA.

Farm Service Agency. 2005, March. *Crop Disaster Program.* Electronic Fact Sheet. http://www.fsa.usda.gov/Internet/FSA_File/cdp05.pdf [accessed November 5, 2014].

FDIC. 1997. *Volume 1: An Examination of the Banking Crises of the 1980s and Early 1990s.* Federal Deposit Insurance Corporation.

Glasser, Lewrene K. 1986, April. *Provisions of the Food Security Act of 1985.* Economic Research Service USDA Bulletin 498. http://www.ers.usda.gov/media/302389aib498b_ 1_.pdf [accessed November 5, 2014].

Hadwiger, Don F. and Ross B. Talbot. 1965. *Pressures and Protests: The Kennedy Farm Program and the Wheat Referendum of 1963.* San Francisco, CA: Chandler Publishing Co.

Ikerd, John. 2002. "New Farm Bill and U.S. Trade Policy Implications for Family Farms and Rural Communities." Presented at the Grain Place Farm Tour and Seminar, Aurora, NE. July 27. http://web.missouri,edu/ikerdj/papers/FarmBill.html [accessed November 5, 2014].

Johnson, James and Milton H. Ericksen. *Commodity Program Provisions Under the Food and Agriculture Act of 1977.* Agricultural Policy Analysis, Commodity Economics Division, Economic Research Service, AER 389.

Johnson, James, Richard W. Rizzi, Sara D. Short and Thomas Fulton. 1982, January. *Provisions of the Agriculture and Food Act of 1981.* Food and Agricultural Policy Branch, National Economics Division, Economic Research Service, United States Department of Agriculture, ERS Staff Report No. AGES 811228.

Jurenas, Remy. 2002, August 8. *Peanut Program: Evolution from Supply Management to Market Orientation.* Congressional Research Service, CRS Report RL 30924.

Kouka, Pierre-Justin, Patricia A. Duffy and C. Robert Taylor. 1994. "Long-Term Planning of a Livestock-Crop Farm Under Government Programs." *Journal of Agricultural and Applied Economics* 26: 275-86.

Krub, Karen R., Jill E. Krueger, and Stephen Carpenter. 2004. *Farmer's Guide to Disaster Assistance, 2004,* 5th edition. St. Paul, MN: Farmers' Legal Action Group.

Lilliston, Ben and Neil Ritchie. 2000, July/August. "Freedom to Fail How U.S. Farming Policies Have Helped Agribusiness and Pushed Family Farmers Toward Extinction." *Multinational Monitor* 7 and 8. http://multinationalmonitor.org/mm2000/00july-aug/lilliston.html [accessed November 5, 2014].

Lin, William, Peter Riley and Sam Evans. 1995, April. *Feed Grains, Background for 1995 Farm Legislation.* Agricultural Economic Report Number 714, Economic Research Service, United States Department of Agriculture.

Lord, Ron. 1995, April. *Sugar: Background for 1995 Farm Legislation.* Agricultural Economic Report No. 711, Economic Research Service, United States Department of Agriculture.

Luttrell, Clifton B. 1973, October. *The Russian Wheat Deal—Hindsight vs. Foresight.* Federal Reserve Bank of St. Louis. https://www.staff. ncl.ac.uk/david.harvey/MKT3008/RussianOct1973.pdf [accessed November 5, 2014].

Parkerson, Bob. 1998, August. "President's Message, 'NCIS Goes Global.'" *Crop Insurance Today* 31(3): 1.

Rural Coalition. n.d., but probably 2001 or 2002. "Brief Background and History of the US Farm Bill, 1949 to Present." www.ruralco.org/library/admin/uploadedfiles/Farmbill_History.doc [accessed November 5, 2014].

Salathe, Larry and James Langley. 1996, April. *Federal Agriculture Improvement and Reform Act of 1996: Farm Commodity Programs Under the 1996 Farm Bill.* United States Department of Agriculture Briefing Booklet.

Siegel, Stan. 1986. "Federal Direct Price Support Payment Programs." Originally pub-lished in *South Dakota Law Review* 31 S.D.L. Rev 363(1986). Reprinted the National Agricultural Law Center. www. NationalAgLawCenter.org [accessed November 5,2014].

Stephenson, Mark. 2010, June 15. *Milk Price Discovery-Alternatives to the Current Product Price Formulas.* http://www.extension.org/pages/11284/milk-price-discovery-alternatives-to-the-current-product-price-formulas#.VFEW72chL4Y [accessed November 5, 2014].

Womach, Jasper. 2000, December 13. *Agricultural Marketing Assistance Loans and Loan Deficiency Payments.* Congressional Research Service, CRS 98-744.

Young, C. Edwin and Dennis A. Shields. 1996, April. *1996 FAIR Act Frames Farm Policy for 7 Years.* Agricultural Outlook Supplement, Economic Research Service, United States Department of Agriculture.

第九章 21世纪的农业立法

维护安全网

20世纪80年代和90年代繁荣与萧条的周期循环，表明对农业安全网的潜在需求。有人认为，这种周期性模式是不可避免的，是需要保护的依据。还有人认为，要通过签订更多的自由贸易协定和增加出口来维护美国农业市场的稳定。在政策上，美国也的确是这样做的。

1996年农业法案随着2002年农业法案的出现而结束。尽管有人说农业计划支付也将结束，市场将占据支配地位，但是，2002年《农业安全与农村投资法案》（Farm Security and Rural Investment Act）决定继续实行农产品计划支持。农产品计划的政治成本使更多的利益集团关注农业立法。国际成本也被强加给美国农业立法，包括巴西对棉花补贴的诉讼。

在2002年《农业安全与农村投资法案》通过之前，美国国会在2000年通过了农作物保险改革，以鼓励农民参与改革。2008年农业法案削减了对农产品的计划支出，但继续实行直接支付（Direct payments）和逆周期计划支付（Counter-Cyclical program payments），并增加了永久性灾害援助，还实施了平均农作物收入选择计划来替代逆周期支付。

2000 年《农业风险保护法案》(PL 106-224)

自 20 世纪下半叶以来，美国政府致力于将农作物保险、灾害计划和农业计划支付纳入一个全面的风险管理一揽子计划。关于特别灾害计划的批评已经不复存在；此前一些批评者认为，特别灾害计划通过提供免费保险影响了农民使用农业保险。为了鼓励农业保险的使用，2000 年《农业风险保护法案》(Agricultural Risk Protection Act，ARPA) 决定进行农作物保险改革，并授权农场服务局（美国农业部）出售灾难性损失保险，撤回对新保险产品进行试点的计划，并且将其提供给私人再保险公司。补贴水平和对农作物保险计划的资助也有所增加。保险和风险消减教育是通过美国农业部合作州研究、教育和推广服务局 (Cooperative State Research, Education and Extension Service，CSREES) 和美国农业部风险管理局 (Risk Management Agency，RMA) 授予给赠地大学进行的。[1] 通过对没有农作物保险的人授权试点保险项目，解决农业生产者缺乏风险保护的后顾之忧。

2002 年《农业安全与农村投资法案》(PL 107-171)

与 1996 年农业法案将是最后一个农业法案的国会声明相悖，2002 年通过的《农业安全与农村投资法案》于 2002 年 5 月正式成为法律。重新授权的农产品计划包括对所涵盖农产品的贷款和农产品计划支付的规定。针对关于计划支付是基于过时的基期地面积和产量（固定在 1985 年的水平）的不满，《农业安全与农村投资法案》提供

了根据支付类型和农作物更新或部分更新基期地面积和支付收益的选择。（Monke 2005）

直接支付取代了 2002 年法案中的生产灵活性合同支付（Production Flexibility Contract payments）。这些支付不再被认为是收购支付，而仅仅是对计划参与的支付。在 1996 年农业法案中被取消的目标价格和补贴性支付得到恢复，并且作为与全国平均价格缺口挂钩的逆周期计划支付系统的一部分。羊毛、马海毛和蜂蜜贷款计划也被重新设立。花生计划、大豆和小油籽被转化为含目标价格、直接支付、逆周期计划支付和销售贷款的计划，花生的销售配额制度被取消。2002 年启动的新计划是"保护安全计划"（Conservation Security Program）和"草原储备计划"（Grasslands Reserve Program）。能源条款为生物能源研究提供了资金，并鼓励使用来自生物产品的可再生能源。贷款、贷款担保和拨款继续存在于法案的各种条款中。

计划支付

陆地棉、大米、饲料谷物和小麦、大豆、花生和小油籽都有资格获得农产品计划支付和贷款计划。其他农作物以及羊毛、马海毛、特长绒棉和蜂蜜也有资格获得贷款计划，但不能获得直接支付和逆周期计划支付。以前的农业法案有部分被保留，包括一些限制性政策，比如禁止复种以及在没有某种农作物生产史的基期地上种植该种农作物，包括水果、蔬菜、野生稻和坚果。[2]

农场主和租户的问题

根据 2002 年农业法案，农场主不能获得直接支付和逆周期计划支付，除非他们可以被归类为农业"生产者"。《农业安全和农村投资法案》将农业生产者定义为自己耕种土地或分担农作物风险的人。

如果农场主和租户"共享租赁"，即如果他得到农作物的一部分作为支付，他就可以是一个生产者，并获得直接支付和逆周期支付。农业计划支付由租户和农场主共享，其比例与其得到的农作物的份额相同。如果农场主得到农作物的三分之一，他可以得到计划支付的三分之一。

租户保护

由于计划支付与《农业安全和农村投资法案》中的生产相脱离，技术上可能的是农场主自己接管"耕种"土地并获得所有农业计划支付。2002年农业法案中对此有所规定，以解决这一问题，但事实上，它提供的保护很少。农场主可以通过提高租金（在现金租金情况下）或取消租户的租赁，以获得所有的农业计划支付。

直接支付

直接支付是1996年《农业销售过渡法案》（Agricultural Marketing Transition Act，AMTA）支付的遗留物。然而，根据2002年法案，没有农业计划支持的收购或逐步淘汰与这些支付有关。支付并不与低价、低产量或低收入挂钩，而只与基期地和属于符合条件的农作物的生产者挂钩。符合条件的农作物的生产者，包括共享租赁的农场主在内，根据这一计划获得支付。

支付与农场序列号（基期地面积）以及农场服务局按照该序列号规定的产量有关。2002年农业法案为2007年以前的农作物年度设定了支付率，每个实体的支付限额为65,000美元。

有资格获得直接支付的农产品是1996年生产灵活性合同支付的那些，加上花生、大豆和油籽。用于计算直接支付额的公式是国会规定的符合条件的农作物的支付率乘以农场服务局为基期地规定的产

量乘以基期地面积乘以 85%，[3] 即

直接支付额 = 直接支付率 × 农场服务局产量 × 基期地面积 ×85%

例如，国会为玉米设定的直接支付率为 0.28 美元 / 蒲式耳，如果农场服务局规定的产量为 100 蒲式耳 / 英亩，基期地为 50 英亩，则总的直接支付额为

直接支付 =0.28 × 100 × 50 × 85%=1190 美元

逆周期支付

逆周期支付是对以前农业法案中补贴性支付的替代。这些支付与基期地面积和农业服务局产量挂钩，但只有在全国季节平均市场价格加上直接支付（如果是贷款利率，则是贷款利率加上直接支付）低于设定的目标价格时才支付。农场服务局出于逆周期支付目的而规定的产量不一定与出于直接支付目的而规定的产量相同，因为逆周期支付的产量可以更新。

逆周期支付就像直接支付一样脱离了实际生产活动，并以基期地面积的 85% 进行支付。符合逆周期支付条件的农产品与有资格获得直接支付的农产品相同，但每个实体的支付限额为 40,000 美元。即

逆周期支付额 =［目标价格 –（平均市场价格和贷款利率二者中较高者 + 直接支付）］× 农场服务局产量 × 基期地面积 ×85%

用于确定逆周期支付的目标价格、直接支付和贷款利率在 2002 年《农业安全和农村投资法案》中被设定，所以上述方程中唯一的不确定变量是季节平均市场价格。生产者不得不等到美国农业部确定了季节平均价格之后，才能确定他们是否可以获得逆周期支付。基于估计的季节平均价格，生产者可以得到预付款。然而，如果在季节结束时确定逆周期支付为零，获得预付款的生产者必须退还支付

款项。

例如，农场服务局规定的每英亩玉米产量为 100 蒲式耳，且有 50 英亩。如果季节平均市场价格为 3.50 美元，逆周期支付的计算为

$$[2.60-(3.50+0.28)] \times 100 \times 50 \times 85\% < 0$$

由于计算结果小于 0，所以逆周期支付为 0。然而，如果季节平均价格为 2.00 美元，则逆周期支付为

$$[2.60-(2.00+0.28)] \times 100 \times 50 \times 85\%=1,360$$

如果季节平均价格低于 1.98 美元的贷款利率，则贷款利率将取代 2 美元来计算 50 英亩土地上的逆周期支付。

2002 年农产品贷款计划支付

农产品信贷公司的销售无追索权贷款和可追索贷款以及贷款补贴性支付被重新授权给符合条件的农作物。可追索贷款和无追索权贷款不再按照基期地面积或农场服务局规定的产量进行支付，而是根据生产者的实际生产量来支付。

根据 2002 年农业法案，对每个实体获得的销售贷款利润和贷款补贴性支付强加 75,000 美元的支付限额，法案所涵盖的农产品的国家贷款利率根据法案的有效期固定下来，但在地方层面可以根据当地的销售条件进行调整。无追索权销售贷款所涵盖的农产品包括玉米、高粱、小麦、大麦、燕麦、大豆、陆地棉、干豌豆、大米、蜂蜜、马海毛、羊毛、鹰嘴豆和小油籽作物，可追索贷款适用于特长绒棉。

无追索权贷款计划的偿还

无追索权的销售贷款可以按照发布的小麦、饲料谷物和油籽的县价格（这反映了当地市场价格），调整后的棉花和大米的国际价格，以及当市场价格低于贷款利率时花生的国家价格来偿还。获得的贷款

额和还款之间的差额是"销售贷款利润"，被计入计划支付限额。

法律要求生产者拥有农作物的所有权，以便使用贷款计划或获得贷款补贴性支付，而且生产者不得以任何方式出售或放弃农作物的所有权。违反此规定已经使得一些农民在过去丧失了贷款资格。

使用贷款计划的选择

以下关于玉米的例子表明了农业生产者在贷款计划中的选择行为。根据《农业安全和农村投资法案》，2002 年 #2 黄玉米的国家法定贷款利率为 1.98 美元 / 蒲式耳。根据运输和当地销售条件调整后，生产者当地县的贷款利率为 2.00 美元 / 蒲式耳，说明有 0.02 美元 / 蒲式耳的正向基差。在收获时，当地当前发布的县价格为 1.90 美元 / 蒲式耳，反映了附近的市场价格。使用这些数据，生产者在无追索权的贷款计划中可用的选择为：

1. 以 1.90 美元 / 蒲式耳的价格在市场上出售农作物。

2. 保留农作物的所有权，并以 2.00 美元 / 蒲式耳的价格获得农产品信贷公司贷款，等到市场价格上涨到 2.00 美元以上，然后，赎回贷款、偿还贷款本金加上利息，并在市场上出售农作物。

3. 将玉米按 2.00 美元 / 蒲式耳的价格贷出，如果市场价格没有上涨到 2.00 美元以上，农产品被农产品信贷公司收购，价格还是 2.00 美元。

4. 保留农作物的所有权，并获得 0.10 美元 / 蒲式耳（2.00 美元 –1.90 美元）的贷款补贴性支付，然后在市场上以 1.90 美元 / 蒲式耳的价格出售农作物。

如果生产者以 1.90 美元的价格在市场上出售 1,000 蒲式耳玉米，他将得到 1,900 美元。在出售后贷款是不可能的，因为生产者将农作物的所有权让渡给了购买者。

如果生产者以 2.00 美元的当地贷款利率贷出 1,000 蒲式耳玉米，他将得到 2,000 美元。九个月后，如果市场价格没有超过 2.00 美元，他可以出售给农产品信贷公司，还是获得 2,000 美元。

一个替代九个月定期贷款的方法是获得贷款补贴性支付，即对当前发布的县价格 2.00 美元和市场价格 1.90 美元之间的差额的补贴性支付。生产者将得到 0.10 美元 / 蒲式耳，然后以 1.90 美元的价格自由销售农作物。生产者将总共收入 2,000 美元。

1. 贷款补贴性支付 =0.10 美元 ×1,000bu=100 美元

2. 市场销售 =1.90 美元 ×1,000bu=1,900 美元

3. 总计 = 贷款补贴性支付 + 市场销售 =100 美元 +1,900 美元 =2,000 美元

证书或现金

根据《农业安全和农村投资法案》，生产者还可以选择获得代表一定数量农产品的以美元计价的证书。证书交易将需要更多的工作，但也可能使生产者获得 2,000 美元。

1. 以当地贷款利率 2.00 美元（×1,000 蒲式耳）贷出玉米。

2. 获得价值 2,000 美元的证书。

3. 在九个月之前，用证书以市场价值或贷款价值两者中的较低者偿还贷款。

4. 如果当前发布的县价格为 1.90 美元，在市场出售玉米，并获得 1,900 美元。

5. 持有证书差额 0.10 美元 ×1,000=100 美元。

6. 交易额 =2,000 美元或 1,900 美元 +100 美元。

《农业安全和农村投资法案》基期地修正

在 2002 年农业法案中，农场主和租户之间的一个问题是修正农产品计划基期地。根据《农业安全和农村投资法案》，土地所有者可以决定是否以及如何修正出于逆周期支付目的的基期地面积和产量。土地所有者（仅仅是出于逆周期支付的目的）可以修正农场服务局基期地面积和计划产量，也可以保持 1985 年农业法案规定的面积和计划产量不变。允许修正也可能根据种植面积历史而改变基期地上的农作物的组合。农场主可以出于直接支付目的而修正农场服务局基期地面积，但不能修正产量。

用于修正基期地面积和产量的决策制定过程不是直接的，而是取决于单个农场的情况。对于直接支付和逆周期支付，土地所有者可以通过以下选项来改变符合条件的基期地面积。

1.1998—2001 年符合条件农产品的平均种植面积，这些农产品用于收获、放牧、割干草、青贮或其他类似用途。

2.1996 年《联邦农业改进和改革法案》中的计划支付面积加上 1998—2001 年符合条件的油籽作物的平均种植面积，并根据指定的四年内禁止种植油籽的面积进行调整。

那些超过实际种植面积的基期地可以选择增加油籽种植面积，但必须减少其他农作物基期地面积，以适应其实际面积。

基期地修正还可以用于来自环保储备计划的符合条件的土地。立法包括花生种植面积、复种和超额基期地面积调整补贴。未做出选择的土地所有者将自动登记他的土地并按照上面的选项 2 来决定基期地面积。农场中所有符合条件的基期地面积必须修正，但在《农业安全和农村投资法案》中保持了 1996 年对种植面积的 85% 的支付率。

产量修正需要单独做出决定,《农业安全和农村投资法案》第
1102 条提到了有资格获得农场服务机构计划支付的产量数。该法案
提出,"除非另有规定,2002—2007 年每个农场某种相关农产品可以
得到计划支付的产量应当与 1995 年规定的农业计划支付产量相同"。

1995 年支付产量是指 1985 年美国农业部规定的农作物产量。土
地所有者可以出于逆周期支付目的酌情决定"部分"修正。除了保留
1985 年产量的选择外,土地所有者还可以采取其他修正方式:

1.适用于直接支付的支付产量（即 1985 年符合条件的产量）总
计,加上 1998—2001 农作物年度（不含零产量年）单位种植面积平
均产量和适用于直接支付的支付产量之间差额的 70%,或者

2.1998—2001 农作物年度（不含零产量年）单位种植面积平均
产量的 93.5%。

允许对新的符合直接支付和逆周期支付条件的农作物进行产量
调整。在指定年份有生产这些农作物历史的农民有资格获得农业计划
支付。一个农场的大豆支付产量由 1998—2001 年（不含零产量年）
的平均产量决定。对于油籽,计划支付产量是 1998—2001 年农场的
平均产量乘以"1981—1985 年油籽的全国平均产量与 1998—2001 年
油籽的全国平均产量的比率"。

对于油籽,如果农场的平均产量低于 1998—2001 年县平均产量
的 75%,该农场的支付产量将被指定为该县平均水平的 75%。农场所
有农作物必须选择相同的修正产量的方法。

2002 年支付限额

如同以前的立法,2002 年农业法案规定了每个有三实体津贴的
"实体"的支付限额,允许使用通用证书且不计入计划支付限额,还对

花生授权了单独的支付限额。那些希望参与农产品计划的人需要保持其农业用地的基期地面积。那些调整后的平均总收入超过 250 万美元的人没有资格获得计划支付，除非这些收入的 75% 以上来自农业生产。

2001 年，基于信息自由的诉求，环境工作组（Environmental Working Group，EWG）发布了一个在农业补贴数据库中获得农业计划支付的个人和团体的列表，通过网站（www.ewg.org）曝光导致了 2008 年农业法案中对个人的支付限制做出了规定。

预付款

为了帮助现金流动，农业生产者可以获得预付的直接支付和逆周期支付，也可以在最后支付期内再获得支付。根据 2002 年农业法案，2002—2005 年，在农作物年度的 12 月可以获得预付的直接支付的 50%，这一比例在 2006 年减少到 40%，在 2007 年减少到 22%。直接支付的最后一部分将在次年 10 月支付。

逆周期支付是基于季节平均市场价格，在 10 月份可以第一次获得高达 35% 的预付逆周期支付，额外的 35% 可以在 2 月份获得，如果还有剩余，可以在下一农作物年度里获得。小麦、大麦和燕麦的最后付款日期是 7 月，大米、棉花和花生是 9 月，玉米、高粱和大豆是下一年的 10 月。

贸易协定问题

2002 年农业法案提出调整计划支付水平以符合国际贸易协定。世界贸易组织的颜色 "箱" 政策为贸易谈判达成协议所允许的补贴类型和数额提供了准则。

在世界贸易组织框架下，目前仍然生效的补贴可以归类为 "绿箱、蓝箱、黄箱或红箱"，这取决于补贴政策所造成的贸易扭曲程度。

绿箱补贴是不会引起贸易扭曲的政策，也不受世贸组织限制。蓝箱政策是较低程度的贸易扭曲。黄箱政策会引起价格和贸易扭曲，但在一定限度内是允许的。红箱政策是指那些引起贸易和价格严重扭曲，因而必须停止的政策。大多数的美国农业补贴应归类在黄箱政策中。

规则外的例外包括通过综合支持量衡量政策支持水平的最大补贴的条款。对于美国，世界贸易组织的限额在 2002—2007 年为每年 191 亿美元。2008 年削减贸易保护的蓝图或"模式"使美国黄箱支持限额减少到总额 75 亿美元。然而，世界贸易组织谈判未能就美国农产品贸易问题达成一致意见，仍然保持了 191 亿美元的限制。世界贸易组织"最低减让标准"规则还允许免除高达 5% 的国内农业生产的补贴限额。不遵守限制会使违规国家面临法律诉讼和贸易报复，这种法律行动的一个例子是巴西对美国提出的关于陆地棉补贴的诉讼。

巴西棉花案例

2002 年农业法案通过之后，巴西在世界贸易组织的规则下对美国的棉花政策提起了诉讼，旨在制止价格扭曲的做法。经过上诉和仲裁，巴西最终赢得了对 102 种美国农产品（包括版权和专利）实施报复性关税的权利（Schnepf 2010，2014）。除了赢得超过 8 亿美元的报复性关税的权利外，巴西诉讼案件还导致美国取消了第二步棉花出口计划（在 2005 年《赤字削减法案》中实施）和两个出口补贴保证计划（GSM103 和供应商信用担保计划在 2008 年农业法案中被废除）。

美国政府表示，生产灵活性合同、直接支付和逆周期支付符合绿箱贸易类别，因此豁免于世界贸易组织支付限制规则。在巴西案件中，这些做法被裁决为非绿箱政策，主要是因为禁止在基期地上生产水果、蔬菜、坚果和稻谷。但是，它们也没有被归类于黄箱政策，这使得这些支付在未来的法律解释和谈判中不受限制，无论是在国际上还是在对新农业法案的辩论中。最终，美国与巴西达成谅解备忘录，建立一个每年 1.473 亿美元的基金，并且为他们建立棉花部门提供技术援助。[4]

巴西案件解决了一些与贸易和贸易扭曲补贴有关的问题，但是，也留下了对美国出口实施报复性关税的可能性。美国国会对解决方案的遵守问题进行了广泛辩论，这在 2014 年农业法案中对山地棉出口也产生了重大影响。

花生计划的更改

在 2002 年《农业安全和农村投资法案》中，1938 年《农业调整法案》（在 1977 年农业法案中修订）的花生计划从销售配额和价格支持体系转变为像玉米和大豆一样的农业计划基期地面积体系。与土地所有者对其他符合条件的农作物的一般基期地修正决定不同，花生的基期地面积和规定产量由花生的"历史生产者"指定。[5]在这种情况下，由农业生产者而不是土地所有者对花生基期地做出决定。

《农业安全和农村投资法案》第 1302 条根据 1998—2001 年历史种植面积产量设定了农场服务局基期地花生产量，花生产量为零的年份从平均值中剔除。在计算平均值时，还可以选择根据 1990—1997 农作物年平均产量，替代 100% 的县平均产量。

有资格获得支付的基期地面积包括 1998—2001 年收获的种植面积，包括禁止种植的面积。然而，农业生产者没有种植花生的年份（零种植年份）也被包括在平均值中。

花生的直接支付率设定为 36 美元 / 吨，目标价格为 495 美元 / 吨，贷款利率为 355 美元 / 吨。逆周期支付率就像其他农作物一样计算，使用目标价格、直接支付以及贷款利率和市场价格二者中的较高者计算。

　　从花生配额转变为非配额体系存在一定困难。根据1997年美国农业部在2002年农业法案之前的一份报告，大约有三分之一的农业生产者拥有自己的花生配额，但有一半是以0.12美元/磅的价格从土地所有者那里租赁来的，有10%租赁配额的生产者与配额所有者共同生产花生（Brooks and McElroy 1997）。由于配额被取消，2002年农业法案的配额收购条款允许花生配额所有者五年内每年获得0.11美元/磅，或者以0.5美元/磅的价格交换他们拥有的花生配额。配额购买支付仅限于配额所有者。

　　花生的生产者被认定是那些种植花生的人和那些共享租赁花生的土地所有者。两者都有资格获得新建立的基期地面积、产量和农产品计划支付。

乳制品——销售收入损失合同

　　2002年农业法案授权继续乳制品价格支持和促销计划，并增加了销售收入损失合同（Marketing Income Loss Contract，MILC）支付。通过购买"奶酪、黄油和产自牛奶的脱脂奶粉"，将含有3.67%乳脂的奶粉的支持价格设定为9.90美元/英担（2002 FSRIAs第1501条）。

　　乳制品促销计划由对进口乳制品征收的关税资助。《农业安全和农村投资法案》修订了1983年《乳制品生产稳定法案》，要求对进口产品的估价为0.15美元/英担。然而，这项规定在法案有效期内并没有实施。

　　全国乳制品销售损失计划向生产者提供了每月一次的支付，即16.94美元/英担和波士顿一类牛奶价格之间的差额。每年每个生产者的产量支付限制在 2,400 万英镑。该计划被授权于 2001 年 12 月 1 日开始实施，并在 2005 年 9 月 30 日结束，但 2005 年《农业调节法案》(Agricultural Reconciliation Act) 将该计划延长至 2007 年 9 月，以便与 2002 年农业法案的大多数其他农产品条款的到期日一致。[6] 延长的计划称为 "MILCX"，该计划继续提供牛奶收入损失合约的计划条款，但将 2005 年 10 月 1 日至 2007 年 8 月 31 日期间的支付比例从 45% 降低到 34%，延长的牛奶收入损失合约规定将于 2007 年 8 月后到期。相关法律中还包括防止生产者重组乳制品经营，使其符合多种支付限额的条款。

2004 烟草转移支付计划

2004 年 10 月，美国国会终止了联邦烟草计划，该计划是永久性立法的一部分。2004 年《美国就业创造法案》(American Jobs Creation Act) (PL 108–357) 实际上是一个税收减免法案，但第六章《公平与公正烟草改革法案》(Tobacco Reform Act) 却将烟草从基本农业农产品清单中删除。

废除对烟草的政策支持是为了应对公众关于吸烟负面影响的压力。政府向烟草生产者和配额所有者提供补偿，以便其从种植烟草中过渡出来。通过农产品信贷公司对美国烟草销售的评估，授权提供 96 亿美元的补偿资金。烟草进口商和制造商的费用每季度会被评估一次。

烟草配额所有者和烟草种植者都有资格获得收购资金（Brown 2005）。在 2005—2014 年期间的每个财政年度，向配额持有人提供 7.00 美元 / 磅的烟草价格乘以它们的基期地配额水平（按种类确定）十分之一的补偿，而烟草生产者将按照 3.00 美元 / 吨的价格和 2001 年、2002 年及 2003 年生产的烟草的三分之一的数量得到补偿。如果生产者在 2001—2003 年两年中生产烟草，他们将按照生产数量的三分之二获得补偿；如果他们只在一年内生产烟草，他们将按照生产数量的三分之一获得补偿。

2008 年《食品、保护和能源法案》(PL 110-246)

2008 年《食品、保护和能源法案》(Food, Conservation and Energy Act，FCEA)是在 2002 年《农业安全和农村投资法案》的农产品条款过期后颁布的。人们担心如果新的农业法案没有通过，永久性立法的相关规定就会实施。永久性立法的规定将会在 2008 年 3 月中旬生效。为了避免这种情况发生，美国国会在 2008 年《食品、保护和能源法案》通过之前两次延长了 2002 年农业法案的条款。

在通过 2008 年农业法案的过程中，一个问题是布什政府撰写并游说自己的版本，还威胁要否决"增税"的农业法案，不再进行"改革并收紧补贴性支付"(Jalonick 2008)。在一些利益集团的支持下，美国政府表示，无论来源如何，调整后总收入超过 20,000 美元的人将失去获得农业计划支付的资格。

2008 年 5 月，美国国会通过了布什总统否决的新农业法案（HR 2419，110-234），但是还存在一个问题。农业法案中的贸易条款被排除在送交给总统签字的版本之外，这一疏忽被归咎于笔误。《食品、保护和能源法案》(HR 6124，PL 110-246)的第二个版本在 2008 年 6 月 18 日获得通过，这一次贸易条款包含在内（国会推翻了总统的第二次否决）。[7]

《食品、保护和能源法案》仍保留了 2002 年《农业安全和农村投资法案》的农产品计划条款，对支付水平和有资格获得计划支付的农作物进行了修改，2002 年《农业安全和农村投资法案》中的直接支付和逆周期支付条款也被保留。然而，农产品计划预算比 2002 年农业法案减少了 120 亿美元，[8] 并且增加了一个新的农产品计划"平均农作物收入选择计划"作为逆周期支付的一种选择，于 2009 年开始实施。《食品、保护和能源法案》建立了一个新的永久性灾害援助计划，开始实施关于支付限制、实质性参与和最低基期地面积的条例。该法案的一些规定也涉及了美国农业部以外的其他政府机构（特别是美国国税局）。

2002 年农业法案保留了贷款和销售贷款的农产品计划规定。十豌豆、扁豆、小鹰嘴豆和大鹰嘴豆丢失了获得直接支付的资格，但这些农作物在 2009—2012 年是符合获得逆周期支付条件的。2008—2011 年直接支付的面积减少到基期地面积的 83.3%，2012 年直接支付的面积恢复到基期地面积的 85%。逆周期支付在 2008—2012 年应用于基期地面积的 85%。

永久灾害援助和补充农业灾害援助

根据拉尔夫·智特（Ralph Chite）的说法，"从 1988 年至 2007 年的几乎每一个农作物年份，美国国会都向遭受与天气有关的重大损失的农民和牧场主提供特别灾害援助"（Chite 2008，CRS–5）。

关于特别自然灾害援助和争夺援助资金的争论，导致在《食品、保护和能源法案》（第 12033 条）中纳入了对补充农业灾害援助（Supplemental Agricultural Disaster Assistance，SADA）计划提供资金的授权。补充收入（Supplemental Revenue，SURE）计划旨在为农作物生产者提供永久性灾难援助，并弥补农作物保险未涵盖的损失。

作为第 12033 条的一部分的其他计划包括牲畜赔偿支付（Livestock Indemnity Payments，LIPs），牲畜饲料灾害计划，牲畜、蜜蜂和人工饲养鱼的紧急援助计划，以及树木援助计划，以弥补自然灾害造成的损失。所有这些计划都是以前向农业生产者提供的特别灾害援助计划的一部分，现在在补充农业灾害援助计划下合并。补充收入条款于 2011 年 9 月到期，没有被延长。补充农业灾害援助计划的其他规定延长两年实施到 2013 年 9 月。

补充收入支付旨在为农民遭受的农作物损失提供援助。根据《食品、保护和能源法案》，补充收入参与者需要购买农作物保险或非保险援助计划（Non-insured Assistance Program，NAP）产品。该计划下的支付是基于农场收入与灾害计划保证金额或预期收入之间差额的 60% 进行授权。一般来说，补充收入支付旨在涵盖农作物保险未涵盖的那部分损失。

向符合条件的农业生产者提供牲畜赔偿支付，是因为自然灾害造成的牲畜死亡损失超过正常水平。由美国农业部长决定牛、野牛、家禽、羊、猪、马和其他牲畜是否有资格获得赔偿。支付是基于牲畜市场价值的 75%（死亡前一天）。

牲畜饲料灾害计划覆盖由于干旱或火灾而丧失饲料生产能力的牧场，补偿水平取决于土地的承载能力、干旱严重程度、饲养成本以及其他因素。

紧急援助向不包括在前三个灾害计划之内的牲畜、蜂蜜和人工饲养鱼的生产者提供援助。

树木损失援助项目授权援助苗圃和果园种植者。苗圃的树木种植者在 2008 年法案中被定义为"生产苗木、观赏植物、水果、坚果或用于商业销售的圣诞树的人"，果园主被定义为"出于商业目的种植一年生树木的人"。当树木死亡率超过损失支付正常触发资格的15%时，将向有商业性农业生产历史的种植者支付。补偿被授权为重新种植成本的70%，或者支付足够的籽苗以重建林木，以及修剪、清除成本和救助费用的50%，并准备用于重新种植的土地。

平均农作物收入选择计划（ACRE）

农产品计划的收入替代方法受到争论，因为现有计划的明显缺陷是降低了中西部农作物的风险。根据朱洛夫、迪克斯和瓦伊塔尔（Zulauf, Dicks and Vitale 2008）的说法，"当产量低时，目前的销售贷款和逆周期计划几乎没有什么保护"，"即使收入高于平均水平，农民也可以得到销售贷款和逆周期支付，因为高产量抵消了低价格"。

平均农作物收入选择计划（Average Crop Revenue Election，ACRE）作为基于收入风险降低的农产品计划在《食品、保护和能源法案》下启动。生产者可以选择它来取代逆周期支付，但是，他们不能以同一农场的基期地面积在两个计划下得到支付。平均农作物收入选择计划的条款包括的生产者选择有：

1. 从2009年开始，登记参加平均农作物收入选择计划以替代逆周期支付。

2. 如果没有在2009年登记，农业生产者可以在随后的农作物年度（2010年、2011年和2012年）登记。然而，农业生产者一旦选择了平均农作物收入选择计划，就不能再参加逆周期支付计划。

3. 一个农场里的所有农作物必须参与同一计划，这意味着要么是逆周期支付，要么是平均农作物收入选择计划，但不能是两者同时。

如果他们将一种农作物登记在平均农作物收入选择计划中，他们就必须将农场上所有符合条件的农作物都登记在平均农作物收入选择计划中。

4. 登记在平均农作物收入选择计划中开始实施直接支付 20% 的减少和贷款利率 30% 的降低，但参与逆周期支付计划不需要这样的减少。

逆周期支付是由季节性全国平均农作物价格下跌至目标价格水平以下触发的。当州收入和单个农业单位收入有差额时，则触发平均农作物收入选择计划支付。如果州和农场收入水平没有被触发，农业生产者将不会得到支付。支付的触发包括：

1. 在"州平均农作物收入选择计划保证金"中，州农作物收入有差额，根据公式：

州平均农作物收入选择计划保证金 =90%× 过去五年基于种植面积的州产量的奥林匹克平均值 × 过去两年全国平均市场价格

2. "农场保证金"中单个农场农作物收入有差额，农场保证金按照下面的公式计算：

农场平均农作物收入选择计划保证金 =100%× 过去五年基于种植面积的农场产量的奥林匹克平均值 × 过去两年全国平均时长价格 + 农作物保险费用支付

如果两个条件都满足，则支付的计算为：

平均农作物收入选择计划支付 =（2009—2010 年农作物年份的 83.3% 和 2012 年的 85%）×（单个农场基准产量 / 州预期产量）×a（州平均农作物收入选择计划保证金 – 州实际收入）或 b（州平均农作物收入选择计划保证金 ×25%）中的较小者

平均农作物收入选择计划支付的额外要求是州平均农作物收入

选择计划保证金不得超过前一年的 ±10%，平均产量的计算是根据种植面积而不是收获面积。如果农业生产者获得平均农作物收入选择计划支付的种植面积超过了"农场的总基期地面积"，农业生产者可以选择以这个种植面积加入该计划。

乳制品

2002 年农业法案的大多数乳制品计划规定在《食品、保护和能源法案》中被重新授权，农产品信贷公司购买再次用于支持乳制品价格。农业法案授权的支持价格为：对于切达干酪，桶装的不低于 1.10 美元 / 磅，而条装的不低于 1.13 美元 / 磅；黄油不低于 1.05 美元 / 磅；脱脂奶粉不低于 0.80 美元 / 磅。农业法案还授权农业管理局降低那些库存积累过剩的农产品价格。

牛奶收入损失合约支付被重新授权，即 16.94 美元 / 英担（或调整后的）和波士顿一类价格之间的差额百分比。[9] 支付差额的百分比从 2007 年 10 月 1 日至 2008 年 9 月 30 日期间的 34% 变为从 2008 年 10 月 1 日至 2012 年 8 月 31 日期间的 45%，在 2012 年 10 月之后变为 34%。

在 2008 财政年度，牛奶收入损失合约的支付条件保留了 240 万磅产量的限制，这一限额在 2009—2012 年增加到 298.5 万磅，在 2013 年及以后减少到 240 万磅。

长期存在的乳制品赔偿和出口增强计划被重新授权。新计划条款包括授权生产者、生产者合作社与经理人签订远期定价合同，并授权美国农业部组成一个委员会，研究和报告联邦的销售规则和乳制品的强制性电子报告信息。乳制品促销计划被重新授权对进口乳制品征收 0.075 美元 / 英担的税。

糖

2008 年《食品、保护和能源法案》保留了糖类计划条款。2009—2013 年，甘蔗和甜菜糖的贷款利率每年都在上升。政府还鼓励将过量供给的甜菜用于生物能源生产。

2008 年支付限制

为了解决计划支付限额争议，2008 年《食品、保护和能源法案》中的限制只针对个人，授权通过美国国税局税务记录追踪对活着的人的支付。直接支付限额设定为每人 40,000 美元，逆周期支付限额为每人 65,000 美元。对于选择平均农作物收入选择计划而不是逆周期支付的农业生产者，直接支付的限制减少了 20%。平均农作物收入选择计划支付限额为 65,000 美元，但包括减少直接支付的金额。"每人"的平均农作物收入选择计划和逆周期支付总共不能超过 65,000 美元。2008 年农业法案消除了 2002 年农业法案中贷款补贴性支付和销售贷款收益的支付限额。

在《食品、保护和能源法案》中，那些"平均"调整后的"非农"总收入高于 50 万美元的人没有资格获得直接支付、逆周期支付、平均农作物收入选择计划、销售贷款收益、贷款补贴性支付、非保险农作物援助、牛奶收入损失合约或灾害援助收益。那些平均调整后总收入超过 75 万美元的农民没有资格获得直接支付。农业平均调整总收入[10] 超过 100 万美元的生产者没有资格获得灾害援助、保护或农业风险管理支付，除非超过三分之二的收入来自农业。[11] 不过，美国农业部长有权豁免这些限制，以满足特定的农业保护需要。为了有资格获得计划支付，一个人（包括共享租赁的土地主）必须通过提供劳动力、管理、资本、设备等途径从事农业经营。

2008 年农业立法包括配偶例外情况。如果配偶积极参与农业活动，则假定配偶双方都符合自己的支付限额。对 18 岁以下儿童的支付归属于父母。一个有争议的禁令是取消了对那些农场上基期地总面积小于或等于 10 英亩的人支付，但是，这项禁令并不包括社会弱势群体或资源短缺的农民。

资源短缺、经济弱势和农业新手

为了回应对美国农业部过去对少数族裔和其他农民待遇的批评，2008 年《食品、保护和能源法案》的第十四章副标题 A 包含了对资源短缺、经济弱势和农业新手进行特殊豁免，对符合这些类别的生产者划拨了一部分资金，其他特别事项还包括放弃灾害援助的保险要求，并且免除了最低 10 英亩的计划基期地要求。此处，还增加了地理位置不利的农民和牧场主这一新类别，为那些远离市场的人提供销售运输费用援助。

针对美国农业部在农业贷款计划中的歧视而提起的诉讼（Pigford v. Dan Glickman）于 1999 年得到解决。[12] 许多索赔人在截止日期后提交证明文件来申请支付，没有获得赔偿。2008 年农业法案授权重新考虑提交的索赔，并授权 1 亿美元用于应对这些索赔。在编写本书的时候，用于应对逾期索赔的资金还没有拨付。其他针对美国农业部歧视的诉讼以美国原住民、西班牙语裔和妇女为代表。

《食品、保护和能源法案》的新规定

在一般情况下，与农作物保险、园艺、有机农业和牲畜有关的立法不包括在农业法案中，但《食品、保护和能源法案》包含这些，虽然是以有限的方式。历史上，水果和蔬菜作物的生产者有机会建立销售规则，但几乎没有人这样做。新农业法案将这种农作物的推广考虑在内，这主要体现在授权教育计划，支持农民进入市场进行交易，支持学校购买当地农产品，以及一揽子拨款给具有特色农作物销售推广、研究、教育、食品安全和其他计划的州等方面。

除了灾害援助计划，2008年农业法案的第十一章将家畜和家禽承包争议保护扩大到全体农业生产者。农业法案的该章规定了下列内容：允许生产者不履行合同，合同披露条款，允许拒绝合同的仲裁条款，以及其他保护条款。

原产地标签（Country of Origin Labeling，COOL）立法被列入2002年农业法案。由于持续不断的争议和反对，这一法案只得到了部分实施。2008年《食品、保护和能源法案》包括强制执行牛肉、猪肉、羔羊、鱼、花生、水果和蔬菜、山羊肉、鸡肉、山核桃、澳洲坚果和人参的原产地标签的要求。

总结

在整个20世纪，实施了各种面积减少计划和休耕计划来减少农产品信贷公司库存积累。在20世纪末，农业计划因儿童肥胖、第三世界农民贫困、环境恶化及其他问题而受到指责，甚至农民自己也在批评农业计划。这最终导致了1996年的"农业自由"计划，美国政府承诺这将是最后的农业法案。生产灵活性合同支付作为直接农产品计划支付被提供，以激励更多的农民参与农业计划。

政治因素和低廉的价格阻碍了农业计划的消除，并导致了2002年《农业安全和农村投资法案》的出台。该法案允许对农场服务机构农作物种植面积和产量进行"有限"的修正，并以直接支付的名义继续进行生产灵活性合同支付。该法案还实施了逆周期支付，以类似于旧有短缺计划支付的方式提供对农产品低价的保护。

2008 年《食品、保护和能源法案》做出了较大改变，以回应对 2002 年《农业安全和农村投资法案》的批评。从农产品的角度来看，这包括提供永久性灾害援助、平均农作物收入选择计划、有机产品和牲畜援助。还改变了合作州研究、教育和推广服务局的结构和名称，将其更名为国家食品和农业研究所（National Institute of Food and Agriculture，NIFA）。除了一些例外（比如烟草计划），食品和营养、农村发展、生物能源和其他计划大部分都在 2002 年农业法案中重新授权。

在 2008 年农业法案中，逆周期支付继续成为替代被称为平均农作物收入选择计划的收入计划的一种选择。之所以实施平均农作物收入选择计划，据说是因为逆周期支付没有处理好中西部农民所面临的系统性风险。尽管如此，它也没有被广泛采用。根据美国农业部发布的消息，2009 年参与平均农作物收入选择计划的只占所有符合条件农场的大约 8% 或全部基期地面积的 13%，而这些农场主要位于美国中西部。南部农作物生产者仍然参与逆周期支付计划。

20 世纪的农业法案发生了深刻变化，这一变化也在 21 世纪的农业法案中得到反映。大宗农产品不再受重视，不再获得联邦资金。食品营养计划通过 2008 年农业法案批准获得了资金的 78%。正如 2002 年和 2008 年农业法案所反映的，它们应当更恰当地被称为"食品法案"（Food Bills）。

附录：21 世纪的政策

风险管理

在 20 世纪后半期，政府的风险管理政策是通过灾害援助和补贴保险计划向农业部门提供的。特别灾害援助和政府补贴保险被视为竞争性政策，这使得问题更为复杂化（Pasour and Rucker 2005；Kramer 1988）。政府曾试图通过将参加农作物保险（如果可以的话）作为参与灾害援助计划的先决条件，但取得的成功很有限。

对农民进行立法援助作为权宜之计所需要的时间以及谈判的困难性，为美国国会在 2008 年《食品、保护和能源法案》中建立永久灾害援助计划提供了动力。作为永久灾害援助计划的一部分，补充收入计划的农作物灾害计划包括激励少数生产者购买保险。补充收入计划获得了一些成功，但到期后没有被重新批准。为了保护缺少服务的农产品，继续实施了其他计划，比如牲畜赔偿支付和树木损失援助项目。

风险管理政策旨在减少农业产量、价格和收入的下行可变性，换句话说，使农业部门损失最小化。保险为由天气、昆虫和其他自然灾害造成的不可避免的损失提供了保障，而灾害援助则为这些损失提供贷款和支付。关于农作物保险，如果其成本大于在短缺年份获得的回报，在短期内产出下降和价格风险则可能酿成长期的金融风险（Skees and Nutt 1988）。以紧急贷款形式提供的灾害援助计划只能暂时避免经济损失。贷款必须在某个时间点偿还，但这也会造成损失。

风险类型

2000 年《农业风险保护法案》（Agricultural Risk Protection Act，ARPA）界定了农业生产者所面临的风险。这些风险包括生产、销售、金融、法律、人力风险，一些人还将政治风险作为法律风险的一部分。对风险管理的政策主要涉及生产、销售金融。自 2000 年《农业风险保护法案》以来出现的保险收入产品越来越多地将期货价格和季节平均价格相合并，导致了销售风险。

与农业有关的法律和人力风险通常被认为是更广泛的经济社会背景的一部分。通过"农场权"和农业分区法律来应对农业法律风险，一些州已经通过了，还有一些州仍未通过。这些立法涉及农业工人安全和环境保护等内容，旨在降低环境和人力风险。

平均农作物收入选择计划 vs 逆周期支付

奥林匹克平均值曾用于 2008 年农业法案的农产品计划，这些平均值的估计去掉最高值和最低值，剩下的取平均值。这在理论上减少了由极好或极差事件所引起的变化。

平均农作物收入选择计划使用过去两年的全国价格和过去五年两个州或单个农场产量的奥林匹克平均值来确定损失支付。平均农作物收入选择计划旨在为美国中西部种植玉米和大豆的农民提供系统的收入风险保护。逆周期支付提供价格风险保护，平均农作物收入选择计划包括产量和价格风险保护。然而，这两个方案是相互替代和排斥的。

从经济角度来看，以玉米为例，平均农作物收入选择计划的参与者必须放弃直接支付一定收入中大约 0.047 美分（0.28 美分的 20%×83.3%）。逆周期支付最大支付可以达到 0.34 美元 / 蒲式耳。但是，理论上来自平均农作物收入选择计划的收益可能与逆周期支付相当并弥补直接支付中的损失。以 2009 年为例，逆周期支付中存在着许多价格和产量的不确定性，在这个不确定领域之外，参与平均农作物收入选择计划的农业生产者获得了较大回报。这一结果因农作物、地区和贷款计划的参与者不同而不同。南部棉花和大米是受益于参与逆周期支付的农产品的例子，而中西部玉米和小麦的生产者则更有可能从平均农作物收入选择计划中受益。

生产成本、直接支付和逆周期支付、平均农作物收入选择计划 – 直接支付

从农业政策角度来看，由于它们脱离了生产，直接支付、逆周期支付和平均农作物收入选择计划支付不会影响符合条件的农产品的生产成本。但是，如果对投入产生影响，成本就有可能受到影响。休耕足够的基期地面积或将基期地面积转而种植替代性农作物，可能导致肥料、农药、种植等的过量供给，降低生产成本。有了这样的影响，成本曲线将发生变化。

组合风险保护政策

在为农业生产者提供收入风险保护的计划中，一些保护具有同质性的风险，另一些保护具有独特性的风险。同时影响相同风险的相关计划可以是竞争性的，也可以是补充性的。

最近的农业法案试图将福利纳入补充框架而不是竞争框架。补充收入计划建立在激励购买农作物保险上，因为更高水平的保证收入提供了更高水平的农作物保险计划。然而，保险支付被视为农场收入的一部分，以确定出于计划支付的差额。

补充收入计划和其他类似的永久灾害计划也可能具有非预期的风险属性。例如，它们可能会剥夺政治家在灾后向其选民提供"援助"的能力。这往往会减少其政治资本。

艺术与经济学

在入门课程中，经济学被描述为既是一门艺术又是一门科学。在分析潜在的农业计划福利的情形中，根据经验或他人的经验做出一些猜测（估计），这是经济学的艺术部分。运用数据进行估计以及这些估计中方法的应用构成了经济学的科学部分。最终决定参与哪个计划取决于从经济学分析中所获得的结果，以及农业生产者对最有可能产生的结果所做出的最佳判断。

讨论

1.2000 年《农业风险保护法案》在农作物保险计划中做了哪些改变？

2.2000 年《农业风险保护法案》对农业生产者风险教育的意义是什么？

3. 是非题：2002 年《农业安全和农村投资法案》是最后一个农业法案。

4. 是非题：直接支付只适用于生产符合条件的农作物生产者；换句话说，其与基期地农作物的生产是"成对出现的"。

5. 根据 2002 年法案计算直接支付和逆周期支付。如果有的话，对于 2005 年这一生产年度，计算表中的农作物支付（注意并非所有数字都将用于每个计算）。季节平均市场价格为：棉花 0.66 美元 / 磅，玉米 2.00 美元 / 蒲式耳，高粱 1.50 美元 / 蒲式耳。

	FSA 基期地面积	FSA 规定产量	贷款利率	直接支付	目标价格
	2002—2007	2002—2007	2004—2007	2002—2007	2004—2007
玉米（蒲式耳）	200	100	$1.95	$0.28	$2.63
高粱（蒲式耳）	100	60	$1.95	$0.35	$2.57
棉花（磅）	100	500	$0.52	$0.0667	$0.724

a. 棉花的直接支付 =_____

b. 玉米的直接支付 =_____

c. 高粱的直接支付 =_____

d. 棉花的逆周期支付 =_____

e. 玉米的逆周期支付 =_____

f. 高粱的逆周期支付 =_____

6. 使用 2002—2007 年表中数值，如果收获时发布的玉米的县价格是 1.75 美元 / 蒲式耳，每蒲式耳的贷款补贴性支付是多少？

7. 如果收获时公布的棉花的县价格为 0.50 美元 / 磅，贷款补贴支付是多少？

8. 是非题：根据 2002 年农业法案，现金租赁的土地主可以获得农业计划支付。

9. 是非题：根据 2002 年《农业安全和农村投资法案》，只有土地主能够为了获得逆周期支付修正农业计划基期地面积。

10. 是非题：2002 年《农业安全和农村投资法案》允许为了同时获得直接支付和逆周期支付而修正基期地面积和产量。

11. 根据 2002 年农业法案，如何保障租户不会被赶出土地？

12.2002 年农业法案是否拥有计划支付限额？

13. 巴西棉花案件是指什么？它对美国农业计划补贴有什么影响？

14. 定义以下世界贸易组织条款：

a. 黄箱

b. 红箱

c. 绿箱

d. 最低减让标准

e. 模式

15. 为什么直接支付和逆周期支付被世界贸易组织裁定为黄箱计划而不是绿箱计划？

16.2002 年农业法案中政府对花生计划做了哪些调整？

17. 在 2002 年《农业安全和农村投资法案》中，乳制品营销收入损失合约计划是什么？

18. 根据 2002 年农业法案，有哪些新农作物被列为符合直接支付和逆周期支付条件？

19.2004 年烟草转移支付计划对烟草作为基本农产品有什么影响？

20. 根据 2004 年烟草转移支付计划，如何补偿烟草生产者因烟草计划而产生的损失？

21. 烟草配额所有者如何根据烟草转移支付计划获得补偿？

22. 是非题：美国总统乔治·W. 布什否决了 2008 年农业法案的两个版本。

23. 美国国会在颁布第一版的 2008 年《食品、保护和能源法案》时犯了什么错误？

24. 美国国会的特别灾害援助补充拨款是否经常实施？

25.2008 年《食品、保护和能源法案》中的补充收入计划是什么？它为农作物生产者提供了什么水平的风险保护？

26. 什么是牲畜赔偿计划？

27. 列出根据 2008 年农业法案通过的补充农业灾害援助计划的其他规定。

28. 平均农作物收入选择计划的具体规定是什么？如何触发支付？

29. 符合条件的农作物生产者是否可以在同一农场单位上获得平

均农作物收入选择计划支付和逆周期支付?

30.2008 年《食品、保护和能源法案》中符合支付条件的基期地面积比例是否保持在 2002 年《农业安全和农村投资法案》的水平上?

31. 根据 2008 年《食品、保护和能源法案》,符合直接支付和逆周期支付条件的基期地面积比例相同?

32. 在 2008 年农业法案中,为什么实施平均农作物收入选择计划?

33. 哪些农作物最有可能从平均农作物收入选择计划中受益?

34. 是非题:如果生产者参加平均农作物收入选择计划,那么符合条件的农作物的直接支付减少 20%,贷款利率降低 30%。

35. 在分析政府计划和参与选择时,必须考虑哪些因素?

36. 根据 2008 年农业法案,支付限额如何更改?

37. 从风险管理政策的角度来看,农场计划如何影响农业风险?

38. 列出影响农业生产者的五种风险。

39. 脱离实际生产的计划支付是否影响生产成本曲线?如果有影响,解释原因并画图表示;如果没有影响,解释原因并画图表示。

40. 奥林匹克平均值是什么?

41. 当州的收入差额低于平均水平的 ___% 时,以及平均单个农场收入的差额低于平均水平的 ____% 时,平均农作物收入选择计划支付触发。

42. 为什么农作物保险对确定农场计划参与决策很重要?

43. 补充收入计划涵盖灾害计划保证金和实际农场收入之间差额的 ___%。

44. 在灾害计划保证金的计算中有哪些收入和计划支付?

45. 经济学如何影响农民参与政府的计划项目?

参考文献

Pasour, E.C. Jr. and Randal R. Rucker. 2005. *Plowshares and Pork Barrels The Political Economy of Agriculture*. The Independent Institute.

Skees, Jerry R. and Perry J. Nutt. 1988, May. "The Effects of Farm Level Crop Insurance Prices on Financially Stressed Farms." *Multiple Peril Crop Insurance: A Collection of Empirical Studies,* Southern Cooperative Series, Bulletin No. 334.

Zulauf, Carl R., Michael R. Dicks and Jeffrey D. Vitale.2008. "ACRE (Average Crop Revenue Election) Farm Program: Provisions, Policy Background, and Farm Decision Analysis." *Choices* 3rd Quarter 23(3).

第十章　国际贸易与美国农业政策的未来

前言

本章概述了过去和现在的美国贸易政策，以及贸易政策的理论基础。新古典主义的前提有两个，即国际贸易是好事，以及贸易越多越好。21 世纪国际贸易自由化趋势增强，这种趋势已经影响并将继续影响美国农业政策。

国际贸易与农业政策

早期经济学理论认为，国际贸易应该得到保护。关税和贸易壁垒是正常的保护政策工具——或者使用这些政策使外国农产品比国内农产品昂贵，或者使用这些政策将国外农产品阻止在美国市场之外。20 世纪，自由贸易被认为对所有国家都是经济互惠的，当然，经济以外的目标同样重要。

国际贸易的基本原则

在全球范围内，多边或双边贸易都要求贸易伙伴之间存在相对的生产要素禀赋差异（比较优势），否则贸易就无法获得潜在的贸易利益。

国际贸易的出发点是基于生产要素的相对稀缺性。假设市场是公平的、有效的，如果最初没有贸易存在，生产要素稀缺性的相对差异可能导致各国之间的相对价格差异。例如，在中国生产家具的劳动力比较便宜，但木材的成本高于美国。这两个国家可能受益于中国从美国购买原木，美国从中国购买成品家具。

国家之间相对价格的差异会产生从其交易的产品中获利的机会。利润在每个国家都会释放专业化生产和贸易支付的市场信号，这一专业化通常被称为"竞争优势"。每个国家都会将其要素资源集中在增加利润的生产活动上。

在理想形式中，贸易的理论基础是，贸易活动会导致出口国劳动力收入提高和进口国消费者储蓄增加。收入的增加和储蓄的增加，也会造成资本投入扩大。资本扩张不仅会影响可贸易行业，比如农业，而且还会产生扩散效应。因此，通过国际贸易促进经济发展，可以使一国居民福利水平提高，也可以使一国政府税收增加，从而使其有机会向国内公民提供更多的服务。

国际贸易与政府干预

上面所分析的是一个理想化体系。现实是，在贸易体系的每一个点上，都可能对一国一个或多个部门产生积极或者消极的影响，为此，需要政府干预。应对贸易消极影响的农业政策包括限制对劳动或环境等生产要素的过度使用，对利润征税，向受低价进口影响的人群提供补贴，对贸易利润进行再分配，支持经济增长。总之，在使国际贸易为人们提供福利的同时，也要防止另外一些人受到伤害，遭受福利损失。

每当提到制定新的自由贸易协议或者贸易限制协议时，总是伴随着激烈的讨论甚至争论。更多的贸易活动可能会使经济蛋糕变大，但其成本有时可能会大于社会福利。例如，过度使用土地资源会使空气、土壤和水的质量恶化。将利润和收入集中在少数人手中使多数人陷入贫困，造成不平等或不公平。与使用廉价劳动力（比如童工或囚犯）的国家进行贸易，会在道义上受到谴责。所有这些行为可能是政府有关贸易政策的基础，反对这种做法的政策包括制裁和禁止特定农产品贸易以及与特定国家的贸易。

贸易和贸易保护

鉴于各国经济增长情况不同、资源优势不同、政治制度和社会结构不同，没有任何既定的贸易政策适用于所有国家。例如，美国和日本对贸易规则和国内市场准入的观点就存在不同。日本消费者倾向于以较高价格支付粮食自给自足政策的成本。美国纳税人则倾向于通过政府进口和农业政策获得"廉价食品"，这导致美国农业生产者有时受到价格低廉和市场波动的影响。因此，就贸易条款进行谈判和达成一致是很一件很复杂的事情。

国内进口调整可能对一国经济产生特定影响。例如，一个国家可能有一个"新兴工业"部门，由于启动成本很高，而且发展市场需要时间，无法与成熟的外国公司竞争。如果这个部门具有战略意义，那么初期就需要政府进行保护。这样的产业部门可以积极推动保护性政策的通过，比如关税、配额或对某些产品进口的完全禁止等。

贸易壁垒

关税和配额一直被用于提高进口价格，以保护国内农产品的生产者。关税是对进口农产品征收的赋税，配额是对进口数量的限制，各国还可以通过政策补贴来支持出口产品。这些贸易壁垒在经济学中被认为阻碍了市场机制运行。然而，贸易壁垒的存在有其合理性。

各国可以组成联盟或贸易利益集团，抵制其他国家或其他国家贸易利益集团的力量。在一个贸易利益集团中，各国可以减少其在集团内的贸易壁垒，但保持或增加与其他国家之间的贸易壁垒。损害其他国家利益的贸易壁垒往往招致贸易报复，受损国家会以进口限制或出口补贴的形式进行报复。这些贸易战争通常导致两国的净经济损失。虽然在一个真正的竞争性贸易体系中会造成净福利损失，但是，一个国家内部的某些利益集团会从中受益。

与贸易不直接相关的政策也应受到监管，因为它们会对贸易和市场产生扭曲作用。例如，从 20 世纪 70 年代到 1996 年，美国政府一直通过各种农业政策对农产品进行价格补贴，造成美国农产品产量过剩，增加了国际市场供给，从而导致国际农产品价格下降。但是，美国不是唯一的错误方。欧盟和其他国家的保护性政策也扭曲了国际农产品市场。

经济学提供了寡头垄断模型来描述存在不完全竞争时，市场会发生什么。生产者试图垄断市场的行为在效率意义上会适得其反，并最终会让消费者来支付高昂的成本。因此，政府认为有必要通过启动反托拉斯法进行规范，限制市场垄断行为。或者，政府可以通过与农业生产者合作，以达到这种目的。贸易保护主义的历史表明，真正的自由贸易活动是很困难的。

贸易与公平竞争

尽量减少扭曲，从而减少国际贸易中各国之间不公平的竞争优势，会令产生负面政治影响的可能性降到最小，然而贸易政策和贸易伙伴之间的自由贸易协定只有在得到双方或者多方认可的情况下才有效。在贸易协定谈判中，一个国家内部的不同利益集团通常会根据预期收益或损失来决定自己的政治立场。在美国国内，我们可以看到一些习惯于政策保护的农民，直言不讳地反对自由贸易协定。美国劳工组织也不赞同北美自由贸易协定（North American Free Trade Agreement，NAFTA），因为墨西哥的廉价劳动力会给其国内农业生产带来不公平的竞争优势。美国的小麦生产者认为，加美贸易协定（Canadian US Trade Agreement，CUSTA）在减少加拿大对其小麦产业的支持方面还远远不够。加拿大国家农民联盟执行秘书达林·奎尔曼（Darrin Qualman）公开表示，反对世界粮食体系的"企业全球化"（Qualman 2002）。环境保护人士也常常反对自由贸易协议，部分原因是他们担心国际自由贸易协定可能会削弱国内的环境保护。一些非政府组织也反对相关自由贸易协定，它们担心减少贸易保护会使当地粮食市场受到外部竞争的冲击。

经济学理论表明，尽管自由贸易会增加社会净福利，但这只是一个总效应。事实上，很难补偿因国际贸易而失去生计、被迫迁移和需要重新培训才能再就业的个人和群体。最近的研究表明，自由贸易可能只会给少数竞争力相对较强的出口国（例如，澳大利亚、新西兰、巴西、阿根廷、泰国）带来好处，实行自由贸易的经济体（比如韩国和欧盟）中的消费者也会从中受益，而最贫穷的国家在国际贸易中受益非常有限。如果国际贸易的唯一目标是提高市场效率，那么，在国际贸易中一些人获利而另外一些人受损将是不可避免的。

如何创造一个"公平竞争的环境"是一个重要问题。当一个国家的生产者认为他们需要与另一个国家的生产者竞争，且另一个国家的生产者享有政府给予的不公平的竞争优势时，他们就会强烈要求公平竞争。因为对方的不公平竞争优势可能是由于不合理的劳动法规、政府干预政策等因素造成的。

贸易赤字问题一直存在。各种因素相结合，造成国家之间交易的美元数额不等，这些因素中就包括货币贬值。当一个国家的货币（例如美元）相对于其他国家的货币贬值，使其农产品在国际市场上相对便宜时，这个国家必须支付更多的本币才能购买数量相同的外国农产品。

第三世界国家的债务危机仍然是国际贸易的一个问题，然而一些分析人士看到了未来改善的可能性。正如贫困的人可能不会是好顾客一样，贫穷国家也不会是。虽然存在根深蒂固的贫困，但全球经济仍在增长。一些欠发达经济体正在向新兴国家过渡，而一些国家即将成为发达经济体，没有这些变化就没有挑战。诸如欧盟、日本和美国等发达经济体面临着来自新兴经济体（比如印度）的竞争，这些新兴经济体采用了新技术，且工资很低。将国内生产外包给其他国家以及雇用低成本的移民，无论合法与否，都会引起贸易保护主义者的不满，成为反对自由贸易协定的理由。

农产品出口

尽管存在各种问题，美国农业出口的重要性不能被低估。根据美国农业部报告，1998 年农业出口约占美国农业总收入的 30%，这比 20 世纪 80 年代中期的 18% 有较大幅度的上升。2011 年美国贸易总额为 374 亿美元（Wainio 2012）。作为人口增长率较低的发达经济体，美国国内粮食需求减少。粮食出口提供了增加农业收入的增长潜力。这表明，需要农业政策为市场开拓提供支持，为农产品提供补贴。

为了使农业企业和农民保持出口竞争力，需要跟上快速变化的时代步伐，包括采用新技术，改善劳动和管理技能，扩大农业企业规模，获得规模效益。

美国贸易代表

作为政府行政部门的一部分，美国贸易代表办公室（the US Trade Representative，USTR）与其他国家进行谈判，以制定自由贸易协定，协调贸易政策，解决分歧，并向总统提出关于农业政策的意见和建议。

快速审批权

过去，美国国会给予总统"快速审批权"（Fast Track Authority，FTA）和"贸易促进授权"（Trade Promotion Authority，TPA），以与其他国家签订自由贸易协定，避免时间浪费和政治斗争。

历史上，如果"贸易促进授权"生效，美国国会只能批准或不批准自由贸易协定，而不能修改或阻碍其通过。不过，这一权力在乔治·W. 布什执政期间失效，至今没有恢复。在目前的政治环境下，恢复这一权力可能更加困难，对于建立自由贸易协定也不太必要。

国际贸易协定

当前的全球贸易政策起源于第二次世界大战之后，当时各盟国认识到，必须共同努力以重建被战争破坏的家园。1944 年，44 个国家在美国新罕布什尔州举行的布雷顿森林会议上决定设立三个全球性机构，即现在被称为世界银行的国际复兴开发银行（International Bank for Reconstruction and Development，IBRD）、国际货币基金组织（International Monetary Fund，IMF）和国际贸易组织（International

Trade Organization，ITO）。

1947 年，在瑞士日内瓦举行会议，拟定了关税和贸易总协定（the General Agreement on Tariffs and Trade，GATT）的组织和程序，作为国际贸易和投资协定的一部分。随后，哈瓦那会议召开，批准通过了国际贸易组织。由于美国无法获得足够的国内投票以参加国际贸易组织，本来作为备用计划的关税和贸易总协定取代了国际贸易组织。关税和贸易总协定是国际贸易组织的一个打了折扣的版本。

在关税和贸易总协定框架下，各国就农业贸易政策进行了多轮谈判。通过 1986 年启动、1993 年完成的"乌拉圭回合"，农业条款已成为关税和贸易总协定的重要组成部分。1995 年，关税和贸易总协定为世界贸易组织（World Trade Organization，WTO）所替代。

关税和贸易总协定的优势来自最惠国原则，最惠国原则要求成员国对任何其他国家的任何贸易优惠自动适用于所有成员国。关税和贸易总协定和后来的世界贸易组织都包括一些重要原则：进口农产品的待遇不得低于国内农产品，贸易伙伴之间非歧视；关税优于配额；贸易受害国可以与违法国协商解决贸易争端，并与贸易伙伴谈判赔偿，以减少贸易壁垒。

世界贸易组织总部设在日内瓦，主要职能是解决贸易争端，管理和实施多边贸易协定，充当多边贸易谈判的论坛，监督各国贸易政策执行情况，向参与全球政策准备工作的国际机构提供咨询。到 2012 年，世界贸易组织总共有 157 个成员。

世界贸易组织遇到了比关税和贸易总协定更多的问题，不仅涉及货物，还涉及农产品、服务业和知识产权。关税和贸易总协定取得了重大进展，在工业化国家中，制成品的平均关税从 20 世纪 60 年代中期的 40% 下降到 "东京回合"（1974—1979 年）后的 4%—6%。关税降低是对国际贸易和全球经济发展的重要推动。

"乌拉圭回合" 谈判

表 10.1 显示了各个贸易谈判 "回合"。世界贸易组织产生于关税和贸易总协定的 "乌拉圭回合"。为期七年的 "乌拉圭回合" 是第一个多边贸易谈判机制，主要解决影响国际农产品市场的问题。

表 10.1　GATT/WTO 回合

回合名称	年份	关注点
日内瓦	1947	前七个回合关注制成品关税的削减
安纳西	1949	
托基	1951	
日内瓦	1956	
狄龙	1960—1961	
肯尼迪	1964—1967	
东京	1974—1979	
乌拉圭	1986—1993	第一次关注农业，GATT 的最终回合
西雅图	1999	第一次 WTO 谈判，过渡阶段
多哈	2001 至今	农业关注集中在关税、出口补贴、贸易扭曲

农业在 "乌拉圭回合" 谈判中很重要，主要有两个原因 :（1）农业是最大的贸易部门 ;（2）农业在以前的贸易规则中得到豁免，这使得农业成为价格扭曲最大和非关税壁垒保护水平最高的行业。"乌拉圭回合" 谈判涵盖了与农业部门有关的四个主要领域，即减少出口补贴，通过降低关税和消除非关税壁垒扩大市场准入，减少国内价格支持，以及出台卫生和植物检疫法规。

在六年的执行期里，补贴将在数量（21%）和预算支出（36%）

两方面减少。所有非关税贸易壁垒将被关税取代，但是，所有农业关税减让将受到一定"约束"，即发达国家减少 15%，发展中国家减少 30%。发达国家关税平均削减 36%，发展中国家关税平均削减 24%。

如果违反关税限制，受损国可以索取赔偿或进行贸易报复，这是世界贸易组织的两个重要功能。世界贸易组织将作为一个法律机构，为国际贸易活动制定行为准则，并作为成员国之间诉讼的法庭，在商定的规则内解决贸易冲突问题。美国大量使用这个法庭来解决与其他成员的贸易争端，特别是在农产品方面与欧盟、日本、加拿大、阿根廷和巴西的贸易摩擦。美国也受到质疑甚至诉讼，一些国家质疑美国农业贸易壁垒和国内农业政策，比如巴西对美国棉花政策的诉讼。

"乌拉圭回合"还包括一项规定，即所有成员国都必须为国内农业政策提供的支持确定最高限额。发达国家必须在 2000 年前将支持总额减少 20%，发展中国家必须在 2004 年前将支持总额减少 13%。

卫生和植物检疫贸易问题涉及限制或者禁止进口那些被认为存在食品安全问题、动植物健康问题以及疾病风险问题的产品的国家。卫生和植物检疫协定（Sanitary and Phytosanitary，SPS）要求对限制进口的卫生和植物检疫壁垒使用科学管理，鼓励使用国际标准。美国面临的一个问题是一些国家对进口转基因植物产品和动物产品的限制。

区域贸易协定

在"乌拉圭回合"之后，世界贸易组织陷入困境。进入 21 世纪之后，美国开始将努力转向区域贸易协定。区域贸易协定自此成为美国贸易外交的主要模式。

加美贸易协定

美国和加拿大互为最重要的农产品贸易伙伴，农业贸易规模非常大。加拿大、中国和日本是美国农产品的最大消费者。1998年美国与加拿大达成贸易协定——加美贸易协定，逐步取消了对大多数农产品征收的关税。两国间的贸易扭曲政策减少了。

加美贸易协定的目标是：

- 消除贸易壁垒；
- 增加公平竞争；
- 放宽投资条件；
- 共同管理贸易协定，共同解决贸易争议；
- 为未来及进一步的协调奠定基础。

其他规定包括：

- 对于两国的农产品出口，不实施出口补贴或肉类进口配额；
- 当美国对小麦、燕麦和相关产品的支持水平等于或低于加拿大时，加拿大必须取消进口许可证要求。

加美贸易协定决定增加新鲜水果和蔬菜、牛肉、葡萄酒和蒸馏酒对加拿大的出口，从而使美国和加拿大之间的农业贸易大大地增加了。然而，由于国内政策的差异，加美贸易协定几乎没有涉及乳制品、家禽和糖的贸易问题。对乳制品、糖、家禽、小麦和牛肉行业的配额或进口限制，使这些农产品价格保持在较高的水平上。加拿大对奶酪和黄油征收的税率从150%到300%不等。这些限制所导致的高价使加拿大农业生产者获利，这对美国政府产生了一定的政治压力。

北美自由贸易协定

北美自由贸易协定于1994年1月1日开始实施。该协议旨在

"消除美国、加拿大和墨西哥之间的贸易和投资壁垒"。根据北美自由贸易协定，美国和墨西哥之间农产品贸易的所有非关税壁垒在技术上被消除，此外，一些关税被立即取消，另外一些关税将在 5—15 年内逐步取消。北美自由贸易协定中所有关于农业规定将在 2008 年前实施，加美贸易协定的相关规定也被纳入北美自由贸易协定。墨西哥和加拿大达成了关于农产品市场准入的北美自由贸易协定双边协议，取消了 15 年以上的大多数关税，不过乳制品、家禽、鸡蛋和糖的关税除外。

加拿大和墨西哥是美国农产品两个最大的出口市场。在北美自由贸易协定实行前的 12 年中，美国农产品出口和进口增长超过 200%。北美自由贸易协定对美国农业部门带来的好处包括：

- 增加北美市场准入；
- 创造新的出口和投资机会；
- 消除关税；
- 为北美农产品建立强大的"原产地规则"；
- 成为解决贸易争端的有效机制；
- 建立农产品和服务的兼容标准；
- 带来农产品和服务的跨境流动。

根据美国农业部对外农业服务局（FAS）的报告，1994 年以来，美国从墨西哥的农产品采购量稳步增长，与加拿大和墨西哥的出口和进口都增加了。但从整体上看，就农产品来说，美国对加拿大存在持续的贸易逆差，对墨西哥存在持续的贸易顺差。也许有一天墨西哥会超过加拿大，成为美国最大的贸易伙伴。然而，尽管存在大量积极因素，贸易争端仍然时有出现，这些争端将通过未来就诸如原产地标签、粮食价格和食品安全等各种问题的谈判来解决。

美洲自由贸易区

1990 年的美洲企业倡议（the Enterprise for Americas Initiative）设想将西半球经济统一为一个自由贸易安排，1994 年 12 月在迈阿密举行的美洲首脑会议上再次强调了这一点。1998 年 4 月 18 日至 19 日于智利圣地亚哥举行的美洲第二次首脑会议上，34 个国家的元首商定设立美洲自由贸易区（Free Trade Area of the Americas，FTAA），并在 2005 年前协商出一个互相认可的计划。然而，到目前为止，国际国内政治的变化使谈判放慢了步伐。美洲自由贸易区的目的是建立一个从加拿大到阿根廷的自由贸易区。出于政治和经济原因，美洲自由贸易区从来没有真正得到过美国的支持。因此，南美国家彼此之间及其与欧洲之间建立了更紧密的贸易关系。

其他区域和双边贸易协定

尽管退出了美洲自由贸易区，但美国已经与中美洲和南美洲国家签订了若干个地区性贸易协定。美国小布什政府面临世界贸易组织多边贸易谈判的挑战，将其重点转向区域和双边贸易协定，并且取得成功，包括与约旦、智利、新加坡、澳大利亚、摩洛哥、萨尔瓦多、洪都拉斯、尼加拉瓜、危地马拉、巴林、哥斯达黎加和多米尼加共和国等签订了自由贸易协定。随后，在奥巴马谈判团队的继续推动下，美国与其他 14 个国家的贸易谈判也已经完成。

2005 年 8 月，美国签署了多米尼加共和国 – 中美洲自由贸易协定（Central America Free Trade Agreement and Dominican Republic，CAFTA-DR），这是哥斯达黎加、萨尔瓦多、危地马拉、洪都拉斯、尼加拉瓜、多米尼加共和国和美国之间的全面贸易合作协议，涉及约

3,000 万客户，总贸易额为 24 亿美元，其中 10 亿美元是美国出口。多米尼加共和国 – 中美洲自由贸易协定提供了免税和无配额的市场准入，涉及的农产品包括美国高品质的牛肉、苹果、梨、葡萄、葡萄干、樱桃、梨、蔓越莓和相关产品、冷冻薯条、冷冻浓缩橙汁、甜玉米、杏仁、开心果、核桃、葡萄酒和威士忌，其他产品将在 20 年内分阶段实施。对美国猪肉、鸡腿、大米、玉米和乳制品实施免税关税配额，而美国小麦、大豆和棉花的免税准入被禁止。

与发展中国家所达成的自由贸易协定，比如多米尼加共和国 – 中美洲自由贸易协定，极大地拓展了美国的农产品市场。美国农业部（2006）估计，到 2025 年，中美洲自由贸易协定的零售食品采购量将增加一倍以上。在未来五年，美国对该地区出口前景最佳的产品将是饲料谷物、大米、小麦、奶酪、家禽肉、优质牛肉、猪肉、水果、蔬菜、葡萄酒、大豆和加工杂货产品。随着各国履行协议承诺，多米尼加共和国 – 中美洲自由贸易协定正在"即来即谈"的基础上实施。

跨太平洋伙伴关系（TPP）是建立美国区域贸易协定的最新谈判努力。美国、加拿大和墨西哥正在与澳大利亚、文莱、智利、马来西亚、新西兰、秘鲁、新加坡和越南就建立新的自由贸易协定进行磋商。

自由贸易与贸易壁垒

尽管自由贸易谈判和自由贸易协定取得了很大进展，但贸易壁垒仍然存在于世界各地。美国的农业贸易壁垒问题包括：

1. 关税壁垒；

2. 非关税壁垒；

3. 国内农业补贴和限制；

4. 出口市场补贴；

5. 州级农业政策；

6. 宏观经济政策。

虽然美国的农产品关税低于许多国家，但关税仍然是美国政府控制农产品进口的工具。2004 年，美国农业关税保护的平均水平低于10%，而欧盟为 14.4%，日本为 16.1%，世界各国平均为 62%。2001—2003 年，美国农业获得的政府支持平均为 20%。相比之下，新西兰为2%，欧盟为 39%，日本为 60%，韩国为 65%。

非关税壁垒包括除关税以外的进口配额、健康安全标准和货币操纵等贸易壁垒。美国定期对牛肉和花生等农产品实行配额保护，其他国家也多有采取这些做法。美国还对汽车和农产品使用"自愿约束"，即建议对进口国实施限制，但没有正式配额。近年来，健康和安全（卫生和植物检疫）标准对限制进口的重要性日益增加，虽然一些美国企业从联邦政府那里获得了农业生产补贴，但也必须根据地方性的限制和规定进行经营，其中一些限制和规定进口商必须满足。另一方面，试图出口的美国企业有着丰富的经验，来研究那些本来是产品标准但后来成为外国市场准入的壁垒等问题。

如前面章节所讨论的，美国农业补贴可以有多种形式。在扭曲贸易的国内政策方面的分歧，将在未来的贸易谈判中越来越受到质疑。

对美国国内工业部门实施的监管政策很少会影响到进出口贸易。然而，涉及最低工资、福利要求、健康和安全标准以及环境标准的相关政策确实增加了农产品的成本，影响了美国农业部门的国际竞争力。在竞争激烈、利润空间狭窄的全球市场中，一些国家可能没有相应的国内限制，结果可能造成"不公平的竞争环境"。此时政策可能会产生将竞争优势从美国公司转移到外国竞争对手公司的意外后果。WTO 各种规定的目标是尽量减少这种扭曲。

另一个影响贸易的国内政策就是出口补贴。通过补贴，降低了出口成本，比如美国的出口增强计划（Export Enhancement Program, EEP）农产品价格补贴。WTO（"乌拉圭回合"）协议对该计划补贴的农产品实施年度价值和吨位限制。美国并不是唯一一个实行这类计划的国家，加拿大和欧盟也都使用出口补贴。

美国各州的贸易支持

美国大多数州在其农业部门或者商业部门都有一个国际贸易发展部，致力于促进农产品的对外出口，并举办与贸易有关的理论研讨会。一些州还有国际贸易中心，通常作为州内赠地大学的一部分，为潜在出口商提供服务和咨询。这些努力是与在农村经济中鼓励经济发展和多样性的努力一致的。

各州有机会通过贸易提高当地农业生产者的利润。州级的支持计划可包括促进和协调国际市场发展和扩大，为贷款人提供奖励从而在与贸易有关的费用方面提供帮助，维持和增加对研究工作的支持以提高农业企业贸易的效率，以及在互利的情况下与其他国家分享信息。

关于贸易问题的总结

全球贸易政策的短期挑战是重启自由贸易谈判，达成新的自由贸易协议，获得各国立法机构的批准。鉴于目前的情况，这是一个比较艰巨的任务。还有一个问题是自由贸易应当在多大程度上优先于国内农业政策的实施。为了创造自由贸易的制度环境，21世纪初美国国内贸易政策的主要挑战将是：

1. 设计国内价格支持和收入支持政策，并使该政策能够通过世界贸易组织关于贸易中立或至少比过去减少贸易扭曲的测试；

2. 解决环境质量和公平问题，且不会过度降低美国农业生产商和企业的竞争力；

3. 应对国内外贸易保护主义支持者的强烈反对；

4. 让社会公众明白"出口好，进口不好"这一观点太过狭隘；

5. 克服妨碍与中国和其他潜在贸易伙伴国继续发展贸易关系的问题。

出口支持计划，比如出口增强、市场准入和出口信贷担保将面临新的挑战，不仅因为贸易伙伴国认为它们是不公平的贸易政策，还因为一些美国利益集团将其视为不必要的、昂贵的和错误的。然而，市场发展计划的国内支持者赞同这一计划。美国国内在这一问题上缺乏共识。

理论上，自由贸易在一个完全竞争的市场上将提高社会福利水平。自由贸易并不排除一些人因此而更好与一些人因此而更差的事实。以美国经济为例，离岸外包使一些美国工人失去工作，但同时也使衬衫和电子产品更加便宜。一些美国消费者从中受益，而失去工作的工人没有从中受益。离岸外包还导致支付赤字和债务负担。廉价农产品的大量进口导致大型"仓储式"商店的增加，这些商店损害了小型商店的利益。自由贸易理论认为，尽管如此，自由贸易对于整个社会来说是利大于弊。鉴于美国和其他国家目前的保护水平，问题仍然是自由贸易是否可行，自由贸易是否代表着美国农业的未来。

讨论

1. 是非题：20 世纪早期的理论认为保护性关税是发展国内经济所必需的。

2. 经济学理论对自由贸易持什么观点？

3. 用什么方法激励一个国家进口而不是自己生产农产品？

4. 一个国家可以为自由贸易设置哪些障碍？

5. 贸易壁垒是如何损害一个国家的？

6. 贸易壁垒是如何帮助一个国家的？

7. 是非题：一个国家的所有公民都将从自由贸易中受益。

8. 如果你认为第 7 题是对的，为什么所有人都会受益？如果你认为第 7 题是错的，为什么不是所有人都受益？

9. 美国贸易代表是谁？他（她）做了什么？

10. 一个国家如何获得贸易优势？

11. "贸易促进授权"是什么？

12. 是非题：美国与其他国家的农业贸易差额为正。

13.GATT 是什么的首字母缩写？

a.General Activity of Trade Transactions

b.General Agreement on Tariffs and Trade

c.General Acknowledgement of Trade and Tariffs

d.Greatest Activity in Tradeoffs with Tariffs

14. "最惠国"是什么？为什么它很重要？

15. 关税与贸易总协定谈判是哪一年在日内瓦发起的？

a.1910

b.1865

c.1947

d.2012

16. 世界贸易组织的缩写是什么？

17. 为什么世界贸易组织的"乌拉圭回合"对于农业贸易很重要？

18. 什么是区域贸易协定？

19. 什么是加美贸易协定？

20. 列出加美贸易协定的三个条款。

21. 列出北美自由贸易协定所涉及的国家。

22. 列出北美自由贸易协定对美国农业企业的三个好处。

23. 是非题：在北美自由贸易协定下，美国与墨西哥的贸易差额为负。

24. 是非题：美国成为美洲自由贸易区的一部分。

25. 美国还有哪些其他区域贸易协定？

26. 贸易壁垒有哪些？

27. 列出两个非关税贸易壁垒。

28. 为什么贸易伙伴关注贸易扭曲行为？

29. 美国出口增强计划是什么？

30. 是非题：美国各州（单独）在国际贸易问题上是不起作用的。

31. 列出 21 世纪美国国内贸易政策面对的两大挑战。

参考文献

Boulet, Antoine, David Orden and Simon Mevel. 2006. "More or less ambition in the Doha Round? Modeling the development impact of trade proposals." Paper presented at the

9th Annual Conference on Global Economic Analysis, Addis Ababa, Ethiopia.

Decreaux, Yvan and Lionel Fontagne. 2006, May 10. "A Quantitative Assessment of the Outcome of the Doha Development Agenda." CEPII Working Paper No. 2006-10.

Hertel, T.W. and R. Keeney. 2006. "What is at Stake: The Relative Importance of Import Barriers, Export Subsidies, and Domestic Support." Chapter 2 in *Agricultural Trade Reform and the Doha Development Agenda,* K. Anderson and W. Martin eds., New York: Palgrave Macmillan and The World Bank.

Information on trade agreements, the WTO and recent issues can be found on line at the Office of the US Trade Representative http://www.ustr, gov [accessed November 5, 2014].

Information and data on US trade programs can be found on the Foreign Agricultural Service USDA website with links to other USDA bureaus data. URL: http://www.fas. usda.gov [accessed November 5, 2014].

Qualman, Darrin. 2002, March 2. "Farmers' Opposition to Corporate Globalization and Trade Agreements." Presentation. Toronto, Ontario. http://www.iatp.org/files/Farmers_ Opposition_to_Corporate_Globalizati_2.htm [accessed November 5, 2014].

The history and facts and figures on the Uruguay and Doha rounds of trade negotiations, tariffs and non-tariff barriers and agreements can be found on line at URL: http:// www. wto.org/[accessed November 5, 2014].

Wainio, John. 2012, June 4. "Agreement on Agriculture and Beyond," Economic Research Service, USDA. www.ers.usda.gov/topics/international-markets-trade/trade-policy/ world-trade-organization-(wto)/agreement-on-agriculture-and-beyond.aspx [accessed November 5, 2014].

Wright, Chris. n.d. "NAFTA Pros and Cons." *US Labor Histoty.* Op-ed on line. http:// overflow.umwblogs.org/labor-and-globalization/op-eds/cnris-wright/.

Suggested other readings include:

Economic Research Service. 1987. *Government Intervention in Agriculture: Measurement, Evaluation, and Implications for Trade Negotiations.* Foreign Agricultural Economic Report, No. 229.

Foreign Agricultural Service. 1999, May. *The World Trade Organization and US Agriculture.* FAS USDA.

第十一章 2014年《农业法案》

2014年2月7日，奥巴马总统签署了2014年《农业法案》（PL 113-79）。受到预算问题和政治问题的影响，农业法案的通过漫长而曲折。2013年6月，美国民主党控制的参议院通过了《农业改革、食品和就业法案》（Agriculture Reform,Food and Jobs Act）（S. 954），但是，共和党主导的众议院选择不在当年通过农业法案。2014年7月，众议院通过了 HR 2642 作为《联邦农业改革和风险管理法案》（Federal Agricultural Reform and Risk Management Act, FARRM）。参议院反对这一做法，并且提出了替代方案，要求协商解决分歧。众议院报告 112-333 提出了联合会议委员会（Joint conference committee）对 HR2642 的修改，该报告在 2014年1月29日被众议院通过，在 2014年2月4日被参议院通过。

2014年《农业法案》包含文字密密麻麻的 357 页，我们不可能充分描述其所有条款。关于法案具体实施的大多数条例尚未定稿。本章介绍了对于2014年《农业法案》，以及其中一些特定条款例如农产品、保护和农作物保险条款所产生的预算影响的解释。

预算问题

国会预算办公室（Congressional Budget Office）[在 2014 年 1 月给众议院农业委员会主席卢卡斯（Lucas）的一封信中]预计 2014 年《农业法案》的强制性支出在 2014—2023 年将达到 9,560 亿美元：食品和营养政策的支出估计为 7,560 亿美元，占农业法案支出总额的 79%；农作物保险政策的支出估计是第二高的，达 898 亿美元；保护政策的支出估计为 560 亿美元；农产品政策的支出为 445 亿美元。联邦净支出估计减少 166 亿美元（相较于 2008 年农业法案的直接支出），这来自于营养政策的支出减少 80 亿美元，保护政策的支出减少 40 亿美元，农产品政策的支出减少 143 亿美元，农作物保险政策的支出增加了 57 亿美元。法案的其他政策获得的预算相较于 2008 年农业法案的支出增加或减少都不同。

2014 年《农业法案》的农产品计划条款包括废除 2008 年农业法案的直接支付、逆周期支付计划、平均农作物收入选择计划、牛奶收入损失合约计划、乳制品价格支持计划和乳制品出口激励计划。乳制品计划被保证金保护计划（Margin Protection Program，MPP）和乳制品捐赠计划（Dairy Products Donation Program，DPDP）取代。

为了取代农作物农产品计划，向该计划所覆盖的农产品生产者提供价格损失保障（Price Loss Coverage，PLC）和农业风险保障（Agricultural Risk Coverage，ARC）计划作为选择。一旦选择了这两个计划中的一个，农业生产者在 2014—2018 农作物年度将固定参加这一计划。法案规定了计划所覆盖的基本农产品是小麦、燕麦和大麦（包括用于制干草和放牧的农作物）、玉米、高粱、长粒米和中粒米、豆类作物、大豆、油籽和花生。豆类作物被定义为干豌豆、扁豆、小鹰嘴豆和大鹰嘴豆。中粒米包括小型谷物大米和"温带粳稻"大米。

在新的农业法案下，陆地棉不能参与价格损失保障或农业风险保障计划。基期地种植面积仍然作为计算计划支付的一个因素，陆地棉基期地在2014—2018年被转变为通用基期地。农场有权授权农作物种植基期地的重新分配，例如选择更新产量，但只能出于获得价格损失保障计划支付的目的。被额外授权的保险产品与农产品计划密切相关。

农产品计划

农产品贷款计划的条款

新农业法案保留了2008年农业法案中销售贷款计划的大部分条款，涵盖了农场生产的所有农产品（不仅是在计划基期地面积上的）。除了价格损失保障或农业风险保障计划涵盖的农产品外，陆地棉和超长绒棉、分级和未分级的羊毛、马海毛和蜂蜜也被授权参与销售贷款计划。销售贷款和贷款补贴支付将根据2008年农业法案确定，允许贷款利率根据农作物质量条件和位置而变化。所有销售贷款的期限定为九个月，禁止延长贷款期限。农业法案还规定农业部长有权要求全额偿还本金和利息或根据市场条件调整而以更低的利率全额偿还。以低于贷款利率偿还将像过去一样产生销售贷款收益（Marketing Loan Gain，MLG）。

除了油籽、向日葵、花生和超长绒棉外，对于长粒米和中粒米、陆地棉、向日葵，农业法案也规定了具体的还款要求。花生继续有资格获得有关储存、处理和相关费用的支付。未分级的未修剪的羊皮、干草和青贮饲料未获得销售贷款计划的授权，但获得了减免贷款补贴支付的资格。未修剪的羊皮的贷款补贴性支付率定为未分级羊毛的贷款利率超过偿还率的金额。对于干草和青贮饲料，贷款补贴性支付利率是基于农产品贷款利率与偿还率之间的差额。

与销售贷款计划有关的一个条款规定，如果农作物没有收获而是用于放牧，则允许牲畜生产者获得小麦、大麦、燕麦和黑小麦种植面积的贷款补贴性支付。为了获得贷款补贴性支付，农业生产者必须达成不收获作物的协议，也不能购买联邦农作物保险来保护将要用作牧草的农作物。

在销售贷款的条款下，如果国内棉花价格超过国际市场价格，陆地棉进口将被授权。进口补贴因等级而不同，还有时间限制。此外，经济援助被授权用于建设、升级、现代化、土地、机械和国内陆地棉用户设施的其他改善上。美国国内超长绒棉用户和出口商也有权基于所购买的超长绒棉价格与国际市场价格之间的差额获得支付。

计划基期地面积

除了水果、蔬菜、坚果和野生稻以外，在1996年农业法案和随后的农业法案中，"自由农场"允许在计划基期地面积上种植替代性农作物。也就是说，小麦基期地可以种植玉米，玉米基期地可以种植花生或其他符合条件的农作物。从直接支付和逆周期支付来看，它们与基期地实际种植的农作物无关，但与基期地农作物有关。

根据2014年《农业法案》，2008年农业法案中除了陆地棉基期地以外的基期地（2013年9月生效）保留下来。在该法案下，陆地棉基期地被转为"通用基期地"，但只是在 2014—2018 年期间。根据基期地面积和种植符合条件农作物的通用基期地面积，该农作物将获得计划支付。

在这一农业法案下，陆地棉不再是符合条件的农作物，但是，并没有禁止种植陆地棉，只是种植陆地棉将不会获得农业风险保障或价格损失保障下的计划支付。它仍然符合销售贷款计划的条件。

2014 年《农业法案》授权了基期地面积所有可选的过去种植面积的"再分配"，并且所有者可以选择保留现有的基期地在原处，也可以转移在 2009—2012 年已经种植或未能被种植（通常是由于天气灾害）的符合条件农作物的计划基期地面积。通用基期地（以前的陆地棉基期地）不能重新分配。

重新分配的例子如表 11.1 所示。假设一个农场有 1,500 英亩的土地种植玉米、高粱和花生。如果 2009—2012 年高粱基期地的 50% 种植了玉米、50% 种植了花生，而没有种植高粱，那么土地所有者可以将高粱基期地重新分配一半给玉米、一半给花生。如果一个土地所有者选择以这个比例重新分配面积，计划将不再对 1,500 英亩的高粱支付，而是对 750 英亩的玉米和 750 英亩的花生支付。基期地面积的重新分配取决于 2009—2012 年期间种植和防止种植的农作物比例。

根据 2014 年《农业法案》，土地所有者可以选择减少基期地和通用基期地。如果农场有复种的历史，则对双作的土地有具体规定。该农业法案还允许在基期地面积上种植水果、蔬菜和野生稻，但对种植这些农作物的基期地没有计划支付。

表 11.1 基期地再分配的例子

农作物	玉米	高粱	花生
FSA 基期地面积（英亩）	500	500	500
年份	种植面积	种植面积	种植面积
2009	750	0	750
2010	750	0	750
2011	750	0	750
2012	750	0	750
平均值	750	0	750
高粱基期地使用百分比	50%	0%	50%
基期地重新分配	250	—	250

农业风险保障选项

农业风险保障是作为农产品计划的一个选项提供的。在农业风险保障下，符合条件农产品的生产者有两种可选方案，这向农业生产者提供了一种风险保护，包括个人收入损失保障（个人农业风险保障）或县收入损失保障（县农业风险保障）。选择个人农业风险保障的农业生产者必须登记所有符合条件的农作物（在该农场），但是，对于县的农业风险保障，可以按照农产品分类选择保障范围。由于计算支付的方式，这很有必要。农场（个人）ARC 或县农业风险保障的选择阻碍了农业生产者获得该农产品的价格损失保障支付。此外，支付额还将调整以适应农业生产者份额。

如上所述，只有一个农业风险保障选项可以选择，一旦选择，在2014—2018 年期间是不可撤销的。符合条件的农业生产者被定义为那些承担农作物风险的人。未能在 2014 这一农作物年度做出选择的农业生产者将不会在 2014 年获得价格损失保障或农业风险保障支付，而将登记获得 2015—2018 年的价格损失保障支付。

符合农业风险保障条件的农产品包括小麦、玉米、高粱、大麦、燕麦、长粒米和中粒米、大豆、花生、干豌豆、扁豆、小鹰嘴豆和大鹰嘴豆及其他油籽作物。在实际收入低于收入保证的情况下，将根据个人或县收入风险保障进行计划支付。收入保证是基准收入的 86%：

收入保证 =86%× 基准收入

基准收入根据是选择县农业风险保障还是个人农业风险保障而有所不同。如果选择了县的农业风险保障选项（注意这个计算是根据农产品分类），则

县基准收入 =（最近五个销售年度美国价格的奥林匹克平均值）×（最近五个销售年度县产量的奥林匹克平均值）

如果选择了个人的农业风险保障选项，农场上所有符合条件的农作物必须单独考虑，但整个计算更加复杂：

个人基准收入 = 根据单个农作物种植面积与符合条件农作物总的种植面积的比率进行调整的农场上所有被涵盖的农产品最近五年收入奥林匹克平均值的总和

也就是说，在过去五年中，单个农作物的收入是按照其在收入中的百分比份额进行调整的，但一旦确定了这些份额的总和，也就确定了个人基准收入。

实际收入也将根据是选择农场还是个人收入选项而有所不同。每英亩的实际县收入的计算为：

每英亩的实际县收入 =（该年每英亩种植面积的平均县产量）×（下面 a 和 b 二者中的较高者）

a.销售年度的全国平均市场价格

b. 农产品的年度全国平均贷款利率

实际个人收入的计算与农场的相似：

每英亩的实际个人收入 = [（每种被涵盖的农产品的总产量）×（下面 a 和 b 二者中的较高者）/（农场上所有被涵盖的农产品的总种植面积）] 的总和

a. 销售年度的全国平均市场价格

b. 农产品的年度全国平均贷款利率

在计算个人和县农业风险保障选项的五年历史收益率平均值时，可以获得低收益年度的补贴。根据农业法案，如果五年中的任意一年的产量低于过渡期产量的 70%，农业部长可以决定用过渡期产量的 70% 代替实际产量来确定产量历史。如果五年中的任何一种农产品的全国平均市场价格低于该农产品在农业法案中设定的参考价格，则用参考价格替代销售年度的实际价格。

不同个人和县农业风险保障的支付面积不同。个人农业风险保障面积中符合支付条件的是基期地面积的 65%，县农业风险保障面积中符合支付条件的是基期地面积的 85%：

个人农业风险保障 =（收入保证 – 实际收入）× 65% × 符合条件的面积

县农业风险保障 =（收入保证 – 实际农产品收入）× 85% × 符合条件的面积

价格损失保障

价格损失保障是一种传统的目标价格支持计划，相当于之前农业法案中逆周期计划的价格保护。与目标价格不同，2014 年《农业法案》提供了 "参考价格" 用于按照农产品分类确定价格损失保护。一般来说，2014年农业法案的参考价格高于2008年《农业法案》的目标价格，但远低于过去几年的市场价格。

2014年《农业法案》中列出的符合条件的农产品的参考价格是：小麦5.50美元/蒲式耳，玉米3.70美元/蒲式耳，高粱3.95美元/蒲式耳，大麦4.95美元/蒲式耳，燕麦2.40美元/蒲式耳，长粒米和中粒米14美元/英担，大豆8.40美元/蒲式耳，花生535美元/吨，干豌豆11美元/英担，扁豆19.97美元/英担，小鹰嘴豆19.04美元/英担，大鹰嘴豆21.54美元/英担，其他油籽20.15美元/英担。

如果农产品的"有效价格"低于销售年度符合条件的农产品的参考价格，则触发价格损失保障支付。

有效价格的计算为：

有效价格=（下列a和b中的较高者）

a. 在被涵盖的农产品的12个月的销售年度期间，生产者获得的全国平均市场价格

b. 在农作物年度有效的全国平均贷款

价格损失保障下的支付额的计算为：

a. 支付率=参考价格 – 有效价格

b. 支付额=支付率 × 支付产量 × 支付面积

c. 支付面积=符合条件的种植面积 ×85%

如上所述，如果是出于获得价格损失保障支付的目的，土地所有者有权决定产量更新。符合条件的农产品的产量更新可以使用2008—2012年每英亩种植面积平均产量的90%，不包括任何零产量的年份。在确定平均值时，如果实际产量低于2008—2012年县平均产量的75%，则用县平均产量的75%替代。

支付限制

在农业风险保障和价格损失保障支付的情况下，支付面积不允许超过包含陆地棉（通用）基期地在内的总基期地面积。对于不能获得支付的产量，农业部长有权要求对其进行支付。

对于被涵盖的各种农作物，如果基期地用于种植被涵盖的农作物，或者种植用于保护目的的农作物而不收获或销售，则不会减少支付。特别规定对于双作仍有效。

陆地棉

根据 2014 年《农业法案》，陆地棉不再是符合计划条件的农作物。根据以前的农业法案分配的面积，棉花基期地在 2014—2018 年的农业法案中被转为通用基期地。

通用基期地可能不会重新分配或重新设立给其他符合条件的作物。美国国会的意图似乎是在农业法案期间固定这些基期地，同时允许使用其种植其他农作物。通用基期地面积分配意味着陆地棉不符合农业风险保障或价格损失保障计划的资格。然而，通用基期地可以种植了陆地棉以外的符合条件的农作物，这也将获得计划支付。

如上所述，陆地棉仍然符合销售贷款计划的资格。在 2014 年《农业法案》中，截至 2013 年 9 月，根据 2008 年农业法案中直接支付产量和规定的陆地棉基期地面积的 60%，向 2014 年的棉花生产者授权"过渡援助"支付。如果一个县没有陆地棉的堆叠收入保护计划，2015 年将根据陆地棉基期地面积的 36.5% 进行支付：

2014 年过渡援助 = 支付率 ×2013 年直接支付产量 ×60%× 基期地面积

2015 年过渡援助 = 支付率 ×2013 年直接支付产量 ×36.5%×

基期地面积

乳制品

新农业法案中农产品政策的一些计划授权，与其说与传统农产品计划相似，不如说与农业保险相似，一个例子就是新的乳制品利润保护计划（Dairy Margin Protection Program，DMPP）。2014年《农业法案》废除了以前农业法案中提供的乳制品支持计划，包括乳制品价格支持计划、牛奶收入损失合约和乳制品出口激励计划。按照斯蒂芬森和诺瓦科维奇（Stephenson and Novakovic 2014）的说法，1949年《农业法案》中的乳制品价格支持计划在2014—2018年被暂停，但是，保留了其他计划，包括乳制品远期定价计划、乳制品赔偿计划，以及国家乳制品推广和研究计划的某些规定。

新的乳制品利润保护计划可用作牛奶利润保障保险（Livestock Gross Margin for Dairy program，LGM-D）的一种替代选择，可以选择这个计划或另一个计划，但不能同时选择两个。在乳制品利润保护计划中，根据全国平均牛奶价格和全国平均饲料成本的利润差额，向生产者提供各种保障，以保护其免受损失。为了参与该计划，必须支付基于保障范围水平的100美元的管理费用和保费。

作为乳制品利润保护计划的一部分，实际乳制品生产利润（Actual Dairy Production Margin，ADPM）被定义为所有出售给工厂和经销商的牛奶的全国平均价格与乳制品配给调整的饲料成本之间的差额。乳制品配给表示为了使每头奶牛生产100磅牛奶的平均营养供给。乳制品配给调整的饲料成本在农业法案中设定为：$1.078×每蒲式耳玉米的价格+$0.00735×每吨大豆粉的价格+$0.0137×每吨苜蓿干草的价格。

该计划提供的保护是基于两个月（例如1月和2月）的平均价

格和成本以及乳制品的生产历史。生产历史被定为 2011—2013 年期间最高的牛奶销售年份。当两个月平均的实际乳制品生产利润水平低于生产者选择的保障水平时，触发支付。

生产者可以基于乳制品生产历史的 25%—90% 选择保障水平，可以有 5% 的增量；价格保障范围是 4—8 美元 / 英担，也可以有 5% 的增量。

法律规定的保费根据所选择的产量和价格保护水平而有所不同，但是，保障在基本的 4 美元 / 英担的保护水平上不收取保费。对于低于 400 万磅的产量将收取非常低的保费，但要高于 4 美元的保护水平，对于在 2014 年或 2015 年登记参加该计划的生产者提供折扣。例如，对 400 万磅的产量选择 6 美元的保护水平将花费 0.06 美元 / 英担的保费，但早期登记将提供 0.02 美元 / 英担的折扣。对更高的产量和保护水平，保费也将非常高。

牛奶利润保障保险是由美国农业部风险管理局提供的保险计划。乳制品利润保护计划与牛奶利润保障保险计划之间存在差异。牛奶利润保障保险所提供的保护是一种可选的保障水平，它基于 III 类牛奶价格和芝加哥农产品交易所集团中玉米和大豆粉期货价格之间的保证利润，以及实际实现的利润。价格是基于期货合约结算价格的简单平均，但不是基于生产者从市场获得的价格。保障包括从 0—2.00 美元 / 英担、级差为 0.10 美元的可减免水平（没有投保的数量）。如果在十一个月的保险期结束时，毛利保证与实际毛利之间的差额为正值，则触发支付。

农产品计划支付限额

符合销售贷款收益、贷款补贴性支会、农业损失保障和价格风险保障支付条件的每个人或每个法人实体的总支付限额为 125,000 美元。从 2015 年开始，保护计划的支付也被纳入限制。每个人或每个实体有单独的 125,000 美元限额适用于花生。根据规定，一个人或者一个农业经济组织必须通过积极参与耕作并对其做出重大贡献，以获得支付。此外，根据 2014 年《农业法案》，过去三年平均调整后的总收入超过 90 万美元的个人没有资格获得农产品保护计划支付。

环保政策

根据 2014 年《农业法案》，环护计划得到了巩固，但获得的资金却减少了。鲁本和皮斯（Lubben and Pease 2014）认为，这反映了美国国会改变了农业保护的重点。湿地保护区、草原保护区和农田保护计划已被废除，其职能纳入其他计划。这项农业法案授权了四项基本保护功能，即传统的环境脆弱土地休耕计划、耕种土地计划、地役权计划和环保合作计划。下面将讨论农业法案中保护政策的主要计划。需要指出的是，农业保护政策的重点似乎在于耕种土地计划。耕种土地包括那些仍在生产中的土地。该政策提供费用分担支付、土地休耕支付、赠款和合同支付。

环保储备计划

农业法案授权了环保储备计划（Conservation Reserve Program, CRP），以防止水土流失，通过过滤带和河岸缓冲区保护水质，保护植物的生态价值，改善和保护野生动物的栖息地。根据汉森（Hansen 2007）估计，该计划每年提供 13 亿美元的环境效益。环保储备计划根据 2014 年《农业法案》被重新授权，但规模缩小了，参与该计划的面积从 2014 年的 2,750 万英亩降至 2018 年的 2,400 万英亩。在 2014—2018 年，草地参与环保储备计划的面积限制设定为 200 英亩。

与以前的农业法案一样，可以通过在指定登记期的竞争性招标过程或通过非竞争性的连续登记过程参与该计划。在非竞争性的连续登记过程中，要求接受对需要保护的环境敏感型土地进行评估。

耕种土地保护计划

耕种土地保护计划为参与者提供资金，以使其采用或维持对于用于农业生产的土地的保护措施（Lubben and Pease 2014）。2014 年《农业法案》中的耕种土地保护计划是保护管理计划（Conservation Stewardship Program，CSP）和环境质量激励计划（Environmental Quality Incentives Program，EQIP）。

保护管理计划

根据五年合同向农业生产者提供资金，用于结构性、植被性和管理措施的应用，并计划解决该区域的资源问题。资源问题要由农业部长基于区域或全州范围进行确定。

计划登记从农业生产者提供合同开始，该合同要达到或超过两个优先资源问题的管理门槛，或者通过在整个农业经营中采用保护措施达到或超过另一个问题的门槛。是否可以参与该计划，取决于这些条件的满足程度和成本的考量。

合同续约可能超过最初的五年。成本的考量包括规定该计划必须达到每英亩 18 美元的全国平均支付率，同时在每个财政年度授权和登记额外的 1,000 万英亩。除了一些例外情况，在 2014—2018 年期间，每个法人实体或个人在保护管理计划中的支付限额是 200,000 美元。

260

环境质量激励计划

根据每十年一次的合同向农业生产者提供环境质量激励资金，以改善土壤质量、空气质量、水的质量，管理牲畜粪便，管理害虫和入侵物种，以及改善野生动物和传粉昆虫的栖息地。环境质量激励计划是一项成本分摊计划，它授权提供不超过50%的预付款以购买材料或完成合同所约定的改进。

2014年《农业法案》要求至少60%的环境质量激励计划资金用于畜牧业经营，至少5%的资金花费在野生动物栖息地改善上。（这是以前在现已废除的野生动物栖息地改善计划中提供的资金。）环境质量激励计划还为刚开始经营、缺少资源的农民和退伍军人提供资金。在2014—2018财政年度，法人实体或个人所有合同的支付限额为45万美元。

农业保护地役权计划

农业保护地役权计划（Agricultural Conservation Easement Program, ACEP）是环保政策的新计划，它与2014年《农业法案》中废除的2008农业法案中的湿地保护区、草地保护区和农田保护计划相结合。根据2014年《农业法案》，"地役权"是"为保护自然资源和土地的农业性质的目的而传递"的符合条件的土地上的一种利益。一般来说，向符合条件的州、地方政府机构或印第安部落（被称为符合条件的实体）提供高达公平市场价值50%的成本分摊资金，以购买农业用地的地役权，从而保护草地、农田、非工业的私人林地或湿地。针对具有环境重要性的草原这一特殊情况，将提供高达75%的成本分摊资金。符合条件的实体必须登记参加该计划。对于湿地法案规定了30年或永久的地役权。

区域保护合作计划

区域保护合作计划（Regional Conservation Partnership Program，RCPP）在2014—2018财政年度向州或地方政府、印第安部落、农业或林业生产者协会或团体、农民合作社、农村水务局、市政供水或污水实体、高等教育机构，或与农业生产者有合作历史的组织或实体提供1亿美元的联邦资金（Sec 2401，AA 2014），还通过符合条件的组织向农业生产者间接提供援助。

该法案规定了对符合条件的实体的奖励分配。美国农业部国家自然资源保护服务局的环保主义者在国家技术委员会的建议下，对资金和土地的25%的竞争性奖励进行管理和分配，另外40%的资金和土地将通过国家竞争性招标过程分配，其余35%的资金和土地将被分配到由农业部长确定的关键保护区项目中。

与美国农业部达成的长达五年的合作协议可用于区域或流域内与土壤、水、野生动物相关的保护工作，其中包括教育和研究、水和空气质量改善、旱涝灾害的减少、水资源保护、森林恢复和其他环保活动。

此外，法律规定区域保护合作计划将使用"保障计划"来实现2008年农业法案中的切萨皮克湾流域计划、合作环保伙伴关系计划、五大湖盆地计划和农业用水改善计划。保障计划包括环境质量激励计划、保护管理计划、健康森林储备计划和农业保护地役权计划。

农作物保险和合规保护

为了有资格参与农产品和环保援助计划，农业生产者和土地所有者必须遵守与高度易受侵蚀的土地及湿地有关的法律保护条款。农业生产者必须制定和实施对高度易受侵蚀的土地的保护计划，同时要避免将湿地用于农业生产，以符合关于高度易受侵蚀的土地［农夫条款（Sodbuster）］和湿地［大沼泽条款（Swampbuster）］的法律规定。这通常被称为"合规保护"（Conservation Compliance）。

根据2014年《农业法案》，如果被发现违反了农夫条款或大沼泽条款，农业生产者将失去获得补贴农作物保险费的资格，但农业生产者被提供了宽限期以遵守保护计划。在1985年农业法案之前转变为农田的湿地不被认为违反了合规保护条款，在2014年《农业法案》通过之前转为农田的湿地不会因农作物保险目的而受到惩罚。

关于农业"草原坑洼"的法律新规仅适用于明尼苏达州、艾奥瓦州、南北达科他州、蒙大拿州和内布拉斯加州。草原坑洼是指平原上那些偶尔会积水的低洼地区，考虑到其有益于水鸟迁徙，这些土地是不可保险的。2014年《农业法案》允许农作物参与保险，但降低了保费补贴率和保险收益水平。

农作物保险政策

农作物保护立法是从20世纪30年代发展起来的。单个农作物的产量和收入、牲畜和园艺（在很小的程度上）、整个农场的收入、集群风险以及指数保险在今天以各种形式提供。此外，与以前的农业法案相比，2014年《农业法案》将农产品计划与这些农作物保险计划更紧密地联系在一起，这可以通过新的堆叠收入保护计划和补充保障选择（Supplemental Coverage Option，SCO）浅表损失计划看出来。农业保险与环保合规之间的联系也已经被提及。

诸如农业风险保障、价格损失保障和贷款计划等农产品计划本质上也可以被认为是风险管理保护或类似于保险。科布尔、巴纳比和琼斯（Coble, Barnaby and Jones 2014）认为，两者的主要区别在于农产品计划与基期地相关，而农作物保险与种植面积有关，贷款计划是例外情况。一般来说，不受农产品计划保护的农作物面积可能在农作物保险下获得风险保护。根据新的农业法案，在试点（试验）计划中将继续扩大农产品保护计划以涵盖额外的农作物和不受保护的牲畜。

陆地棉的堆叠收入保护计划

从 2015 年开始，陆地棉堆叠收入保护计划根据农业法案中的农作物保险政策向种植陆地棉的地区提供收入损失保护。由于陆地棉已经被各种农作物保险产品所覆盖，陆地棉堆叠收入保护计划被认为是补充性的浅表损失计划。浅表损失保护一般被认为是提供常规保险计划所不保障的内容。

陆地棉堆叠收入保护计划是集群风险产品，其支付是基于县损失而不是单个农场损失。如果某个县的收入低于美国农业部为一个县设定的基准收入水平的 90%，则触发陆地棉堆叠收入保护计划的支付。

为了计算基准县收入，美国农业部设定了集群风险价格，一个县的既定产量为美国农业部国家农业统计服务局（National Agricultural Statistics Service，NASS）设定的县产量或县最近五年产量的奥林匹克平均值二者中的较高者。

获得的风险保护水平取决于农业生产者选择的保障水平和生产要素。生产者可以选择的保障水平是美国农业部为县设定的基准收入水平的 10%—30%（5% 的级差）。生产要素可以增加到 120% 或从 100% 开始减少，无论是增加还是减少都将获得赔偿支付。保费必须根据所获得的保护数量进行支付，这可能会影响所选择的保护水平。

陆地棉堆叠收入保护计划可以单独购买，也可以与其他陆地棉保险计划一起购买。但是，根据法律规定，保障范围不能重叠。也就是说，如果在另一种保险产品下获得75%的保障，陆地棉堆叠收入保护计划最高30%的保护水平将不得不降低。陆地棉堆叠收入保护计划可用的保护水平可以达到降低风险的目的，但农业生产者还需要购买额外的保险。

补充保障选择

2008年农业法案中的农作物保险计划基本保留在2014年《农业法案》中。在保障的一般水平上，新法案还规定了以美元计价的85%的个人收益保障，或95%的区域收益保障，或"在个人收益和损失的基础上，基于区域收益和损失进行补充，以覆盖在个人收益和损失政策下的部分扣除"（2014年《农业法案》）。

该保障选择被指定为补充保障选择，它为基础保险政策的可扣除部分提供赔偿。经授权，需要有常规个人保险保障来参与该计划。

补充保障选择将于2015年对种植在农产品政策中价格损失保障面积上的农作物和未登记的农作物实施，但不适用于登记在农业风险保障或陆地棉堆叠收入保护计划中的种植面积上的农作物。然而，没有登记在陆地棉堆叠收入保护计划中的陆地棉符合补充保障选择的参与条件。

补充保障选择被设计为支付全县范围的平均损失额或更大范围的平均损失额（如果县级数据不足）的自愿性的区域风险保险产品，这是常规农作物保险的上限。科布尔、巴纳比和琼斯（2014）认为，补充保障选择具有个人险的性质。如果基础保险只是保障收益损失，那么，补充保障选择也是如此。

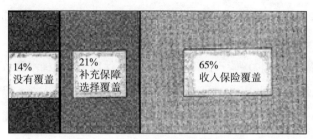

图 11.1　补充保障选择的保障范围

如图 11.1 所示，14% 的可扣除水平导致了基础农作物保险和补充保障选择之间的被保障差额。例如，如果基本保险涵盖 65% 的收益或收入，补充保障选择将涵盖 86% 与 65% 之间的差额，即收益或损失的 21%。农业法案没有规定补充保障选择向农业生产者提供的准确保障范围。法律规定需要支付 65% 的补贴保费，并要求涵盖预期损失、合理储备和经营管理费用。

当区域损失大于"正常水平"的 14% 时，支付将被触发。基础保险的区域损失保障大于 86% 将自动排除参与补充保障选择。根据个别农场情况，参与这一可选计划的决定会有很大的变化，涉及自身农场产量或收入历史与县平均产量或收入历史的相关程度，以及自身所需的风险保护水平。

农作物保险费调整

根据新农业法案，将对刚从事农业经营的农民和经验丰富的农民、灾难性风险保护以及基于整个农场或企业单位（而不是单个土地）的保险保费进行调整。灌溉和非灌溉农作物单位的保费将分开计算。

一个相关的选择是允许县或毗邻县的生产者在任何农作物年度的实际生产历史（APH）的计算中排除产量，其中县产量为该县以前十年产量的简单平均值的 50% 或以下。这可能会提高生产者可保险农作物生产的历史产量。对灌溉和非灌溉生产的农作物产量须单独确定。

刚从事农业经营的农民和牧场主通常被描述为这样一些人："没有积极地经营和管理一个农场或牧场，但获得农作物或牲畜的真正保险利益，且作为自有经营人、土地主、佃户或佃农超过五年，这由农业部长决定。"（2014年《农业调整法》）

这些农业生产者会得到10%的常规保费"援助"。刚从事农业经营但有获得新种植面积经验的农民和牧场主也有机会为了保险目的而提高实际生产水平。

营养政策

2014年《农业法案》保留了食品和营养援助、农产品分配计划、儿童和学校营养计划。如上所述，主要通过修改资格标准来削减这一政策预算。主要变化包括使用全国新雇用目录来改善工资核查，削减公用事业补助，增加对食品银行和社区食品计划的援助以及紧急食品援助，减少对食品援助计划依赖的试点项目。更改零售商资格和加强对营养教育计划的资助也包括在内，用于计划监管的资金也在增加。补充性营养援助计划（Supplemental Nutrition Assistance Program，SNAP）、紧急食品援助计划（the Emergency Food Assistance Program，TEFAP）、通过农产品信贷公司分销剩余农产品以及通过当地农民市场购买新鲜农产品也被保留下来。

补充性营养援助计划

2012年，大约14%的美国人口获得了补充性营养援助计划的救济金。63.7%的受益者是白人，12.2%是黑人，24.1%是其他人种。

大约 50% 的受益者是老人或儿童（美国农业部食品营养局：http://www.fns.usda.gov/pd/SNAPsummary.htm）。

为应对 2008 年金融危机,2009 年《恢复和再投资法案》（American Recovery and Reinvestment Act，ARRA）增加了补充性营养援助计划的救济金，每人每月 24 美元，一个四口之家每月 80 美元。《恢复和再投资法案》于 2013 年 11 月期满时，4,700 万美国人的补充性营养援助计划的救济金被削减，平均每人每月 11 美元，一个四口之家每月 36 美元（Dean and Rosenbaum 2013）。此时，全国平均最高补充性营养援助计划的救济金为每人每月 189 美元，四口之家每月 632 美元。

鉴于其作为强制性资助计划的立法地位,补充性营养援助计划参与要求与 2008 年农业法案中的规定基本一致，但有一些例外。这些例外包括补充性营养援助计划的救济金减少，这主要是由于与低收入能源援助计划（Low-Income Emergy Assistance Program，LIHEAP）相关的法律的改变。救济金的减少会使少数州受到影响，但预计联邦计划储蓄将达到 85.5 亿美元（Elmendorf 2014）。

园艺产品政策

特有农作物和有机农作物问题在新的农业法案的园艺政策下得到了解决。与农业法案的其他政策一样，法案的特殊部分被废除，其他部分被修改。根据新农业法案，2000 年《植物保护法案》扩大了美国农业部的动植物卫生检查处（Animal Plant Health Inspection Service，APHIS）对进口有害动植物进行检查和处理的任务，建立了"国家清洁植物网络"（National Clean Plant Network），该网络的目的是利用现有的农业生产能力生产无疾病植物。

农贸市场和当地食品促销计划

根据 2014 年《农业法案》，1976 年《农民－消费者直接销售法案》中增加了"当地食品"补助，以"增加地方和区域内生产的产品的国内消费和被国内消费者接触到的机会"。该法案强调了加强对农贸市场、农产品路边摊、农业旅游和直接面向消费者销售的援助。要想参与这一补助计划，需要相当于项目成本 25% 的配套资金或实物捐助。

有机生产

1990 年《有机食品生产法案》和 1996 年、2002 年农业法案中的有机生产和销售部分被修改。对于有机食品生产者记录保存的要求得到加强，包括为标记为有机的产品保存不少于五年的生产记录，有机认证代理需要保存记录不少于十年，并且能够让联邦和州的官员查阅该记录。该法案还规定了对虚假标明产品为有机的，向农业部长、官员或认证代理做虚假陈述，在需要时未能提供准确及时的信息等行为的惩罚。

关于有机农产品升级数据库和技术系统的法律的其他规定是：要求收集可由农作物保险计划使用的数据，并重新授权成本分摊资金，以协助生产者认证为有机农产品生产者。新法律规定了有机农产品生产者、处理人员、销售人员或进口商的升级订单费用的豁免。

特色农作物分类财政补贴计划

由美国农业部农业销售服务局管理，联邦资金已作为"分类补贴"授予各州，以惠及特色农作物的生产和销售。2014 年《农业法案》修改了向各州分配资金的方案，并且特别允许用于多州合作项目的补贴。

其他政策

2014 年《农业法案》的其他政策代表了一个次级的，但并非不重要的政策，并且也是该农业法案支出的组成部分，其中包括补贴、贷款、贷款担保、贸易法规、农村发展、能源、林业、农业研究等。

除去个别例外，大部分的贸易计划从 2008 年农业法案开始持续存在。美国农业部动植物卫生检验署、食品和药品管理局、美国海关等多家联邦机构和部门的法规和检查，在食品安全和国际贸易农产品处理方面已经成为瓶颈。朗利（Longley）表示，估计有 30 部法律和 15 个机构正在关注这个过程。在 2014 年《农业法案》中，美国农业部设立了负责贸易和对外农业事务的副部长，作为涉及农产品进出口的卫生检疫标准和贸易壁垒的计划的多机构协调者。

农业信贷长期以来一直被授权给符合条件的个人或经济组织，以申请直接和有保障的农场所有权以及经营贷款。在新的农业法案下，有限责任公司和其他符合条件的实体"比如农业部长认为合适的"实体现在有申请资格申请农场所有权、环保以及贷款担保计划。农村发展政策包括对建设农村基础设施的补贴、贷款和贷款担保，能源政策下建设生物能源能力也是如此。

新法案中林业政策重新授权的计划由美国农业部的林务局（the Forest Service），土地管理局（Bureau of Land Management，BLM），以及与实现联邦管理土地、森林健康、水质、野生动物栖息地和土壤目标相关的国内部门共同管理。

赠地大学、试验站和推广工作已经对农业、营养及林业相关研究和教育提供联邦支持超过一百年。由国家食品和农业研究所（National Institute for Food and Agriculture，NIFAA）管理的 2014 年农业法案中的研究课题大部分以研究、教育和能力建设补贴的形式被重新授权。法案特别考虑到通过招聘和教育计划缓解农村地区的兽医短缺，并提供成本分摊资金来建设兽医办公室。农业法案提供了资金以更新1890年机构［包括塔斯基吉大学（Tuskegee University）］和政府赠地机构中的食品和科学设施，还向非政府赠地的农业学院提供能力建设补助。该政策的其他规定还授权俄亥俄州威尔伯福斯中央州立大学作为1890年政府赠地机构。

农业法案的其他政策有时还包括一些关于规定利益集团参与权的信息，以及一些最终没有成为农业法案的其他政策，例如牲畜政策。这个农业法案包括了1946年关于羊的生产和销售的农业销售法案的修正案。其他牲畜修正案重新批准了国家水产动物卫生计划，并要求提供原产地标签的经济分析。原产地标签也被修改，将鹿肉作为被涵盖的农产品，并包括了对家禽和猪的疾病控制。

农民和牧场主的政策分析得到关注是通过新法案在这里为包括塔斯基吉大学在内的1890年机构的政策研究所提供资金。农业部长授权在美国农业部中建立"部落关系办公室"（Office of Tribal Relations）和"退伍军人农业联络员"（Military Veterans Agrictural Liaison），美国原住民部落和退伍军人的利益也被包括在内。

同样在其他政策项中，1996年《联邦农业改进和改革法案》、非保险农作物援助计划或非保险援助计划相当于农作物保险计划的灾难性风险保护（CAT）保障。对于非保险援助计划，法案授权了基于个人收益的50%—65%（最高）的保障水平。非保险援助计划农作物的生产者将被允许在50%上以5%的级差选择保障产量，最高达65%。农作物的保护价值是由部长基于市场价格的100%设定的。支付率将会有所变化，以反映在生产过程中没有发生的费用。现在参与该计划需要服务费。

总结

以 2014 年《农业法案》为基础的农业政策自 2008 年以来发生了很多变化，这些变化大都与限制计划支出有关，也包括农产品和农作物保险的重大变动。通过这些变化我们可以看出，政府正在从强调农产品支持转向农业风险管理和农业保险。

对于未来的农业法案和农业立法，2014 年国会预算案决议提出，农业计划支出不应增加联邦赤字。2014 年《农业法案》包括了在十年内削减 80 亿美元营养支出的条款。但是，由于营养政策的资金占农业法案预算的 79%，可以预料，营养支出将进一步减少。由于变化和财政缩减是必要的，可以预期将来会继续修改农产品政策使其更符合农作物保险的产品范畴。

讨论

1.联邦预算情况对 2014 年《农业法案》的起草和通过有何影响？

2. 说出至少三项 2014 年《农业法案》废除的 2008 年农业法案中的农产品计划。

3. 说出 2014 年《农业法案》授权的两个新农产品计划。

4. 说出三种农产品计划所涵盖的农产品。

5. 是非题：应当根据 2014 年《农业法案》的销售贷款条款废除以前的农业法案。

6. 根据 2014 年《农业法案》，支付限额是否适用于销售贷款计划？

7. 根据 2014 年《农业法案》，棉花基期地或者以前的农业法案被转为：

a. 一般基期地

b. 计划基期地

c. 通用基期地

d. 以上都不是

8. 基期地面积的重新分配涉及：

a. 在符合条件的农作物中转移基期地

b. 在基期地种植陆地棉

c. 禁止种植水果和蔬菜

d. 以上所有

9. 是非题：2014年《农业法案》不再禁止蔬菜和野生稻种植在基期地上。

10. 农业风险保障保护：

a. 生产者收入

b. 只有价格

c. 只有产量

d. 以上都不是

11. 农业风险保障支付是根据以下列出的种植面积的多大百分比计算的？

a.100%

b.85%

c.75%

d. 以上都不是

12. 价格损失保障通过以下方式防止价格损失：

a. 目标价格

b. 世界价格

c. 参考价格

d. 以上都不是

13. 是非题：根据新农业法案，陆地棉仍然是计划支付的"符合条件的农作物"。

14. 是非题：通用基期地是 2008 年农业法案的陆地棉基期地的新名称。

15. 在 2014 年《农业法案》中，通用基期地可以：

a. 种植任何符合条件的农作物

b. 只种植陆地棉

c. 转为另一种基期地农作物

d. 以上所有

16. 什么是堆叠收入保护计划？为什么在新的农业法案下实施？

17. 根据农业风险保障计划，生产者有哪两个选择？

18. 什么乳制品计划在 2014 年《农业法案》中被废除？

19.1949 年的什么乳制品计划在 2014 年《农业法案》中被暂停？

20. 以前的农业法案中的什么乳制品计划是根据新的农业法案被重新授权的？

21. 新的乳制品利润保护计划（DMPP）如何保护生产者的收入？

22. 乳制品利润保护计划的保障范围是什么？

23. 牛奶利润保障保险与乳制品利润保护计划有什么区别？

24. 除了花生以外的农产品计划的合并支付限额是：

a.$ 75,000

b.$ 100,000

c. $ 125,000

d. $ 150,000

25. 调整后的总收入（应纳税所得额）超过三年的平均水平多少，生产者就不符合农产品计划支付的要求？

a. $ 500,000

b. $ 700,000

c. $ 900,000

d. 以上都不是

26. 新农业法案保护计划有哪些重大变化？

27. 根据新农业法案，环保储备计划土地登记：

a. 增加

b. 减少

c. 不变

d. 以上都不是

28. 耕种土地保护计划的目的是为以下哪方面的保护项目提供资金：

a. 土地在长期的地役权下搁置

b. 农业生产下的土地

c. 土地转而参与环保储备计划

d. 以上所有

29. 影响畜牧业的主要耕种土地计划是：

a. 保护地役权计划

b. 农田保护计划

c. 环境质量奖励计划

d. 以上都不是

30. 农业保护地役权计划结合了以下哪个计划或哪些计划：

a. 湿地保护区计划

b. 草原保护区计划

c. 农田保护计划

d. 以上所有

31. 是非题：区域保护合作计划为保护项目的组织提供竞争性资金。

32. 是非题：为符合农作物保险计划的资格，需要遵守农业法案中的农大条款和大沼泽条款。

33. 是非题：新农业法案的农作物保险政策包括陆地棉的区域损失保险计划。

34. 新农业法案包括以下哪个或哪些农作物保险计划：

a. 区域损失陆地棉的堆叠收入保护计划

b. 农场收入和指数保险

c. 区域损失补充保障选择

d. 以上所有

35. 是非题：补充保障选择可供参与价格损失保障计划的生产者使用。

36. 是非题：补充保障选择支付涵盖没有包括在基础产量或收入保险中的损失的100%。

37. 是非题：刚从事农业经营的农民和牧场主可以进行保费调整。

38. 是非题：新农业法案的营养政策主要是从2008年农业法案中重新获得授权，但有预算削减。

39. 新农业法案营养政策的重大变化包括：

a. 工资核查

b. 削减公用事业补助

c. 增加对粮食银行的援助

d. 以上所有

40. 美国人口在2012年获得补充性营养援助计划救济金的比例是多少?

41.《恢复和再投资法案》到期对于食品券接受者的影响是什么?

42. 新农业法案中包含以下哪些政策?

a. 信贷

b. 林业

c. 农村发展

d. 以上所有

43. 是非题：2014年《农业法案》授权了一家新的1890年政府赠地机构。

44. 是非题：15家负责食品安全的机构缺乏协调, 没有对进出口商造成任何困难。

45. 美国农业部为食品安全协调、退伍军人和少数族裔创造了什么新的职位?

46. 为什么在新的农业法案中兽医得到了特别关注?

参考文献

Agricultural Act of 2014 (HR 2642, PL 113-79). http://www.gpo.gov/fdsys/pkg/BILLS-113hr2642enr/pdf/BILLS- 113hr2642enr.pdf [accessed November 5, 2014].

Coble, Keith H., G.A. Barnaby and Rodney Jones. 2014. "Crop Insurance in the Agricultural Act of 2014." *Choices*, 2nd Quarter. http://www.choicesmagazine.org/

choices-magazine/theme-articles/deciphering-key-provisions-of-the-agricultural-act-of-2014/crop-insurance-in-the-agricultural-act-of-2014 [accessed November 5, 2014].

Dean, Stacy and Dorothy Rosenbaum. 2013, August 2. "SNAP Benefits Will Be Cut for Nearly All Participants in November 2013," Center on Budget and Policy Priorities. http://www.cbpp.org/cms/?fa=view&id=3899 [accessed November 5, 2014].

Elmendorf, Douglas W. 2014, January 28. Congressional Budget Office letter to Honorable Frank D. Lucas, outlining budget impacts of HR 2642. http://agriculture.house.gov/ sites/republicans. agriculture.house. gov/files/documents/CBO_AgriculturalAct2014. pdf [accessed November 5, 2014].

Food and Nutrition Service USDA. Online FNS programs and information are available at http://www.fns.usda.gov/pd/SNAPsummary.htm [accessed November 5, 2014].

Hansen, L. 2007, October. "Conservation Reserve Program: Environmental Benefits Update." *Agricultural and Resource Economics Review* 36: 267-80.

Longley, Robert. "The US Food Safety System, A Case of Shared Government Responsibilities." http://usgovinfo.about. com/od/consumerawareness/a/The-Us-Food-Safety-System.htm [accessed November 5, 2014].

Lubben, Bradley and James Pease. 2014. "Conservation and the Agricultural Act of 2014." *Choices*, 2nd Quarter. http://www.choicesmagazine.org/choices-magazine/ theme-arti-cles/deciphering-key-provisions-of-the-agricultural-act-of-2014/ conservation-and-the-agricultural-act-of-2014 [accessed November 5, 2014].

Stephenson, Mark W. and Andrew M. Novakovic. 2014. "The Dairy Subtitle of the Agricultural Act of 2014." *Choices*, 1st Quarter. http://www.choicesmagazine.org/ choices-magazine/theme-articles/deciphering-key-provisions-of-the-agricultural-act-of-2014/the-dairy-subtitle-of-the-agricultural-act-of-2014 [accessed November 5,2014].

Wilde, Parke E. 2014. "After Long Argument, Then Compromise, Congress Agrees on Nutrition Assistance Benefit Cuts in the Agricultural Act of 2014." *Choices*, 2nd Quarter.http://www.choicesmagazine.org/choices-magazine/theme-articles/ deciphering-key-provisions-of-the-agricultural-act-of-2014/after-long-argument-then-compromise-congress-agrees-on-nutrition-assistance-benefit-cuts-in-the-agricultural-act-of-2014[accessed November 5, 2014].

第十二章　未来的农业政策

当今的风险管理

今天，美国农业政策正在逐步走向更多的风险管理和农作物保险计划。农作物保险计划已经从仅涵盖产量损失，发展到涵盖因市场价格变动而造成的农作物损失（通过农作物收入保障）和农场收入损失（通过调整后的总收入和调整后的净收入）。区域或集群风险和指数保险计划适用于那些历史追踪区域更广泛的人。各种保险产品的种类和覆盖范围可在美国农业部风险管理局网站（www.rma.usda.gov）上查询到。

新的农业法案不断扩大农业保险计划所提供的风险保护。随着农业保险产品的不断开发，像农产品计划一样的非保险项目的经济意义受到了质疑。

经济理论与政策

从美国农业政策产生的那一天起，支持与反对的争论就没有停息过。一种观点认为，它实现了社会和经济稳定的目标，向生产者和消费者提供了安全网；另外一种观点认为，它仅仅服务于少数人的利益，服务于农业利益集团的利益。随着时间推移，越来越多的人认识到农业稳定意味着社会秩序的稳定，维持农业生产部门的正常运行和合理利润意味着维护国家粮食安全。

在经济学理论中，买卖双方达成的协议价格是供给曲线和需求曲线的交叉点，在该价格下市场出清。在完全竞争市场中，在所有假设都得到满足的情况下，农产品的需求量正好等于愿意以议定价格在市场上出售的农产品的供给量，从而实现均衡，即没有剩余农产品压低价格，也没有农产品短缺推升价格。根据完全竞争理论，在供求均衡时，社会福利整体"最优"，包括管理和劳动在内的生产要素都得到了其应该得到的利益，没有超额利润吸引新的生产者进入。在竞争条件下，农场和农产品购买者的数量应该保持稳定。但情况并非如此，问题出现在什么地方呢？

从理论上说，政府的价格补贴会使农场产出多于市场所需。在20世纪60年代，马里昂·克劳森（Marion Clawson）指出，美国农民人口老龄化，人口数量下降，这些与联邦农业计划没有关系，竞争是年轻农民离开土地的重要影响因素。正如他所说的那样，"还没有选择或开始自己的职业生涯，努力工作的不甚乐观的前景和低收入就已经盯着他了，所以他离开农场到别处就业"（Clawson 1963, 27）。由此可见，"产能过剩"（即生产者过多）的问题将会在市场中得到解决，但是，劳动生产力的提高和其他因素也会产生影响。在整个20世纪，美国农业的集中度快速增加，农场数量的减少也没有能够减少农产品剩余，因此，联邦政府用于应对农产品供给过剩、自然灾害和风险管理的农业计划的支出仍在增加。

尽管美国农业政策在整个20世纪一直不断向前推进，但1991年，格里芬（Griffen）却将美国农业政策描述为是以"非市场化"为导向的。他指出，通过农业政策可以实现预期效果，也有可能产生意想不到的结果。

　　市场竞争在本质上是提高劳动生产力的强大动力，世界各地信息传递的速度就证明了这一点。艾尔弗雷德·马歇尔（Alfred Marshall）指出，竞争提高了企业家效率，降低了消费者成本，从而增加了社会福利。毫无疑问，随着时间的推移，创新受益于竞争，使得生产力曲线向外移动，促进了全球经济快速增长，提高了社会公众的生活质量。但他还指出，竞争的自由市场经济有其内在缺陷（因为在他那个时代，这与英格兰有关）。

　　　　自由竞争，或者说，产业和企业自由，像一个巨大的未经训练的怪物一样，以任性的方式运转。有能力但没有文化的商人滥用权力，导致各方厌恶。它不胜任母亲的职责，用过度劳累和疾病压垮了孩子，并在很多情况下降低了竞争效率。

　　　　　　　　　　　　　　　　　　　　　　　（Marshall 1920, 11）[1]

　　竞争过程包含好的和坏的可能性。如果市场结果是混乱的和消极的，人们会要求政府提供解决方案。在美国农业历史上，生产灾害、价格下跌、垄断、金融危机、食品安全等问题使得农业生产者多次强烈呼吁政府通过立法，对农业部门提供援助。在足够强大的政治压力下，美国政府开始实行农业立法。

历史性的政策回应

　　历史性的政策回应是一把双刃剑。从好的方面说，对农业生产和销售的立法回应包括国会授权组织农业合作社、提供价格支持、供给控制、出口支持、买方激励、贷款、食品券以及其他计划，这些在前几章中已经介绍过。然而，也出现了一些损害农民和农产品消费者的政策，比如，允许占用印第安人的土地，以及保护农业部门的利益集团。从经济学理论看，支持市场运作的政策是合乎情理的，但那些支持特殊利益集团、侵占他人财产、破坏社会福利的政策，扭曲了市场，因而是不合理的。

美国农业政策随着时间的推移而不断变化。从 20 世纪初到今天的演变的简述如下，从 a.（20 世纪 20 年代至 30 年代）到 i.（2014年）：

a. 使用"双价格计划"管理农产品价格和盈余；

b. 制定与生产分配和销售配额挂钩的平价价格；

c. 设立与贷款利率挂钩的补贴性支付，并提供食品赠送计划；

d. 开始设立基期地面积、休耕土地和保护用地面积来替代分配；

e. 建立与目标价格、基期地面积、休耕土地、保护用地面积和贷款利率相关的补贴性支付；

f. 农业立法"灵活性"允许在基期地面积上种植非基础农作物；

g. 通过生产灵活性合同支付改造农业计划，并在下一个农业法案中成为直接支付；

h. 基于全国价格缺口实施逆周期支付，基于收入和农产品价格缺口实施平均农作物收入计划；

i. 取消逆周期支付、直接支付和平均农作物收入选择计划，取而代之的是农业风险保障计划和价格损失保障计划，以及浅表损失的保险计划。

未来政策的设计

目前的联邦预算问题有可能对未来美国农业政策产生重大影响。需要我们思考的一个重要问题是，是否有经济标准可以帮助立法者就未来的农业政策做出正确的决定？理论上容易，但实际很困难，基本的供求分析可能会给出答案。

蛛网理论

蛛网理论是一种动态分析，通过供求价格和数量循环向着均衡发散或者收敛。根据供求的相对斜率，一项政策可能导致发散或收敛于市场均衡。从经济学理论上讲，理想的农业政策将是那些导致或至少趋向于市场供求均衡的政策。比如第 11 章所讨论的，如果供给曲线的（绝对）斜率比需求曲线的（绝对）斜率更大（更陡），则会随着时间的推移而趋向于平衡，如图 12.1 所示。然而，如果供给曲线的（绝对）斜率小于需求曲线的（绝对）斜率，则将会发散或向外螺旋远离均衡。因此，从经济学角度来看，那些改变供给和需求相对斜率以影响向均衡收敛的政策似乎是理想的政策。理论上，这些政策只需要临时的政府援助来影响市场均衡。

数学上，收敛要求是绝对值满足

$$(Q_{d2}-Q_{d1})/(P_{d2}-P_{d1}) > (Q_{s2}-Q_{s1})/(P_{s2}-P_{s1})$$

对于收敛，如果供求价格变动 5 美元，供给量的相应变化必须小于所需数量的变化。从政策角度看，农民对这一价格变化的反应小于农产品购买者。

从现实角度看，增加投入成本并且终止更有利可图的替代农作物可以抑制对于这一价格上涨供给所做出的反应。与政策有关的问题包括：政府是否应当公平地对待所有农产品？否则，被忽视的农产品是否将处于不利地位？不是所有农作物都有相同的产出或相同的投入，是否应当对投入进行补贴？补贴的效果如何？对2014年《农业法案》的争论就涉及了这些问题。

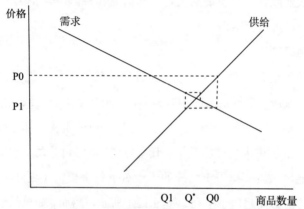

图 12.1　给定固定的供给和需求曲线，随时间推移而收敛

图 12.1 在时间上不是静态的，相反，它表示固定的供求曲线随时间推移的价格和数量变化。固定的曲线是不现实的，但它可以用来说明一个点。从第 0 年的 P0 开始，农民通过生产 Q0 来应对高于均衡的价格，但在 P1 价格下，Q0 的需求不能出清市场。假定在时间 1 处供求曲线没有变化，盈余数量 Q0 会使价格变为 P1。在没有价格支持的情况下，生产者为了应对价格 P1 将在下一年生产 Q1 的数量。此外，由于供求曲线没有变化，随后将继续向内螺旋，直到达到均衡。

在现实世界中，供给和需求曲线都是可移动的。当供求曲线同时发生移动时，均衡将很难实现，除非固定在某一个时点上。在这里供求曲线的"相对斜率"可能会发生变动，但不会改变收敛的趋势。

政策解决方案

收敛于均衡的要求是，供给曲线的（绝对）斜率比需求曲线的（绝对）斜率更加陡峭。在需求方面，一些农产品的需求较多但替代品较少，因此，消费者有可能接受较大的价格变化，而不会放弃对这些农产品的购买，故而需求曲线的斜率可能更陡峭。消费者对有大量替代品的农产品的需求曲线将变得较为平坦，表明同样的价格变化将带来农产品购买量的下降。

在供给方面，相对陡峭的供给曲线意味着生产更多农产品的成本是递增的，潜在的边际成本曲线将相对垂直。

由于供求曲线的斜率使市场随着时间推移收敛于均衡，因此从经济学的角度来看，只有极少的（或者也许只是暂时的）政府援助是必要的。不同的供求状况会使情况更为复杂，为了解决或改变基本条件可能需要更多（并且更持久）的政府干预。

政策选择

如果政府能够准确地评估供求关系变化及其均衡水平，就可以准确地确定支持价格。但是，在现实生活中，供求关系的瞬息万变无法使政府的支持价格达到均衡。实际上，围绕着供给和需求存在着一系列不确定因素，这就出现了使用统计方法估计均衡并制定足以灵活应对不确定性的农业政策的问题。为了应对不确定性，政府不得不制定各种农业政策。价格只是农业政策的一个方面。

图 12.2 中的供求虚线表示了不确定性。当估计的均衡价格为 P* 时，均衡数量可以是 QL 和 QU 之间的任何一点，基于保险统计数据的保险政策就是这样一种情况。基于发生概率的估计将会对政策效果和最终是否会趋近均衡带来新的不确定性。

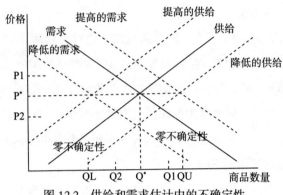

图 12.2　供给和需求估计中的不确定性

在这里，供求曲线的相对斜率对于收敛条件非常重要。政府对其所支持的农产品的生产成本和潜在回报的影响是政策（通常情况下）和在生产季节开始前的买方需求的结果。农产品买方需求对加工者需求做出反应，进而对零售商需求做出反应，最终对消费者需求做出反应。因此，阐明替代政策的潜在后果不是一件容易的事情。

农业救济

在收成季节之前存在的供给不确定性会在生产季节之后消失，因此可以进行事后分析，以确定预期结果的有效性。如果有特定的结果，就可以确定它们是否已经得到有效实现。

需要考虑的问题是，有哪些过去或现在的政策能够适应不断发展变化的情况？过去的农业法案持续的时间较短，有时只有一年。今天，我们的目标是要建立长期的农业法案。长期农业法案在政治上是权宜之计，但应当足够灵活从而为必需的变化留出余地。

供求政策

对农产品的需求包括基本需求和投机需求。[2]农产品的投机需求是由投资者试图猜测将会有什么样的市场和什么样价格的不确定性而产生。作为政策回应，根据基本供求状况的预期指定价格的可能性（反映在期货市场中）已经被纳入各种农业保险产品中。

农产品的基本需求可以定义为由购买和实际使用（其内在价值）产生的。对于常规农产品来说，价格下降会使消费者（选民）高兴。历史表明，消费者会为食品价格上涨而不安，并且可能会发起联合行动。[3] 历史还表明，国会会对这些联合行动做出回应。

通常情况下，对于农产品来说，施加政策压力难以改变需求。价格管制和限制种植等措施大都是失败的。农产品的基本性质、替代品的替代程度、人口规模、居民收入、偏好以及替代品价格都决定了特定农产品需求曲线的形状、斜率和位置。政府在制定农业政策时，这些都是其需要考虑的复杂因素。

广告可以有效地影响偏好，向消费者灌输"必须拥有"这一产品的理念。然而，当涉及影响基础农产品（例如玉米和小麦）需求的政策时，其说服力并不那么有效。

从理论上讲，补贴农产品替代品将会使其在生产过程中更加便宜。通过替代效应支持竞争产品的政策，也会使未补贴或补贴较少的农产品需求曲线发生移动（减少）。随着居民收入增加，对食品的购买力会发生变化。例如，当人们非常贫困的时候，他们可能只能买得起热狗而不是牛排。而随着人们收入增长，他们可能会购买牛排。也就是说，随着财富增加，特定农产品的需求量会发生改变。

能令人上瘾的农产品（比如烟草）和没有替代品的必需品的需求曲线相对陡峭（见图 12.3，需求 1），也就是说，在需求量变化较小的情况下，可能发生较大的价格变动。而如果一种农产品由于收入的增长成为低档品，或有大量替代品，则其需求曲线会相对平坦（见图12.3，需求2）。

　　如图12.3所示的供给曲线，从P1的价格开始，需求2相对平坦，其与供给曲线可能会随着时间推移而收敛于均衡。需求1较为陡峭，但其与供给会随着时间的推移而远离均衡。因价格变动而造成需求1较小的变动反映出其性质是生活必需品或者使人成瘾的物品。

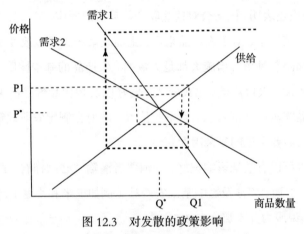

图 12.3　对发散的政策影响

　　禁止某些农产品（或其他产品或服务）的生产或销售意味着零生产。但是，如果非法农产品的需求曲线相对陡峭，相对于那些需求曲线较为平坦的农产品来说，非法生产（如图12.3所示的供给曲线）可能有利可图。

　　非法需求曲线（比如需求1）比合法需求曲线（比如需求2）更为陡峭将导致远离均衡——由图中较粗的线所示，这也许是美国监狱人口增加的一个原因。

　　尽管政府未能影响食品需求，但为此提供资金的农业政策取得了成功。虽然有人提出批评，但美国农业部的营养指南图（nutrition guidelines chart）还是大量出版，用于消费者的教育计划。作为政府政策，食品券、早餐和午餐计划也较好地满足了人们的食品和营养需求。惩罚性政策试图影响需求的努力在很大程度上是不成功的。

与需求相比较，供给更容易受到政策影响。本书作者认为，历史上政府政策主要用于影响供给而不是影响需求。旨在改变需求的立法往往涉及惩罚和劝说，而且成本较高，而供给立法通常涉及为良好行为提供福利的支付。试图通过税收或限制进行供给控制导致了非法生产，比如非法制售酒精和香烟，非法生产大麻，以及走私毒品等。为生产者提供"福利"来规范供给，会使其更愿意遵守规则，而不是抵制立法。从过去的经验可以看出，通过政策使供给趋于均衡比尝试改变需求更有可能取得成功。

农产品支持和均衡收敛

农业政策试图通过对允许种植的土地面积（分配和基期地）和可销售的农产品数量（配额）进行限制，来约束农产品的供给。在理想形式下，基期地种植面积政策旨在在支持农产品价格的同时限制供给。

将配额或分配政策变为目标价格或基期地面积政策是否是一个理性决定，取决于一个前提条件，即哪种制度更有可能导致市场趋近均衡。答案是不确定的。在限制性配额或分配下，政策制定者必须非常巧妙地将配额或分配设定在均衡水平上。

在图12.4中，如果没有实行价格限制，供求均衡点将在坐标（P1，Q1）处。如果给予P2的价格补贴，激励政策通常会使产量超过Q1，达到Q3。在Q2价格水平上的需求将导致市场盈余。如果政府对生产加以限制（比如说限制产量为Q2），只通过移动供给或需求曲线将实现"正常"的市场均衡。额外的生产成本足以使供给曲线向左移动（反映单位成本产出减少），例如通过税收，但这很可能非常不受欢迎。

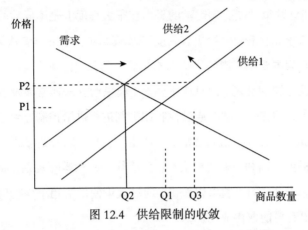

图 12.4　供给限制的收敛

从理论上讲，增加需求（曲线向右移动，如图 12.4 中箭头所示）可以实现需求和供给 1 的均衡。在没有销售配额和分配时，这表示对购买征收超高的负税收（或补贴购买），可以通过取缔替代品和补贴消费者收入来实现均衡。正如前面所讨论的，干预消费者需求可能会产生意想不到的后果，比如黑市，但这在过去还没有出现过。

目标价格或基期地面积政策被认为比配额或分配政策更灵活，对市场力量更敏感，特别是在销售贷款计划中。基期地面积计划的确设定了符合支付资格的面积数量，但没有限制可销售的农产品数量。储存和贷款计划可以帮助农产品进入市场，为市场体系提供灵活性。种植的"灵活性"带来了更多的灵活性来应对不确定性。在目标价格或基期地面积政策中，支付与生产是分离的，但可以通过市场信号实现供求均衡。

纳税人是否可以通过补助计划将政府收入转移到农业部门？农

业政策的支持者认为，鉴于食品需求不振，这种转移可以被看作是为了确保粮食供给充足。当然，还有一种观点认为，食品供给的国际化也可以满足食品需求，这比补贴国内生产更简便可行。

贷款计划和盈余

自 20 世纪 30 年代以来，农产品贷款计划一直是美国农业政策的重要支柱。如前几章所讨论的，固定在均衡水平之上的贷款利率鼓励了过剩生产。农产品信贷公司收购农产品的权力使过剩生产在长期的后果有所不同。如果（可追索）贷款必须在一定期限后偿还，并且没收农产品不是一种选择，则农作物必须在市场上出售或者储存起来，将来由生产者出售。生产者必须承担贷款到期后价格下降的风险，而市场条件将决定获利者和受损者。随着获利者和受损者的确定，供给曲线的移动更有可能趋向于均衡。

在 20 世纪后期，农业部长在必要的情况下有权通过销售贷款下调贷款价格，以保持国际市场的竞争力。农民得到补贴性支付，以弥补法定贷款利率与下降的贷款利率之间的差额。降低"市场"贷款价格以应对国际价格，理论上可以通过出口出清市场，但贷款是对所生产的产品支付的，为了在所有农产品价格较低的时候获得补贴性支付而生产是有问题的。

历史的教训是，农业生产者将对政策性价格信号做出反应，而在支持价格高于均衡的情况下，盈余将会累积。无追索权销售贷款允许农产品信贷公司没收生产的农作物，并鼓励盈余的累积。贷款补贴性支付、销售贷款、长期储存计划、补贴性支付和生产灵活性为解决不确定性提供了部分解决方案，但也并不是没有缺点。

以时间为政策变量

时间是可能影响政策结果的变量。在生产前提供高于均衡水平的补贴价格可以激励生产者提供过多的供给，在生产后降低贷款利率并不会消除已经生产的盈余。小麦生产者在种植期间一次又一次地面临农业法案到期，这给他们的生产决策增加了不确定性。对于与农业法案的通过有关的不确定性，政府可能会扩大而不是减轻与生产过程相关的政策风险。提供生产前补贴可以为生产者提供更多的确定性。

较低的农产品价格往往会导致农业生产者要求政府援助的政治压力。以长期储存计划的形式进行援助可能导致农产品滞销和过剩。只有对未来供求状况的充分了解才能让政府提前设定贷款和存款利率，而不会超过均衡水平。储存期越长，对未来供求状况的估计越不确定。

灾害计划

农业灾害可以对供给和需求产生重大影响。在供给方面，生产者对政府援助的需求增加。灾害使消费者需求曲线向外（向右）移动的程度取决于农产品的必要性、恐慌性抢购、替代品和其他因素。即使支持价格高于均衡水平，需求变化也可能会使灾害期间市场过剩供给出清。[4]通过贸易实现食品系统的国际化确实有助于减轻自然灾害的负面影响。

由于农业灾害引发的供给短缺可能导致价格上涨，进而使消费者剩余遭受重大损失。尽管农民自有储备因其种种不足而备受批评，但是它确实具有缓解这种灾害的优势。

20世纪后期的农业政策，包括2008年农业法案，规定了农业灾害的定义和标准，以及相关政策响应，其中一个响应是提供低息贷款来帮助农业生产者渡过难关，但贷款必须偿还。[5] 此外，美国国会过去曾经直接提供贷款，向州、农村社区和单个农场以灾害损失赔偿的形式提供直接支付（Lubben 2007）。如果联邦资金用于支付农业灾害，公共债务和私人债务都有可能增加。

灾难发生后，如果进口不能弥补农产品不足，国内供给短缺会导致社会福利损失。总的来说，不受灾害影响的生产者将受益于价格上涨（生产者剩余增加），但是，受灾害影响的农场可能没有产品销售，并将遭受收入损失。如果灾害影响饲料谷物，牲畜生产者将面临更高的投入价格，进而他们的收入也会受到影响。

农作物保险可以弥补农业生产者的部分损失。但是，直到最近，牲畜生产者可得到的援助只有灾害计划、放宽放牧限制，以及一些为损失提供直接支付的计划。而目前，某些牲畜生产者已经可以获得保险计划。如果灾害是疾病暴发，例如"疯牛病"、猪流感或禽流感，或蔬菜中的细菌污染，则可能会出现潜在的需求减少。需求减少将大大减少受影响的农业生产者的收入。对疾病暴发或天气灾害的政策响应主要是以对受害动物、检疫或收入损失进行赔偿的形式向农民提供援助。

预防疾病暴发对加工者和生产者的收入至关重要。应对这种疫情的政策响应尝试是检疫和启动自愿追踪计划，但大部分尝试是不成功的。可追溯性是为了登记牲畜群，并追踪动物个体到其最开始到过的农场，再将责任分配给生产者。除了生产者层面的可追溯性和检疫外，法律和私人努力在农产品加工者层面保护农民也是有效的。这包括肉类的检验和生产，使用危害分析和关键点控制（Hazard Analysis and Critical Control Points，HACCP）等措施预防，以及制止食物传染疾病的传播。

农业灾害给市场和决策者带来了困境。供给短缺可能导致价格上涨，使消费者不满。政策制定者必须在应对财政责任、控制食品价格上涨与向贫困农民提供援助之间取得平衡。

保障农民生产生活被认为是应对未来农产品短缺、控制食品价格上涨和灾害引起的社会损失的保险形式。但是，帮助农民渡过灾害的政策会导致政府支出增加和社会成本扩大（也就是说政府要将财政成本负担转移给社会），从而导致更高的税收，以及选民对于高税收的抗议。

农业风险保障和价格损失保障

由于对"系统性风险"的不满，特别是由于中西部农作物没有被现有的政府计划所覆盖，平均农作物收入选择计划开始实施。[6] 2014年《农业法案》中接替平均农作物收入选择计划的是农业风险保障计划，该计划为选择的农产品提供了一个增强型的农场收入支持结构。

从理论上讲，21世纪初农产品计划的制订是以不会扭曲市场价格和触发国际贸易制裁为原则的。要想扭曲市场价格，政策必须提供足够的动力，使生产偏离均衡。2014年《农业法案》支付是在确定了年度价格和农场及县收入后实施的。[7] 价格损失保障和农业风险保障对供给的政策影响预计会因农作物和地区而不同，但是，在理论上似乎允许农业生产者对市场条件做出更加灵活的反应。

总结

今天的美国农业政策可以看作是从麦克纳里－豪根法案演变而来的，也可以依据更古老的理论追溯到更远古的时代。限制农产品需求的尝试，包括战时配给和禁令，大多是不成功的。因此，各种已经颁布的法律似乎找到了一个更简单的途径，也就是说，通过立法来影响农产品供给而不是农产品需求。首先是生产者要求政府在农产品价格较低时提供补贴，然后是较少的农产品购买者导致的买方滥用市场力量、缺乏可用的信贷以及其他因素，共同导致美国联邦政府制定了贯穿于历史各个阶段的农业政策。由于受影响的农业生产者和农产品数量相对较小，加之政策所提供的福利，确保了农业生产者对于这些政策的遵守。

新农业法案改进的地方包括加入了更多针对农产品的保险性的保障，合并但保留了大多数环保计划。农业计划的制订减少了强制性但增强了灵活变化的适应性。农业法案保留的其他计划与支付、贷款、贷款保证金和津贴有关，并规定了为获得这些利益而需要接受的政府施加的准入条件。试点计划继续为立法相关的试验提供激励措施。

未来的美国农业法案可能将继续保持目前这种对美国国内市场的灵活适应性，同时也将提升对国际市场条件变化的灵活性和适应性。

讨论

1. 市场均衡导致：

a. 消费者剩余的损失

b. 需求与供给相等

c. 需求大于供给

d. 供给过剩积累

e. 以上所有

2. 美国农业人口的平均年龄一直在增加，马里昂·克劳森认为美国农民老龄化的原因是什么？为什么退休的农民没有被年轻的农民所取代？

3. 经济学关于供求均衡和社会福利的基本观点是什么？

4. 假设有持续政策刺激造成生产过剩，在什么条件下供给和需求将收敛于均衡？

5. 艾尔弗雷德·马歇尔关于竞争的负面效应有怎样的表述？

6. 为什么政府试图改变某些农产品的需求比广告更不容易成功？

7. 哪些农业政策会改变对农产品的需求？

8. 为什么影响供给的政策比影响需求的政策相对容易成功？

9. 可能导致农业生产者要求并且获得政府援助的市场和非市场因素是什么？

10. 阐述从 20 世纪 30 年代以来的美国农业政策变迁。

11. 以玉米为例，说明"蛛网理论"。

12. 为什么在农作物收获前对市场供求的估计具有不确定性？

13. 为什么政府关于固定价格的尝试一直不成功？

14. 为什么和在什么政策条件下可能产生过剩供给？

15. 为什么和在什么政策条件下可能出现黑市？

16. 完全竞争条件下的供求均衡对社会福利有什么影响？

17. 政府是否应该干预一个正在趋向于供求均衡的经济体系？

18. 风险管理在现代农业政策中的主要作用是什么？

参考文献

Clawson, Marion. 1963. "Aging Farmers and Agricultural Policy." *Journal of Farm Economics* 45: 13-30. http://chla. library.cornell.edu/cgi/t/text/text-idx?c=chla;id no=5033566_4125_001 [accessed November 5, 2014].

Griffin, Ronald C. 1991. "The Welfare Analytics of Transaction Costs, Externalities, and Institutional Choice." *American Journal of Agricultural Economics* 73:60 i–14.

Lubben, Bradley. 2007. "Agricultural Disaster Assistance on the Way for 2005–2007." *Cornhusker Economics*, University of Nebraska—Lincoln. http://digitalcommons.unl.edu/agecon cornhusker/320 [accessed November 5, 2014].

Marshall, Alfred. 1920. *Principles of Economics*, Vol. 1, 8th edition. London: Macmillan and Co Limited.

"World War II Rationing." http://www.u-s-history.com/pages/h1674.html [accessed November 5, 2014].

注　释

第一章　农业政策及其历史变迁

1. 在接受采访时，小布什政府前美国卫生部部长汤米·汤普森（Tommy Thompson）说他惊讶于恐怖分子没有袭击过美国的食品供给：“对我来说，我不明白为什么恐怖分子没有袭击，你知道的，攻击我们的食品供给是很容易做到的。”（Branigin，Allen and Mintz 2004）

2. 根据 1921 年的《包装工和畜牧业法案》，在 1996 年发起了一场与市场相关的诉讼，起诉泰森鲜肉在购买牛的时候价格固定。地方法院做出了有利于畜牧生产者的裁决，给予了他们 128 亿美元的补偿。最高法院在 2006 年做出了有利于泰森公司的判决，推翻了上述地方法院裁决（Pickett v Tyson Fresh Meats）。《包装者》（*The Packer*）杂志发表了文章“奥巴马政府审查反政府请愿活动”，表明了最近的担忧（Karst 2009）。

3. 见 Ray（2006）和 Wise（2005）。

4. 见 Tweeten（2003）及 Morgan，Cohen and Gaul（2006）。

5. 考恩（Cowen 2008）在《纽约时报》的一篇社论中阐述了不干预市场的观点。关于金融危机，他说：“总之，现在有很多监管，但其中很大一部分使问题变得更糟。”

6. 2011 年，全国消除饥饿基金会估计，“居住在美国的 12 名老年人中，有 1 人能够获得足够的食物来维持健康的生活方式”。

7. 费特（Fite 1962）指出：“农业是所有经济生活的根本，因为人类必须有食物和纤维才能生存。此外，还有人认为，农业福利与经济其他部门的经济健康之间存在直接联系。”

8. 这种观点认为，如果价格保持稳定，对生产者和消费者都是最好的。K. 罗宾逊（K. Robinson）指出：“当农产品价格大幅上涨时，公众对旨在稳定价格的计划的兴趣往往会增加……当价格下跌时，生产者对此类计划的兴趣通常是最大的。”

9. 石油输出国组织（OPEC）在 1973—1974 年对美国的石油禁运使得美国国内石油供给大幅减少。由于涉及农业，运输和投入品价格上涨。1973 年，俄罗斯小麦交易引起美国食品价格上涨，引发消费者抗议。

10. 对政府政策的批评在于有时执行的法律可能会相互冲突，例如限制国内农业进口与鼓励在其他国家生产。

11. 见 Timothy Pigford et al. v Dan Glickman（1997）。在这起诉讼中，原告指控美国农业部在"管理几个不同的农业贷款和补贴计划"方面存在歧视。（见 http://www.ascr.usda.gov。）

第三章　由谁制定农业政策以及如何制定农业政策？

1. 这并不是说不同的群体或利益集团之间不存在分歧。根据汉森（Hansen 1991）的说法，美国农业局的国会影响力的丧失可以追溯到党派之争。

2. 维基百科中认为，拉尔夫·普利策（Ralph Pulitzer）在 1919 年最早使用了"铁三角"。

3. 例子包括：2006 年 6 月 4 日，麦克·多明（Mike Doming）和安德鲁·马丁（Andrew Martin）在《芝加哥论坛报》上说："农业游说的力量有很深的根基。" 2008 年 3 月 27 日，劳伦·埃特尔（Lauren Etter）和格雷格·希特（Greg Hitt）在《华尔街日报》在线版说："农业游说击败了对补贴的攻击。"

4. 汉森引用了沙特施奈德（Schattschneider）的话认为，"立法者处于强大游说者的游说之下"。鲍尔（Bauer）、普尔（Pool）和德克斯特（Dexter）认为，"立法者……是自由代理人"。自由代理人理论认为，国会议员有太多的信息需要过滤，而利益集团充当过滤器，以换取特殊的准入。

5. 在就 2008 年农业法案展开谈判时，还要向农业以外的委员会主席做出让步。

6. 请参阅 http://thomas.loc.gov/home/lawsmade.toc.html 上的"我们如何制定法律"（How Our Laws Are Made）以了解更多信息（访问于 2014 年 11 月 5 日）。

7. 虽然不受年度拨款过程的限制，但强制性拨款水平可以通过立法来修改，如《预算调整法案》《改变强制计划》（CHIMPS）。

8. 众议院农业委员会由 46 个成员和 6 个小组委员会组成。委员会主席来自多数党。参议院农业、营养和林业委员会有 21 个成员和 5 个小组委员会。

第四章　农业政策简史

1. 有关背景规章和法规的深入探讨以及对现代农业的影响，请访问阿肯色大学

（University of Arkansas）国家农业法中心（the National Agricultural Law Center）阅览室（http://nationalaglawcenter.org/readingrooms/）。农业立法和其他农业发展的时间表可以在 www.ars.usda.gov/is/timeline/comp.htm 网站上找到（访问于 2014 年 11 月 5 日）。

2. 在《圣经》中，约瑟规定了 20% 的农业生产税率（《创世记》第 47 章第 26 节）。《创世记》还引用法老的指示来储存大宗商品，以抵御即将到来的饥荒。

3. 美国宪法第 1787 条第 8 款规定："国会有权制定和征收税收、关税、进口税和消费税，以偿还债务，并为美国国防和福利提供资金；但在美国，所有的关税、进口税和货物税都要统一……并且……要制定必要的和适当的法律，以执行上述权力以及本宪法赋予美国政府、部门、官员的所有其他权力。"

4. 1786—1787 年的沙依起义（Shay's Rebellion）被认为是最早的美国小农场主叛乱之一，但它也包括那些不能缴纳税款的普通民众，例如战争遗孀。

5. 西部土地的所有权一直是有争议的，例如，美国原住民的土地诉求。

6. 其他公共土地安置政策都遵循了《宅地法案》。其中包括 1873 年的《木材培育法案》（Timber Culture Act），1877 年的《沙漠土地法案》（Desert Land Act），1878 年的《伐木和采石法案》（Timber and Stone Act）以及 1878 年的《木材开采法案》（Timber Cutting Act）。《优先购买法案》（Preemption Act）和《木材开采法案》均于 1891 年废止。

7. 莫顿部长对所有的政府农业计划都持消极态度。他被认为是"波旁"民主党人，只在格罗弗·克利夫兰执政期间被任命服务了四年。波旁民主党人是最初的自由主义者，他们反对大政府和保护主义，促进了商业、银行和铁路的利益，他们反对外国干预，支持金本位制度。

8. 1893 年的恐慌是因投机性土地泡沫崩溃而导致银行倒闭从而给农民造成影响的金融危机。

9. 1880 年的租赁率从弗吉尼亚州农场的 29.5% 到南卡罗来纳州的 50.3% 不等。按主要收入来源分类，到 1900 年，南部棉花养殖场的租赁率增加到 67.7%。（Gee 1937）

10. 《莫里尔法案》是由贾斯汀·史密斯·莫里尔（Justin Smith Morrill）在国会提出的。提出《莫里尔法案》的原因在于来自于当时西部地区的持续压力［特别是伊利诺伊大学的乔纳森·鲍德温·特纳（Jonathan Baldwin Turner）教授］，南北战争（不包括反对该法案的南方州），以及赠地学院将军事科学纳入课程中（来源：http://en.wikipedia.org/wiki/Morriu_Land-Grant_Colleges_Act）（访问于 2014 年 11 月 5 日）。

11. 作为一个从事农业推广和研究项目的主要的传统黑人学院，塔斯基吉大学受到了特别关注。对土地赠予系统的拨款往往包括"以及塔斯基吉大学"一词，这些款项为该大学的农业研究和教育提供了资金。

12. 19 世纪的腐败并不局限于铁路。地方政府和州政府也有腐败的官员，他们利用农民（有时和腐败的铁路官员一起欺骗农民）。参见纳尔逊（Nelson 1964）的《达科他的土地》（*Land of Dacotahs*）及马克·吐温和查尔斯·达德利·华纳（Mark Twain and Charles Dudley Warner 1873) 的《镀金时代：今天的故事》（*The Gilded Age: A Tale of Today*）。

13. "硬通货"作为价值储存手段有着悠久的历史。19 世纪后半叶，有一种观点认为，金银是唯一真正的货币价值储存手段，这种观点一直延续到今天。金银币被从流通中分离出来，因此被认为受货币操纵的影响较小，并且比纸币更具抵御通货膨胀（通货紧缩）的能力。

第五章　20 世纪早期农业立法

1. 今天，政府和工业部门就肉类检验进行了密切的合作。一项被称作"丛林 2000"的公民和政府问责计划（Public Citizens and the Government Accountability Project）报告批评了联邦工业肉类检验的关系：它报告了联邦肉类检验局对克林顿政府检验系统的第一手经验调查结果。据政府问责计划食品安全项目总监费利西娅·内斯特（Felicia Nestor）介绍，"我们的调查在恰当的时候提醒了消费者，他们的肉类和家禽都是按照行业荣誉系统——联邦检验员的文书进行检验，而不是进行食品检验，并且在产品加盖美国农业部批准的紫色印章之前，禁止除去粪便和其他污染物"。内斯特进一步指出："行业工人秘密地向检验员求助并不少见，因为他们被迫将利润置于公共卫生之前。检验员的大量短缺意味着检验员根本不在工厂里。"（"丛林 2000"）1953 年，贝内迪克特报告说，《肉类法案》（Meat Act）是《1906 农业拨款法案》（Agricultural Appropriations Act）的贝弗里奇修正案的结果。贝内迪克特说："从此以后，该部门将会有不同程度的忠诚，这有时会令人尴尬。"（Benedict 1953，133）

2. 网站 faqs.org 上说："一些专利药品很危险。一般健康的补品、治胃病的苦药以及治疗'女性虚弱'的药物通常酒精含量很高。旨在安抚婴儿的专利药含有吗啡，治疗感冒和鼻塞的药物含有海洛因或可卡因。不加区别地使用这些药物可能会上瘾、令人恶心，甚至是致命的。"（http://www.faqs.org/health/topics/71/Patent medicine.html#ixzzOVS7OxhVl）

3. 美国宪法的商业条款赋予了政府对跨州运输的食品和药品的管辖权（http://en.wikipedia.org/wiki/Meat_Inspection Act）。1912 年的《植物检疫法案》（Plant Quarantine Act）是防止入侵的昆虫和疾病进入该国的第一次尝试。

4. 帮助农民增加收入的立法包括 1903 年禁止铁路运输回扣的《埃尔金斯法案》(Elkins Act)，以及 1906 年的《赫本税率法案》(Hepburn Rates Act)，该法案通过加强州际商务委员会 (Interstate Commerce Commission) 的管理来帮助调整铁路运输费率。1908 年的《奥德利奇 – 瑞兰法案》(Aldrich-Vreeland Act) 允许国家银行发行紧急货币，为农民提供急需的流动性，并建立了联邦储备系统的基础。

5. 汉森指出，1920 年是农业政治力量开始生效的一年。1921 年 5 月，一个由少数美国农场州参议员、美国农业部官员和农业局领导人组成的小组进行了私下会面，并形成了所谓的"农场集团"来处理农业问题。这个集团的结果是通过了《畜牧工人及畜牧场行为准则》《期货交易法案》(Futures Trading Act) 和 1921 年的《紧急农业信贷法案》(Emergency Agricultural Credit Act)。然而，根据汉森的说法，农业集团与后来农业立法的通过毫无关系。

6. 在 1921 年农业年鉴"小麦生产和销售"一文中讨论了农作物保险作为抵押贷款的必要性。"农作物保险，如人寿保险，应涵盖超出被保险人控制的所有危害。"(Ball et al. 1921，121) 1928 年年鉴中的部长报告也提到了农作物保险的必要性 (Jardine 1929，76)。1924 年年鉴中的部长报告宣布了 1923 年在美国农业部设立农业经济局和家政局。1925 年的《帕内尔法案》(Purnell Act) 为农业经济学、家政学和农村社会学的研究提供了资金。1928 年，向林业实验站提供授权的《麦克斯威尼 – 麦克纳里法案》(McSweeney-McNary Act) 获得了通过。

第六章　20 世纪 50 年代的麦克纳里 – 豪根法案和永久性立法

1. 1922 年，Moline Plough 公司的乔治·N. 皮克 (George N. Peek) 和休·S. 约翰逊 (Hugh S.Johnson) 出版了《农业平等》(*Equality for Agriculture*) 一书，书中提到了关税改革，介绍了一个新的概念"平价"(它以 1910—1914 年的价格为基础)，并呼吁继续对农业进行立法保护。平价价格后来成为"永久性立法"的一部分。

2. 在大萧条开始后，海德部长在股市崩盘后 23 天向总统提交了报告 (1930 年农业年鉴)。对于今天重要的是，《易腐农产品法案》(Perishable Agricultural Commodities Act) 于 1930 年颁布，其主要目的是防止在易腐果蔬的销售中存在不公平和欺诈行为，并促进它们在州际和对外贸易中的有序流动。据了解，《易腐农产品法案》今天依然存在，由农业销售服务局管理[www.ams.usda.gov(访问于 2014 年 11 月 5 日)]。

3. 斯托克迪克和韦斯特 (Stokdyk and West 1930) 列举了导致基本农产品剩余积累的其他因素，例如需求替代效应和农场生产力提高，以及维持价格上涨和贸易下降的保护性关税。

4. 新的研究证明，太平洋地区的拉尼娜现象以及比正常的大西洋气温偏高的温度，创造了美国中部地区沙尘暴的条件。《科学日报》（*Science Daily*）援引的研究指出，这种情况是周期性的，过去并不少见（Science Daily, "Droughts Like 1930s Dust Bowl May Have Been Unexceptional In Prehistoric Times/ New Study Suggests," 2004 年 8 月 2 日）［http://www.sciencedaily.com/releases/2004/08/040801230d55. htm（访问于 2014 年 11 月 5 日）］。

5. 对于沙尘暴的原因以及次数的个人解释参见蒂莫西·伊根（Timothy Egan）（2006）的《最糟糕的困难时期》（*The Worst Hard Time*）。

6. 1938《农业调整法案》（PL 75-430）规定了 1909 年 8 月至 1914 年 7 月作为确定价格的平价期。然而，1948 年农业法案（PL 80-897）将其重新设定为 1910—1914 自然年。

7. 对 1933 年《农业调整法案》的支持并不普遍。了解对该法案的批评和所涉及的政治情况，请阅读乔治·N. 皮克（George N. Peek）和塞缪尔·克劳瑟（Samuel Crowther）撰写的《为什么要放弃我们自己？》（*Why Quit Our Own?*）。皮克是罗斯福总统的特别顾问，担任外交总长，他为了抗议政府行为而辞职。

8. 在谈到预示着未来大宗商品买断计划的削减种植面积计划时，华莱士部长表示，为了减少市场盈余，"收购全部农场将会更加经济"；"根据目前的复苏计划，将小麦种植面积减少 15% 的成本是直接购买农场所需成本的 17%—36%，是业主租赁的 6 倍"（*Yearbook of Agriculture* 1934，21）。

9. 根据沃马克（Womach 2005）关于销售配额（或分配）的说法，"根据 1938 年《农业调整法案》的授权，这些配额（有时称为手续费配额）限制了某些商品的销售……自 20 世纪 60 年代以来，小麦、饲料谷物和棉花的配额已被暂停，在 1981 年取消了大米配额，烟草配额在 2004 农作物年度后被终止（PL 108-357，Title VI）。2002 年的农业法案（PL 107-171）在修改后的食糖计划中重新引入了对国产糖的销售配额。除非美国农业部计划进口食糖量超过 15.32 亿短吨，否则销售拨款必须生效"（Womach 2005，CRS-2，CRS-161）。《土壤保护和国内分配法案》（Soil Conservation and Domestic Allotment Act）也包含了支付条款。

10. 今天，县农场服务机构委员会由当地选出的农民和农场主成员组成，它们负责各地方的农产品贷款、保护计划、灾难和应急计划以及支付资格审查。根据 1914 年史密斯－利弗法案的授权，组织合作推广服务，为农民、农户和农村居民提供最新的生产技术、食品保存教育、营养信息等，这是由土地出让制度产生的。早期的县推广办公室是农民报名参加农业计划的地方，他们在那里获得生产、销售和管理信息。县代理人协助组织农民会议，帮助农民组织开始工作，在某些情况下还担任这些组织的官员。美国农业部的前身农场服务机构逐渐承担了对政府计划的监督和注册职能。

11. 在第 32 条（1935 年《农业调整法修正案》，PL 74-320）中，根据海关法的规定，农业部长可以出于这些目的授权征收高达 30% 的关税。除了"上年度未指定用途的 5 亿美元，资金还将被用于：（1）通过生产者支付或其他方式鼓励出口农产品；（2）通过从正常渠道转移盈余或增加低收入群体的使用，鼓励国内农产品消费；（3）重建农民的购买力"（Becker 2006）。

12. 在 1933 年授予联邦剩余救济公司（Federal Surplus Relief Corporation）的许可为农产品信贷公司树立了早期先例，该公司于 1935 年成为联邦剩余农产品公司（Federal Surplus Commodities Corporation）。

13. 平价价格必须与平价指数区分开来。今天的平价价格是使一种商品的购买力与 1910—1914 年相同的每蒲式耳、每磅、每英担的价格。相对于所有商品最近十年的价格，它经过了过去十年价格变动的调整。平价指数是过去十年到 1910—1914 年间的价格变动（NASS USDA，网站）的关系。根据美国农业部的规定，平价的计算方法是："a. 计算前十年农民获得的单项商品的平均价格（2008 年为 1998—2007 年的平均水平），对于那些适用的商品，包括对未偿还贷款的补贴和价格支持计划产生的其他补充支付的补贴，如粮食和棉花的短缺支付。b. 这个十年的平均值除以农民在前十年所收到的价格指数的平均数，调整为包括未偿还贷款和其他补充价格支持操作的补贴，得到调整后的基准价格。c. 平价价格是通过将调整后的基准价格乘以当前平价指数（农民支付的价格指数，包括利息、税收和工资率，1910—1914 = 100）计算出来的。"无追索权贷款，而不是有追索权贷款，可以没收商品给农产品信贷公司，以代替偿还贷款。

14. 很少有人知道的农业立法的另一个重要补充是在 1938 年《农业调整法案》中纳入了"农业化工"运动的议程。"农业化工"是一个术语，用于描述为农产品的食品用途创造替代性用途，例如将其用作燃料、润滑剂、纤维素等。参见"Science: Chemurgy: 1943," *Time*, April 12,1943。

15. 1949 年的农业法案将商品的"正常供给"定义为上个销售年度结束时估计的国内消费量，加上为了在销售年度内正常供给而确定的估计出口量，以及根据消费量加出口估计量的百分比而结转的补贴。总供给被定义为在销售年度开始时的结转，也就是即将开始的销售年度的估计产量，以及销售年度期间估计的进口量。供给百分比是估计的总供给除以正常供给（Agricultural Act of 1949，Section 408）。

16. 这个条约在朝鲜战争期间小麦价格上涨之时以及后来的俄罗斯小麦协议期间（稍后讨论）有较大的预算影响。根据 1973 年美联储的一份报告，"在该计划的头四年里，补贴的平均费用是 62 美分 / 蒲式耳……在 1972 年年底暂停之前，该计划已经产生了大约 43 亿美元的补贴，用于出口约 105 亿蒲式耳小麦"。

17. 尽管早期的农业法案允许自由裁量权，但农业部长和机构的工作人员仍然不得不解释国会和立法的意图。现代的农业法案在规定的参数上更加具体，联邦机构在执行计划方面的自由裁量权比以前少；但是，包含的规定仍然必须解释，机构必须为每个计划编写相关的规定。

18. 不要与 1954 年《农业法案》混为一谈，1954 年的《农业贸易发展援助法案》（PL 480）也被称作"和平食品"，它提供了"优惠销售"，并为其他国家的发展捐赠了商品和粮食。有人认为这是倾销过剩商品的一种方式。艾森豪威尔（Eisenhower）总统将出口增强和发展列为该计划的目标。

19. 尽管这是一种猜测，但羊毛被认为是朝鲜战争的战略武器。

20. 关于逐步取消对农业计划的支持的建议并不新鲜。1959 年的政治形势是，民主党国会的"绝对多数"支持农业计划，而共和党总统不支持。与莫顿部长一样，艾森豪威尔政府时期的农业部长埃兹拉·塔夫托·本森（Ezra Taft Benson）"更喜欢"停止农业支持价格，他认为这是"不可接受的社会主义"。艾森豪威尔总统在 1959 年向国会发表的讲话预测了过剩商品的不断积累所带来的灾难，国会通过的一项烟草支持法案被总统否决了。关于当时政治局面的值得玩味之处，参见 Talbot（1961）。顺便说一下，本森（Benson）部长是第一个成为农业部长的县推广代理。

第七章　20 世纪 60—80 年代中期——
向现代农业法案过渡

1. 肯尼迪政府的"科克伦计划"旨在通过供给控制减少过剩。威拉德·科克伦（Willard Cochrane）敦促国会允许农业部长酌情确定商品计划的细节，以平衡价格和供给量（Hadwiger and Talbot 1965）。他的"跑步机理论"（1958）描述了生产者投资技术改进，导致生产过剩、价格下降的过程。1962 年农业法案的贸易条款规定，通过向"友好"国家提供信贷来向国外处理过剩商品。

2. 1964 年法案中"合作者"的定义："农场上生产任何一种小麦的合作者应是这样的生产者：（i）不故意超过小麦的农场种植面积配额，或除部长规定的情况外，生产者共同在其他农场生产小麦的种植面积配额。（ii）符合 1938 年《农业调整法案》第 339 条的土地使用要求，经修正后，可在部长规定的范围内分摊。"这意味着小麦生产者可以随意分配配额。

3. 在 1990 年农业法案中，对计划种植面积上替代性农作物的补贴包含在"灵活性"条款中。

4. 在此期间，我们有两位农业经济学家被任命为农业部长。克利福德·哈丁（Clifford Hardin）（1969—1971 年）因在任职期间负责农业部食品和营养服务局而闻名。厄尔·布茨（Earl Butz）（1971—1976 年）是哈丁的继任者。早些时候曾提到的威拉德·科克伦是有影响力的农业经济学家之一。作为美国农业部的首席经济学家，他是肯尼迪政府的顾问。

5. 这一要求导致了与农业经营挂钩的多"个人"或多"实体"支付的出现。

6. 在 20 世纪 50 年代，由于对核武器进行大气试验而造成的食品和水的污染成为人们关注的话题，这导致了从 20 世纪 60 年代开始的《禁止核试验条约》。然而，通过放牧所造成的食品核污染问题仍然是一个令人关切的问题，并且被列入了乳制品赔偿计划的一部分。

7. 根据目前的分类，I 类牛奶是用于液体消费的；II 类包括"奶油产品、奶酪、冰淇淋和相关产品，以及其他食品类用途"；III 类是硬而可涂抹的奶酪；IV 类是黄油和奶粉制品。

8. 根据比尔登（Bearden）等人 2011 年的报告，1990 年《清洁空气法案修正案》要求各州对排放空气污染物的污染源实施许可计划。各州须在 1993 年 11 月 15 日之前提交符合环保局标准的方案。最近的讨论涉及美国环保局在农业耕作中对灰尘的调节作用（见 Bravender 2011）。

9. 强制要求遵守这些计划有时会遭到一些农民的抵制。然而，考虑到潜在的收益，该计划以及实施病虫害综合治理方法的结果是成功的。

10. 1970 年的《水银行法案》（PL 91–559）"授权农业部长在与内政部长协调后，与土地所有者签订 10 年合同，以保护湿地，并使毗邻的农地退耕"。[http://www.fws. gov/laws/lawsdigest/watrban. html（访问于 2014 年 11 月 5 日）]

11. 1935 年《农业调整法案修正案》（PL 74–320）第 32 条"通过各种活动，专门拨出相当于海关年度收入 30% 的资金来支持农业部门"，这包括为营养和粮食计划以及灾难援助计划提供资助。

12. 因为无法通过中间买家来控制转运，所以这类商品作为国际外交的手段往往是无效的。

第八章 1985—1996 年灵活种植和直接支付

1. 奥林匹克平均值是在去掉最高和最低价格后估计的。

2. 根据沃马克（Womach 2005），1996 年农业法案（PL 107–171）取消了补贴性支付，取而代之的是《农业市场过渡法案》（AMTA）中的"生产灵活性合同支付"（PFCs）。

3. 陆地棉占美国棉花产量的 90% 左右，它可以与那些纤维长度为 1.375 英寸或更长的特长绒棉、海岛棉相比。

4. 在区域层面上，牛奶价格的"差异"可以等同于粮食期货价格的概念。见斯蒂芬森（Mark Stephenson）对牛奶价格发现和销售订单的解释。

注　释

5. 永久性立法的条款仍然有效，只是暂时被现行的农业法案立法搁置。在一项农业法案到期后，这项永久性立法的条款在技术上成为法律，这意味着配额和分配将恢复原状。

6. 在租来的土地上建造基期地的农民有时会感到失望：一方面因为这块土地的损失，另一方面是因为向自己耕种土地的其他佃户或出售土地的土地所有者进行计划支付。政府计划支付通常与特定的农场数量和该土地的所有权挂钩。"资本化"是用来描述将农业计划支付价值转化为土地价值的术语。

7. 当2002年农业法案允许一些支付的基期地面积和产量进行有限调整时，农民增加基期地的期望得到了满足。

8. "未被充分种植的"土地被定义为那些允许种植，但为了环保的目的却没有种植计划农作物的基期地面积。

9. 世界贸易组织关于"关贸总协定"（GATT）的谈判失败了，并在1993—1994和1994—1995的生产年度期间，对饲料谷物实施了销售贷款。

10. 特别灾害援助资金一般在灾害发生后按需提供。在随后的几年里，一个问题是国会如何寻找提供援助所需的联邦资金。

11. 通过执行量入为出规则，1990年《综合预算调节法案》对于今天的农业法案和国会预算程序来说也是非常重要的。

12. 1993年《综合预算调节法案》的其他规定影响了农村电气化管理局（REA）贷款、选择市场评估、保护和农作物保险计划。如果发生自然灾害，可以对"0-85"和"50-85"计划进行支付调整。

13. 85%的因素被看作是1990年农业法案中15%未支付的正常灵活种植面积的遗留，作为降低成本过程的一部分。

14. 相对于贷款补贴性支付，农产品信贷公司贷款和储备不是没有缺点的。根据沃马克（2000），利用证书的好处需要使用贷款计划，而定期贷款计划需要储备设施。他还提到了在定期贷款下低质量农作物获得的折扣，以及采用贷款补贴性支付相对简单。

15. 支持长期贷款的观点包括允许储存剩余以应对供给短缺的年份，这将允许农民在价格低时储存、在价格上涨时卖出。反对长期贷款的观点包括无论是生产者还是政府都要承担高昂的储存费用。过剩的供给将会在市场上持续更长时间，并会使价格持续下跌。随着时间的推移，农作物的质量会随着储存时间的延长而变差。

16. 食糖计划的背景源自于阿尔瓦雷斯和波罗波鲁斯（Alvarez and Polopolus 1990）、洛德（Lord 1995）和贝克尔等人（Becker et al. 1996）的出版物。第一个食糖法案得到了工会的支持，因为它与工人的工资率挂钩。如果生产者支付美国农业部门的最低工资，那么生产者也将获得最低价格。

第九章 21 世纪的农业立法

1. 根据 2000 年《农业风险保护法案》第 533 条，合作州研究、教育和推广服务局创建了四个区域风险管理教育中心。这些中心一般通过推广进行协调，其任务是实施风险管理中对生产者教育的捐赠计划。风险管理局通过风险管理局区域办事处协调自己的风险教育工作。

2. 有一种例外情况是，如果曾在基期地上种植水果和蔬菜的农民放弃对这些土地的补贴，则允许他们继续种植。

3. 出于直接支付目的，2002 年农业法案允许更新基期地面积但不更新产量要求；对于直接支付来说，一个农场的产量要求仍保持在 1985 年官方设定的水平上。

4. 根据世贸组织的国际贸易协定，农业销售服务局或综合支持措施被用来估计国内商品的计划支付。

5. 有趣的是，这导致美国媒体出现了关于美国如何补贴巴西棉农的文章（Grumvald 2010）。

6. 虽然没有正式授权立法，但出现了花生基期地面积和产量分配的二级市场。转让价格各不相同，但一般基于转让的手续费，从每磅 0.40 美元至 0.45 美元不等。

7. 2005 年《农业调节法案》影响农业的主要规定是扩大牛奶收入损失合约计划，并取消了棉花"第二步"计划，该计划帮助出口商向国外出口美国棉花。其他规定减少了预付的直接支付和保护安全计划的资金以及其他大多数农村发展计划的资金。对农村电气化管理局的资助被取消。

8. 布什政府版本的农业法案中提出的一些条款被纳入了《食品、保护和能源法案》的最终版本。

9. 国会预算办公室在 2009—2012 年为《食品、保护和能源法案》花费了 53,070 亿美元。在这一数额中，估计有 76.5% 花费在营养条款上，还有大约 11% 或每年 70 亿美元花费在农产品条款上。

10. 农业平均调整总收入被定义为最近三年农场 AGI 的平均值。非农收入定义为平均调整总收入减去农业平均调整总收入。

11. 16.94 美元的价格被授权根据 2012 年 1 月 1 日至 2012 年 8 月 31 日期间全国平均乳制品饲料配给成本超过 7.35 美元／英担的百分比进行调整。饲料配给的目标成本从 2012 年 9 月 1 日开始上涨到 9.5 美元／英担。

12. 1999 年，一项名为"Pigford v. Dan Glickman"或"黑人农民诉讼"的针对美国农业部的集体诉讼因得到了同意令而解决。美国农业部根据法院的裁决提供了赔偿，关于美国农业部对黑人农民所谓的虐待的控诉的一段历史宣告结束。美国本土的"Keepseagle"诉讼也被美国农业部以 8,000 万美元的价格解决。

第十二章　未来的农业政策

1. 马歇尔还指出，在更为开明和繁荣的现代（1920），自由企业已经受到了更多的控制，其做坏事的力量减弱，做好事的力量增强。
2. 在这一范围内，我们对劣质商品和优质商品的要求与普通商品一样。
3. 随着时间的推移，实际收入的增加有助于缓解食品价格上涨所造成的负面影响，因此食品暴动不太可能。然而，历史证据表明，如果实际收入下降得足够多的话，这种情况可能会改变。另外，随着收入的增加，对于一些优质商品的购买量将会增多，而劣质商品的购买量将会减少。
4. 应对灾害的政策可能会影响消费者的思维方式，并影响需求曲线。例如，即将到来的飓风通常会导致消费者在短期内抢购食物、水等。
5. 这不包括保险和永久性灾难援助计划，如补充收入增长计划。
6. 系统性风险会影响很多农民，而不仅仅是单一个体。这经常因地区而异。
7. 由于平均农作物收入选择计划支付与种植面积和市场收入挂钩，因此要受到 WTO 关于支持的综合措施（黄箱）的限制。逆周期支付和直接支付虽然不与之挂钩，但由于禁止种植某些农作物，也被认为是黄箱政策。关于价格损失保障和农业风险保障的规定还有待确定，然而它们也很可能是黄箱政策。

译后记

　　《美国农业政策：历史变迁与经济分析》一书是从 2017 年春天开始翻译的，2018 年春天完成最初翻译稿，2019 年春天完成最后翻译稿。今天是 2019 年 10 月份的最后一天，我终于完成了此书的所有案头工作。这是商务印书馆"经济学前沿译丛"的第六本书。

　　我们都知道，美国农业人口还不到全国人口总数的 2%，却能够在严格实行休耕、退耕和限产的制度安排下，成为世界最大粮食出口国，成为现代农业最发达的国家之一。除了得天独厚的自然条件和较为发达的科学技术之外，美国农业的发展是与农业政策的支持分不开的。因此，要理解美国农业的发展，需要理解美国的农业政策。这本书从经济学的基本原理出发，通过对美国农业政策历史变迁的深入分析，说明了美国农业政策的制定、实施和影响，揭示了美国农业政策的变革过程及其内在逻辑。

　　这本书最后的校译工作是于今年夏天完成的。今年夏天是如此不同。平日北京的夏天总是酷暑，但今年夏天却是湿热，像南方的梅雨天。从窗子向外望去，总有一层白雾笼罩着，那是湿热的空气。晚上从办公室步行回家，尽管已是深夜，但却没有一丝凉意，闷热的空气贴着皮肤，总是将衬衣湿透。厚厚的打印稿陪我度过了许多个潮湿而闷热的夏日深夜，从盛夏走到深秋。在这个万籁俱静、月光如水、星光如河的秋夜里，望着书桌上厚厚的校译稿，我心中充满了感激。

感谢本书的三位作者詹姆斯·诺瓦克（James L. Novak）、詹姆斯·皮斯（James W.Pease）和拉里·桑德斯（Larry D. Sanders），他们分别是美国亚拉巴马州奥本大学教授、美国弗吉尼亚理工学院和州立大学教授、美国俄克拉何马州立大学教授，他们都是非常资深的农业政策专家。由于他们拥有资深农业专家与大学教授的双重身份，从而赋予本书以独特的学术风格——通过对农业政策历史变迁的研究，使得经济学理论更加生动；通过对农业政策的经济学分析，使得农业政策的历史变革逻辑更加清晰。

感谢朱民行长，在他担任国际货币基金组织副总裁期间，在繁忙的工作之余，向我们推荐了多本非常具有理论价值和政策意义的经济学前沿著作。

感谢胡武阳老师和卢亚娟老师，他们与我一起经历了许多艰难曲折，共同完成了这本较难翻译的专业著作。胡武阳老师和卢亚娟老师都非常年轻，他们工作的认真、勤勉和热情给我留下了深刻印象，相信未来他们将成为非常优秀的研究者和翻译者。

感谢孟丹丹女士、刘澍先生和江海洋先生，他们从不同的角度为本书的翻译提供了技术支持。

感谢陈小文博士，他是商务印书馆副总编辑、中国资深翻译家。多年来我在商务印书馆出版的学术著作和译作，都得到了陈总真诚而专业的帮助。

感谢商务印书馆学术中心的李彬先生，作为此书的责任编辑，他的理论修养、专业水准和敬业精神令人难以忘怀，为这本书的翻译和出版提供了坚实支撑。

感谢所有阅读此书的人。对于那些能够在下班后和节假日走进图书馆或书店阅读这些学术著作的人，我一直心怀敬意。

在本书的译文中可能出现的错误主要由我负责。

谢谢大家，并请大家多多批评指正。

王宇

2019 年 10 月 31 日深夜于北京康乐里

图书在版编目（CIP）数据

美国农业政策：历史变迁与经济分析 /（美）詹姆斯·
L.诺瓦克,（美）詹姆斯·W.皮斯,（美）拉里·D.桑德
斯著；王宇，胡武阳，卢亚娟译 . —北京：商务印书
馆，2021（2022.7重印）
（经济学前沿译丛）
ISBN 978-7-100-19479-2

Ⅰ.①美…　Ⅱ.①詹…②詹…③拉…④王…⑤胡…
⑥卢…　Ⅲ.①农业政策—研究—美国　Ⅳ.① F371.20

中国版本图书馆 CIP 数据核字（2021）第 034835 号

美国农业政策：历史变迁与经济分析
〔美〕詹姆斯·L.诺瓦克　詹姆斯·W.皮斯　拉里·D.桑德斯　著
王宇　胡武阳　卢亚娟　译

商 务 印 书 馆 出 版
（北京王府井大街36号　邮政编码100710）
商 务 印 书 馆 发 行
北 京 冠 中 印 刷 厂 印 刷
ISBN 978－7－100－19479－2

2021年3月第1版　　　开本880×1230　1/32
2022年7月北京第2次印刷　印张10⅝

定价：63.00元